शिवाजी
& सुराज

अनिल माधव दवे

प्रभात
प्रकाशन

प्रकाशक • **प्रभात प्रकाशन प्रा. लि.**
4/19 आसफ अली रोड,
नई दिल्ली–110002

संस्करण • 2024
आवरण • निशित शरन
लेआउट व डिजाइन • रूपक टेलर
रेखांकन • गौतम चक्रवर्ती
मूल्य • छह सौ रुपए (पेपरबैक संस्करण)
मुद्रक • आर–टेक ऑफसेट प्रिंटर्स, दिल्ली

SHIVAJI & SURAJ *by* Shri Anil Madhav Dave
Published by **PRABHAT PRAKASHAN PVT. LTD.**,
4/19 Asaf Ali Road, New Delhi-110002
e-mail: prabhatbooks@gmail.com ISBN 978-93-5048-179-0
₹ 600.00 (Paperback edition)

सुराज के लिए जीवन भर तिल-तिल कर जले,
अनाम प्रशासनिक कर्मयोगियों
और
जन-सेवकों को सादर समर्पित
जो
रुके नहीं
थके नहीं
झुके नहीं
मिटे, पर बिके नहीं।

अनुक्रमणिका

प्रतिपच्चंद्रलेखेववर्धिष्णुर्विश्ववंदिता शाहसूनोः शिवस्यैषा मुद्रा भद्राय राजते

प्रतिपच्चंद्रलेखेव वर्धिष्णुर्विश्ववंदिता शाहसूनोः शिवस्यैषा मुद्रा भद्राय राजते

Chhatrapati Shivaji
A Hero for Modern India

"Is there a greater hero, a greater saint, a greater bhaḳta and a greater king than Shivaji? Shivaji was the very embodiment of a born ruler of men as typified in our great Epics. He was the real son of India representing the true consciousness of the nation. It was he who showed what the future of India is going to be sooner or later, a group of independent units under one umbrella as it were, under one supreme imperial suzerainty."

–Swami Vivekananda

॥ ॐ ॥

देश के सभी दल-वर्गों के चिंतन एवं तदनुसार कृति के लिए शिवाजी महाराज का राज्य आज भी सुसंगत, सुसंदर्भित व अध्ययन योग्य विषय है। किसी भी कार्य की सफलता के लिए पाँच घटकों की अनिवार्यता भगवद्गीता में बताई गई है।

> अधिष्ठानं तथा कर्ता करणंच पृथग्विधम्।
> विविधाश्च पृथक्चेष्टा दैवं चैवात्र पञ्चमम्॥

इसमें पाँचवाँ दैव अन्य चार घटकों की योग्य व पर्याप्त चिंता करने से अनुकूल हो जाता है। अन्य चार घटकों की घोर उपेक्षा करके तब की परिस्थिति में विद्यमान सत्ताएँ चल रही थीं, क्योंकि वे विदेशी थीं। साढ़े तीन सौ वर्षों की लंबी पराधीनता के कारण परकीय मानसिकता से उपजे विपरीत तंत्र एवं मानसिकता का ही सर्वत्र प्रभाव था और समाज-जन पराभूत अवस्था में था।

ऐसी पूर्णतः प्रतिकूल अवस्था व निराशा के वातावरण में शिवाजी महाराज ने कार्यकर्ताओं व समाज में उत्कृष्ट सद्गुणसंपदा, कुशलता, पुरुषार्थ व विजिगीषा का निर्माण कर एक नए स्व-आधारित, यशस्वी समाजतंत्र (पॉलिटी) को स्थापित किया, विजयी बनाया और प्रचलित किया।

आज की परिस्थिति में समाज के सामान्य-जनों से चिंतकों तक सभी लोग इस प्रकार के परिवर्तन की आवश्यकता का अनुभव करते हैं। हम अपने देश के तंत्र के स्वामी हैं, पराधीन नहीं। शिवाजी महाराज द्वारा लाई गई क्रांति की शाश्वत व मूलभूत बातों का अध्ययन आज भी उपयुक्त व प्रासंगिक सिद्ध होगा। वह तंत्र लोगों पर मात्र शासन करने के लिए अथवा लोकोपकार के लिए नहीं, अपितु लोगों की ऐहिक व

आध्यात्मिक संतुलित उन्नति की दृष्टि को लेकर गढ़ा गया था। वह लोकाभिमुख व समदर्शी था। दृढ़ परिणामक्षम, स्वावलंबी, पारदर्शी, समग्र व अनुशासित था। लोकहित के प्रति उत्तरदायी था। ऐसे तंत्र के निर्माण की योग्यता प्राप्त करा देनेवाला राष्ट्रीय दृष्टि का स्पष्ट चिंतन, प्रामाणिकता, शील व सद्‍गुणसंपन्नता, निस्स्वार्थ ध्येयनिष्ठा, साहस, कौशल्य, धैर्य व सजगता का निर्माण स्वयं में सब स्तरों पर नेतृत्व करने वाले कार्यकर्ताओं एवं समाज में शिवाजी महाराज ने करके दिखाया।

आज की परिस्थिति में हम सबको आवश्यक प्रतीत होने वाला नया निर्माण शिवाजी महाराज द्वारा निर्मित व समाज की शाश्वत आधारभूत उन्हीं विशेषताओं को ध्यान में रखकर करना पड़ेगा। इस दृष्टि से यह ग्रंथ अध्ययन व चिंतन को गति देने वाला है।

(मोहनराव भागवत)

सरसंघचालक

राष्ट्रीय स्वयंसेवक संघ

दिनांक : 2 अप्रैल, 2012

प्राक्कथन

राजस्थान के रत्नाकर पंडित नामक एक प्रतिभावान कवि ने छत्रपति महाराज के बारे में सिर्फ एक ही शब्द लिखा है—'दिल्लिन्द्रपदिलप्सव' अर्थात् दिल्ली में स्वराज्य स्थापना की महत्त्वाकांक्षा रखनेवाले मानवेंद्र। कहते हैं कि ऋषि अगस्त्य ने एक ही आचमन में सारा समुद्र पी लिया था। उसी तरह इन प्रतिभावान रत्नाकर पंडित ने एक ही शब्द 'दिल्लिन्द्रपदिलप्सव' में छत्रपति शिवाजी महाराज के स्वप्न का वर्णन कर दिया। सचमुच, शिव छत्रपति का जीवन-चरित्र और कार्य-कर्तव्य असाधारण ही थे। उनके जीवन-चरित्र में महाकाव्य, महागाथा और अलौकिक महाभारत समाया हुआ है। गुलामी के घनघोर अंधकार में से छत्रपति शिवाजी महाराज ने तेजोमय, सार्वभौम स्वराज्य निर्मित किया। यह एक ऐसे राष्ट्र-निर्माता का जीवन-चरित्र है, जिसको व्यक्त करने में साहित्य की सभी उपमाएँ और अलंकार अपर्याप्त सिद्ध होते हैं। आठ बलशाली देशी व विदेशी सत्ताओं से जूझकर शिवाजी राजा ने एक असाधारण स्वराज्य का निर्माण किया। उनका यह स्वराज्य एक उत्कृष्ट दर्जे का सुराज्य था, यह बात कुछ लोगों के ध्यान में ही नहीं आती। राजकाज के हर आयाम को स्वावलंबी, आदर्श, अद्यतन और अजेय बनाने के लिए अनेक प्रयास ऋषि विश्वामित्र द्वारा नई सृष्टि के निर्माण की ही तरह असामान्य कर्तव्य दरशाने वाले थे। एक सार्वभौम राज्य सँभालना किसी विशाल कुटुंब की प्रचंड गृहस्थी सँभालने जैसा ही है। छत्रपति शिवाजी महाराज ने वह काम करके दिखाया। इस असाधारण, सुंदर स्वराज्य को उन्होंने सुराज्य कैसे बनाया, इसका वर्णन श्री अनिल माधव दवे ने इस पुस्तक में बड़े शोधपूर्वक व विस्तार से किया है।

इस पुस्तक की केवल अनुक्रमणिका पढ़कर ही पाठकों को

स्वराज्य के राजकाज की व्यापकता का अनुमान हो सकता है। इसका प्रत्येक अध्याय मानो राज्य का एक-एक अंग ही है। शिवाजी महाराज की शासन व्यवस्था, दक्षता, अखंड सतर्कता और गुण-संपन्नता का वर्णन लेखक ने अत्यंत प्रभावी शब्दों में किया है। ऐसा लगता है, आचार्य चाणक्य और उनमें भी कहीं अधिक बुद्धि बलाढ्य भगवान् योगेश्वर श्रीकृष्ण द्वारा कही गई एक शिवगाथा ही है।

भारत की जनता, विशेषकर हमारे राजनीतिक नेताओं की यदि यह इच्छा हो कि भारत का स्वराज्य सुराज में बदले, तो उन्हें श्री अनिल माधव दवे की इस पुस्तक को अवश्य पढ़ना चाहिए। यदि इसकी थोड़ी-बहुत समझदारी भी हममें अवतरित हो जाए तो इस भारत का रूप बदल जाएगा। आज का भारत केवल सौदागरों के खेल का मैदान बन गया है, यह कटु है पर सत्य है। शिवाजी महाराज की राजनीति और राज्यनीति

समुद्री दुर्ग, जंजीरा

मानो अमृत और संजीवनी दोनों ही हैं। छत्रपति शिवाजी महाराज की शासन व्यवस्था एक सप्रयोग सिद्ध किया हुआ महाप्रकल्प ही है। श्री अनिल माधव दवे ने इस पुस्तक में हमें उसी से परिचित करवाया है। भारत की संसद् और प्रत्येक विधानसभा के सदस्य को इस पुस्तक का अध्ययन अवश्य करना चाहिए। और अधिक क्या लिखूँ?

(बाबा साहेब पुरंदरे)

पुणे

दिनांक : 3 अप्रैल, 2012

छत्रपति शिवाजी

जन्म : 19 फरवरी, 1630, **कीर्तिशेष** : 3 अप्रैल, 1680

प्रस्तावना

प्रजा-केंद्रित विकास ही सुशासन का मूल तत्त्व है। इतिहास गवाह है कि जब-जब जन-सामान्य को विकास का केंद्र एवं साझीदार बनाया गया, तब-तब उस राज्य ने सफलता और समृद्धि की ऊँचाइयों को छुआ है। प्रजा की भागीदारी के बिना किसी भी राज्य ने प्रगति नहीं देखी। हमारे सभी महानायकों ने इस तथ्य को अच्छी तरह से जाना और समझा।

सदियों पहले ऐसे ही महानायक थे—छत्रपति शिवाजी महाराज। वह एक कुशल प्रशासक और सफल शासक थे। उन्होंने सुशासन के आधार पर समाज की स्थापना कर इस देश के इतिहास पर अपनी अमिट छाप छोड़ी।

यह पुस्तक शिवाजी के उन गुणों को चित्रांकित करती है और यह भी बताती है कि उनके शासनकाल में सुशासन के द्वारा किस तरह प्रजा के जीवन में सुधार हुआ। यह पुस्तक इस बात पर भी प्रकाश डालती है कि सुशासन किसी भी राज्य की सफलता के लिए आज भी उतना ही आवश्यक है, जितना कि पहले था। शिवाजी एक महान् राष्ट्र-निर्माता थे, जो सदियों से हर पीढ़ी के लिए प्रेरणास्रोत रहे हैं।

ऐसा कहा जाता है कि महान् नेतृत्व कठिन परिस्थितियों के बीच ही पैदा होता है। शिवाजी के साथ भी कुछ ऐसा ही हुआ। उन्होंने बचपन से ही अपनी मातृभूमि को स्वतंत्र कराने का सपना देखा। 16 वर्ष की अल्प आयु में ही उन्होंने अपना पहला युद्ध लड़ते हुए तोरणा दुर्ग पर विजय प्राप्त की। इस जीत से उनका मनोबल सुदृढ़ हुआ और उन्होंने फिर एक के बाद एक कई किलों पर विजय प्राप्त की। उन्होंने अफजल खाँ जैसे कई सेनापतियों को परास्त किया और मराठा साम्राज्य की नींव रखी। उनके नेतृत्व में सैनिकों ने निष्ठापूर्वक मातृभूमि की स्वतंत्रता के लिए

अपना जीवन समर्पित कर दिया। अपने प्रभावशाली व्यक्तित्व से उन्होंने साधारण व्यक्तियों को असाधारण कार्य करने के लिए प्रेरित किया। उनके पास प्रतिभा को पहचानने की अद्‌भुत क्षमता थी, जिसके द्वारा उन्होंने अनेक प्रतिभाओं का विकास किया।

इतिहास ने कई बार दिखाया है कि सभी महान् व्यक्तित्व, जैसे कि राम, कृष्ण, बुद्ध, गांधी, सरदार पटेल आदि के पास कुछ दुर्लभ गुण थे, जो उन्हें आम आदमी से अलग बनाते हैं। जब भी ऐसे व्यक्तियों ने किसी रास्ते को चुना तो वह सरल नहीं था। उन्हें विकट कठिनाइयों का सामना करना पड़ा। किसी व्यक्ति की योग्यता और क्षमता बढ़ने के साथ उसकी कठिनाइयाँ भी बढ़ती जाती हैं और उन पर उनकी विजय ही उन्हें महान् बनाती है। ऐसी ही कठिनाइयों पर विजय प्राप्त कर पाने के कारण शिवाजी आज भी उतने ही प्रासंगिक हैं, जितना वह पहले थे। आज जब देश सुशासन की तलाश में है, तब सदियों पहले शिवाजी के साम्राज्य की स्थापना सुशासन की नींव पर हो चुकी थी। इस पुस्तक के माध्यम से शासन के सभी अंग सुशासन की शिक्षा प्राप्त कर सकते हैं। यह पुस्तक शिवाजी के शासन के तरीकों, उनके मंत्रालयों, उनकी सामाजिक समस्याओं व सुशासन को मापने के तरीकों की विस्तृत विवेचना करती है। सुशासन किसी भी राज्य को सदाचार से, दक्षतापूर्वक एवं आम जनता के प्रति जिम्मेदारी से कार्य करने के लिए प्रेरित करता है।

सुशासन को परिभाषित करना अत्यंत कठिन है। कुछ के लिए यह न्याय प्राप्ति, सशक्तीकरण, रोजगार व सेवाएँ प्रदान करने का कुशल तरीका है, वहीं कुछ इसे व्यापार, राज्य व समाज को बाँधे रखने का सूत्र मानते हैं। आप इन्हें न्यायाचार, जवाबदेही, पारदर्शिता, समरूपता, मानवाधिकारों का सम्मान करनेवाली व्यवस्था के रूप में भी देख सकते हैं। एशियन डेवलपमेंट बैंक के अनुसार सुशासन के चार घटक हैं—जवाबदेही, पारदर्शिता, पूर्वानुमान-क्षमता और सहभागिता।

हालाँकि व्यावहारिक तौर पर सुशासन अकादमिक व विकास के संभाषण से परे है और इसका प्रभाव आम आदमी के जीवन में नजर आना चाहिए। इस बात को शिवाजी से बेहतर कोई नहीं समझ पाया। उन्होंने सुशासन की विभिन्न अवधारणाओं को अपने राज्य की प्रणालियों का आधार बनाया।

सुशासन एक सच्चाई है, जिसे सरकार सक्रियता से अपने कार्यों में स्थापित कर सकती है। हमारे प्रजातंत्र में ध्यान सिर्फ सुशासन पर ही नहीं बल्कि लोकतांत्रिक सुशासन पर होना चाहिए। विकास प्रक्रिया में लोकतांत्रिक सुशासन जनता को केंद्र में रखकर ही काम करता है। इसलिए लोकतांत्रिक सुशासन को जनता के अनुरूप और उनको सम्मिलित करते हुए स्थापित करना चाहिए।

बचपन से हमने रामराज्य के बारे में सुना है। जो संकल्पना भगवान् कृष्ण ने अर्जुन को गीता में समझाई, वह सुशासन ही है। इसके द्वारा हम सही-गलत, न्याय-अन्याय, नैतिक-अनैतिक के बीच में भेद कर सकते हैं। कौटिल्य ने 'अर्थशास्त्र' में कहा है कि योग्य शासक की सफलता उसकी प्रजा की सर्वांगीण उन्नति में ही निहित है।

इन संकल्पनाओं को क्रियान्वित करने में शिवाजी का योगदान अनुकरणीय है। उन्होंने अपने व्यक्तित्व में एक महान् शासक के गुणों को समाहित किया था, जिनके बल पर उन्होंने अपने देश को स्वतंत्रता दिलाई एवं अपने साथियों को विरोधियों से लड़ने के लिए और भी प्रबलता से प्रेरित किया। साथ ही अपने परिवार की खुशहाली का भी ध्यान रखा। उनका अपनी प्रजा के प्रति इतना प्रेम था कि उन्होंने सारे संसाधनों को निस्स्वार्थ भाव से उनके कल्याण के लिए समर्पित कर दिया। इससे वे एक निस्स्वार्थी जननायक के रूप में प्रसिद्ध हुए।

उनकी प्रसिद्धि उनके अपने राज्य या फिर संपूर्ण भारतवर्ष तक ही

सीमित नहीं थी। पुर्तगाल के वायसराय काल द सेंट व्हिसेंट ने उनकी तुलना सिकंदर और जूलियस सीजर जैसे सम्राटों से की। ग्रांट डफ ने लिखा है कि शिवाजी ने मराठों को न सिर्फ एक उज्ज्वल भविष्य के लिए प्रेरित एवं अग्रसर किया बल्कि उनकी जगाई चेतना मुगलों पर भारी पड़ी। उनकी वीरता की प्रसिद्धि इतनी थी कि उनके आलोचक भी उनकी प्रशंसा करते थे। ईरान के बादशाह शाह अब्बास (कनिष्ठ) ने मुगल सम्राट् औरंगजेब को यह चेतावनी दी थी कि शिवाजी मुगल साम्राज्य के लिए खतरा हो सकते हैं। हालाँकि शिवाजी कइयों के लिए एक पहेली थे, पर अपने साथियों के लिए वे हमेशा एक आशा, बदलाव और विकास के प्रतीक थे। उन्होंने सक्रियता से आम आदमी को राज्य के विकास में भागीदार बनाया।

इसी प्रकार से आज के परिवेश में यह समझना जरूरी है कि प्रजातांत्रिक सुशासन में जनता न केवल विषयवस्तु है बल्कि एक सक्रिय भागीदार भी है। सुशासन की यह संकल्पना सारे हितधारकों यानी वैधानिक, न्यायिक, प्रशासनिक, निजी क्षेत्र, समाज एवं समस्त नागरिकों के लिए उपयुक्त है। निजी तौर पर मैं पी2-जी2, यानी कि 'पॉपुलर प्रोएक्टिव गुड गवर्नेंस' में विश्वास रखता हूँ। इस मॉडल का सार विकास की सुदृढ़ प्रतिबद्धता, खासतौर पर मानवीय विकास के लिए स्पष्ट दृष्टिकोण एवं लक्ष्य निर्धारित करना है। इसलिए मिनिमम गवर्नमेंट और मैक्सिमम गवर्नेंस पर ही हमारा सारा ध्यान केंद्रित है।

आम तौर पर यह माना जाता है कि शासन-सत्ता एक गंदी राजनीति है। इसकी वजह से राजनीति के क्षेत्र में काम करनेवाले लोग भी यह मानने लगे हैं कि सुशासन की स्थापना करना बड़ा मुश्किल है। हमें इस मानसिकता से बाहर आना होगा। हमें यह सोचना चाहिए कि सुशासन ही उचित राजनीति है। सरकारें चुनाव को मद्देनजर रखते हुए बहुत से कार्य करती हैं। सुशासन को निश्चित करने के लिए पहली शर्त लोगों के दिलों

को जीतना है, न कि सिर्फ वोटों को। इसको प्राप्त करने के लिए समाज में योग्यता को प्राथमिकता देनी होगी। शिवाजी महाराज चापलूसी के सख्त खिलाफ थे। एक समय ऐसा था, जब 300 किलों पर उनका आधिपत्य था, पर एक भी रिश्तेदार उन किलों का किलेदार नहीं था। आज के परिवेश में स्थिति बिलकुल विपरीत है। हमारा देश वंशवाद की राजनीति से संक्रमित है। हालाँकि सभी शासनकालों में ऐसा नहीं था। कुछ केंद्र सरकारों ने इस संदर्भ में सराहनीय कार्य किया है। श्री अटल बिहारी वाजपेयीजी की 'प्रधानमंत्री ग्राम सड़क योजना' इसका एक श्रेष्ठ उदाहरण है, जिसमें उन्होंने अभूतपूर्व निस्स्वार्थ भाव से कार्य किया। यहाँ तक कि उसके नामकरण में अपने हस्ताक्षर की छाप न छोड़ उसे अपने पदनाम से सुसज्जित कर राष्ट्र को समर्पित किया।

मानव संसाधन, शिक्षा, सुरक्षा और जीवन स्तर में सुधार ही सुशासन को प्राप्त करने में सहायता कर सकता है। गुजरात में पंचामृत के आधार पर विकास की योजना भी प्रगतिशील है। इसके तहत हमारा ध्यान पाँच शक्तियों पर केंद्रित है : ज्ञान शक्ति, जल शक्ति, ऊर्जा शक्ति, जन शक्ति और रक्षा शक्ति।

मेरा दृढ़ विश्वास है कि शासन की असली शक्ति जनता के हाथों में होनी चाहिए। लोकतंत्र का यही मूल सार है। पारदर्शी प्रक्रियाओं और जवाबदेही को सुनिश्चित करने का मेरा अथक प्रयास रहा है। सामूहिक विचार, प्रशासन में स्पष्टता और जनता की भागीदारी ही सुशासन का मूल है।

शिवाजी के समय की तुलना में आज हम बेहतर तकनीक से लैस हैं। यह हमें सुशासन की स्थापना में मददगार हो सकती है। टेक्नोलॉजी एवं सूचना प्रौद्योगिकी के माध्यम से हम पारदर्शिता और जनसशक्तीकरण ला सकते हैं। गुजरात सरकार ने इन मामलों में कई पहल की हैं। स्वागत ऑनलाइन शिकायत निवारण प्रणाली, ई-ग्राम,

जमीनी अभिलेखों का कंप्यूटरीकरण इत्यादि इनके कुछ उदाहरण हैं। पर मुझे मालूम है कि ऐसी कई और प्रणालियों को लागू किया जा सकता है, जिनकी मदद से हम जनता को शासन का केंद्रबिंदु बना सकते हैं।

विकास को एक जन-आंदोलन बनाना ही सुशासन है। जैसा कि मैंने पहले भी कहा है कि स्पष्टता और जनभागीदारी ही सुशासन है। जनता को शासन की प्रक्रियाओं, कठिनाइयों और उनके संभावित समाधानों का ज्ञान होना चाहिए। इससे वे परिस्थितियों के अनुकूल ढल पाएँगे या फिर संभावित विकल्पों को अपना पाएँगे। अकसर प्रशासन जनता से सत्य को छुपाता है और सामान्य परिस्थितियों का दिखावा करता है, जबकि जनता को वास्तविक कठिनाइयों से अवगत कराते रहना चाहिए, जिससे वह अपनी समस्याओं को ठीक तरह से समझ पाए। उदाहरणत: अगर कहीं पानी की कमी है तो इस तथ्य को छिपाने की बजाय उन्हें यह बताया जाए कि यह कम वर्षा की वजह से हुआ है और उनके सामने विकल्पों को खोल दिया जाए। इस तरह से वे परिस्थितियों के साथ समायोजन कर सकेंगे। यही प्रजातांत्रिक शासन की नींव है।

एक नायक—चाहे वह एक आम आदमी हो या मुख्यमंत्री या प्रधानमंत्री, उसका सर्वोच्च कर्तव्य समाज को प्रगति की ओर ले जाना है। इसके लिए सुशासन का ज्ञान होना अति आवश्यक है। यह पुस्तक शिवाजी द्वारा सृजित इस ज्ञान का वर्णन कर हमें यह आशा दिलाती है कि सुशासन आज के परिवेश में मात्र एक संवादित कल्पना नहीं बल्कि एक सच्चाई भी हो सकता है।

मैं यह पुस्तक किसी भी नायक, प्रशासनिक अधिकारी, कर्मचारी और युवा को प्रस्तावित करना चाहूँगा, ताकि वे भारत के महानतम अधिनायक शिवाजी के द्वारा स्थापित सुशासन के गूढ़ मंत्रों और पाठों का अवलोकन कर सकें। आनेवाली अनंत पीढ़ियों तक शिवाजी उनके लिए

एक ऐसे प्रेरणास्रोत और मार्गदर्शक बने रहेंगे, जो समाज के उद्धारक हैं और जिन्होंने भारत को नई ऊँचाइयों तक ले जाने का सपना देखा। मैं लेखक श्री अनिल माधव दवे को इतिहास के एक महत्त्वपूर्ण परिभाग को सभी के सामने लाने के निष्ठावान प्रयास के लिए हार्दिक धन्यवाद प्रदान करता हूँ।

आइए, हम सब मिलकर इस देश में सुशासन की संस्कृति के सृजन में योगदान दें।

(नरेंद्र मोदी)

आज्ञा-पत्र

मोढ़ी लिपि

मनोगत

धार्मिक, राजनीतिक, सामाजिक, व्यावसायिक समाज के किसी भी क्षेत्र में नेतृत्व करनेवाले हर नायक की एक प्रतिमा होती है, जो उस व्यक्ति के विचार, व्यवहार, आचरण, निर्णयों तथा उसके प्रति समाज के मन में उपजी अवधारणा के कारण बनती है। सामान्यत: अच्छे नेतृत्व की प्रतिमा संघर्षों में जन्म लेती है। प्रतिकूलताएँ उसे तराशती हैं। गलतियाँ, उपलब्धियाँ और अवसर उसे हर रोज एक नया पाठ पढ़ाते हैं। समय के साथ चलते-चलते यही प्रतिमा एक आकार ग्रहण कर लेती है।

जंगलों में सीता की खोज में यहाँ-वहाँ भटकते हुए राम की प्रतिमा हो या कुरुक्षेत्र में अपने घोड़ों को नहलाते सारथि कृष्ण की, शकों को भारत से बाहर खदेड़नेवाले महानायक पुष्यमित्र शुंग की हो या आक्रांताओं के बीच जन्म लेकर विराट् वटवृक्ष बन जानेवाले शिवाजी की—प्रत्येक की जीवन-गाथा में कष्ट है, अवसाद है, असहनीय पीड़ा है और सतत बहनेवाली सफलता व असफलता की आँधियाँ हैं। वे इन सबके बीच अगर पनपे, स्थापित हुए और फिर सदियों के लिए इतिहास के पन्नों पर स्वर्ण अक्षर बनकर ठहर गए तो उसका एक ही कारण है—उन्होंने सामान्य व्यक्तियों से असामान्य कार्य करवाए, साधारण से दिखनेवाले अवसर को असाधारण उपलब्धियों में बदल दिया। उन्होंने अपने साथियों की क्षमता को चरम पर पहुँचाया, उन पर विश्वास किया, घात-प्रतिघात के हर वार को अग्रिम पंक्ति में खड़े होकर अपने ऊपर लिया। प्रत्येक उपलब्धि के लिए साथ में और पीछे खड़े हर सहयोगी को कारण माना, उनकी भूरि-भूरि प्रशंसा की और उन्हें पुरस्कारों से लाद दिया।

इन नायकों के कई कदम और निर्णय कभी-कभी हमें भ्रम में डालते हैं, किंतु जब उसे व्यापक परिप्रेक्ष्य में देखते हैं तो परिणाम भिन्न दिखाई

देते हैं। जैसे पत्नी की खोज में आँसू बहा-बहाकर जंगलों में पेड़-पौधों और वनवासियों से पूछते, सीता को खोजते श्रीराम भ्रम खड़ा कर देते हैं। साक्षात् ज्ञान और गुणों की खान राम जैसा समर्थ व्यक्तित्व क्या यह नहीं जानता था कि सोने का मृग नहीं होता है! इस पूरे घटनाक्रम को व्यापक रूप से देखने पर यह समझना सहज है कि क्या रावण के षड्यंत्र में राम फँसे या राम की योजना में रावण फँस गया!

महाभारत के युद्ध में कर्ण को घटोत्कच पर ब्रह्मास्त्र चलाने पर विवश कर देनेवाले कृष्ण ने क्या ऐसा कर अर्जुन के प्राणों की रक्षा नहीं की? इन महानायकों के जीवन की घटनाएँ, निर्णय, कार्य-संपादन करने के तरीके समझने व सीखने के लिए हैं, न कि अभिभूत होकर स्तुतिगान करने अथवा उनके चित्र पर तिलक लगा, माला पहनाकर अपने कार्य की इतिश्री मान लेने में।

आज जब भारतीय राजनीति में विभिन्न पदों पर पहुँचने के लिए पाखंड प्रधान गुण बन जाए, बिन बुलाए निर्लज्जतापूर्वक बैठकों और कार्यक्रमों में कार्यकर्ता आने-जाने लगें, धक्का देकर मंच पर चढ़ जाने को पराक्रम समझा जाने लगे, माइक पर भाषण देने के लिए सारी शर्म छोड़कर आग्रह होने लगे, अपने पैसे से मालाएँ पहनने को प्रतिभा माना जाए, छद्म विनम्रता कालनेमि (मूर्च्छित लक्ष्मण के लिए औषधि लेने हिमालय गए हनुमान को साधु के भेष में उन्हें उलझाने के लिए मार्ग में बैठा रावण का प्रिय सखा राक्षस कालनेमि) का अभिनय बनकर रह जाए। यह सब जब संस्था, संगठन व सरकारों में चयन और निर्णयों के कारण बनने लगें तो इसे संकट का काल ही कहा जा सकता है। ऐसे समय में महान् धनुर्धर अर्जुन वृहन्नला बनकर समय बिताता है और कृष्ण जैसा योजनाकार दुर्योधन के घर से अपमानित होकर लौटता है। अतः हर नायक के लिए यह समय सँभलकर चलने और स्वयं को सार्वजनिक जीवन में जीवंत बनाए रखने का समय होता है। पूर्व के नायकों ने भी इन

परिस्थितियों को झेल उन्हें परास्त किया और राज्य में सत्य व धर्म की स्थापना की।

श्रीराम से लेकर पुष्यमित्र शुंग तक जो इतिहास आज उपलब्ध है, उसमें इन महानायकों के शासन काल में लिये गए निर्णयों और व्यवहार में लाए गए आचरण पर विभिन्न ग्रंथों में पर्याप्त प्रकाश डाला गया है, किंतु विभिन्न कारणों से उस कालविशेष में शासन और प्रशासन की विभिन्न शाखाओं के वर्णन सामान्यत: उपलब्ध नहीं हैं। सौभाग्य से शिवाजी की शासन व्यवस्था में विभिन्न मंत्रालयों, उसकी प्रशासनिक रचनाओं जैसे विषयों के विस्तृत वर्णन आज भी उपलब्ध हैं। इसके लिए हम उन अंग्रेज, पुर्तगाली, फ्रेंच व अन्य विदेशी प्रशासनिक अधिकारियों, सेनानायकों, यात्रियों व लेखकों के हृदय से आभारी हैं, जिन्होंने अभ्यासवश अपने संस्मरणों व डायरियों में उन बातों का विस्तार से वर्णन लिखा। आज हम शिवाजी के राज्याभिषेक का जो वर्णन पढ़ते व जानते हैं, उसका अधिकतम स्रोत ब्रिटिश वाणिज्य दूत हेनरी ओक्सेंडन की लेखन सामग्री है। उन समकालीन भारतीय विद्वानों को साधुवाद, जिन्होंने शिवाजी की शासन व्यवस्था के महत्त्वपूर्ण पक्षों को लिपिबद्ध कर सँजोया और सँवारा। यही सब साहित्य इस पुस्तक की आधारशिला है।

जैसे बिजली से गरमी देनेवाला हीटर चले या ठंडक देनेवाला एयरकंडीशनर, प्रकाश देनेवाला लट्टू जले या मच्छरमार मशीन—सभी में एक ही ऊर्जा प्रवाहित हो रही होती है। भ्रमवश जो भिन्न-भिन्न परिणाम दिखाई देते हैं, उन्हें अलग-अलग समझना अज्ञानता है। नेतृत्व करनेवाला एक गाँव का पंच हो या सरपंच, पटवारी हो या प्रमुख सचिव, मुख्यमंत्री हो या प्रधानमंत्री, सभी को अपने-अपने स्तर पर परिणाम देने होते हैं। हरेक को कम-ज्यादा मात्रा में कष्ट और अवसाद भोगने ही पड़ते हैं। बेटी राजा की हो या रंक की, प्रसव वेदना दोनों को समान होती है। अंतर केवल गुदड़ी का है, कहीं यह रेशम से बनी है, तो कहीं कपड़ों की

चिंदियों से। संघर्ष के इन क्षणों में हर नायक को एक मार्गदर्शक की आवश्यकता होती है। शिवाजी आज के समय में अपने उत्कृष्ट शासन-संचालन के कारण विभिन्न क्षेत्रों में काम कर रहे लोगों के लिए मार्गदर्शक हैं और संदर्भ-ग्रंथ भी। शिवाजी ने तात्कालिक परिस्थितियों को कैसे समझा, उन्हें सँभाला, निर्णय लिये, उनका क्रियान्वयन किया और यह सब करते हुए जिस प्रकार से अपने गुणों और भावनाओं का उन्होंने संपादन किया, वह अद्वितीय है। उन्हें उत्तराधिकार में मावल प्रांत के 36 गाँव मिले थे (जो उनके पिता शाहजी के नाम थे)। राज्य-विस्तार की शुरुआत में शिवाजी ने आस-पास निवास करनेवाले मावलों से संपर्क साधा, उनका संगठन बनाया, स्वराज का शासन स्थापित किया और उसे साम्राज्य में बदल दिया। उन्होंने अपने कार्य और व्यवहार से दुनिया को यह समझाया कि अच्छी सरकार कैसे चलाई जाती है। सत्ता व संगठन के सूत्र का व्यवहार में प्रयोग कैसे होता है। व्यक्तिगत इच्छा व अनिच्छा से ऊपर उठकर निर्णय कैसे लिये जाते हैं।

शिवाजी के पास एक समय में 300 से अधिक किले थे, किंतु एक भी किले का किलेदार उनका नाते-रिश्तेदार नहीं था, जबकि औरंगजेब के दूर-पास के सारे रिश्तेदार या तो विभिन्न किलों के किलेदार थे या किसी-न-किसी प्रमुख पद पर आसीन अधिकारी थे। उनका प्रमुख गुण बस इतना था कि वे तुर्क थे और बादशाह के रिश्तेदार थे। सच तो यह है कि औरंगजेब को स्वयं के तुर्क होने का बड़ा घमंड था, जबकि शिवाजी को भी स्वयं के मत, पंथ, पहनावे, परंपरा व भाषा पर गर्व था। किंतु जिस राज्य की उन्होंने स्थापना की, उसे उन्होंने 'कोंकण राज्य' या 'मराठी राज्य' नहीं कहा, बल्कि उसे 'स्वराज' नाम दिया। जिस साम्राज्यपीठ को उन्होंने स्थापित किया, उसे 'हिंदू पदपादशाही' कहा। शिवाजी और औरंगजेब के बीच का यह अंतर केवल दो व्यक्तियों के बीच का अंतर नहीं है, बल्कि यह दो भिन्न-भिन्न सोच, समझ और कार्य-संस्कृतियों का अंतर है।

शिवाजी का सार्वजनिक जीवन लगभग 36 वर्षों का है। अभियान, युद्ध व मुहिमों में बिताए गए कुल समय की गणना की जाए तो वह साढ़े छह वर्षों से ज्यादा नहीं है। शेष लगभग 30 वर्षों का समय उन्होंने स्वराज का शासन-तंत्र खड़ा करने में लगाया।[1] उनके सभी प्रयत्नों का केंद्र व्यवस्था निर्माण हुआ करता था। उन्होंने शासन के विभिन्न विभागों की जो रचना खड़ी की, वह साढ़े छह वर्षों में उनके द्वारा किए गए प्रत्येक प्रहार व विजय का आधार बनी। हर अभियान से पहले व बाद का समय उन्होंने तंत्र की कसावट में लगाया। युद्ध से हुई हानि व व्यवस्था को हुए नुकसान को उन्होंने तत्काल पुनर्व्यवस्थित किया। वे इतने परिश्रमी थे कि उन्होंने अपने जीवन का एक दिन तो क्या, एक क्षण भी विलासिता या प्रमाद में नहीं बिताया। न तो छोटी जागीर के उत्तराधिकारी के रूप में और न ही राज्याभिषेक के बाद छत्रपति के रूप में। जैसे मछली पानी में जीती है, पानी में मरती है, थककर पानी में ही आराम करती है, पानी ही उसका विनोद है और पानी ही उसके विसर्जन का केंद्र है, वैसे ही शिवाजी का जीवन स्वराज को जन्म देने, विकसित करने और निरंतर सशक्त बनाने व उसे विस्तार देने में बीता। अंत में एक दिन उन्होंने स्वराज के शिखर पर अपने आपको विसर्जित कर दिया। जीवन-पर्यंत कार्यप्रवण रहने के कारण ही किसी ने उन्हें 'श्रीमान योगी' की उपमा दी है। शासन के पदों व प्रलोभनों के बीच ऐसा सृजन कोई योगी ही कर सकता है। भोगी तो केवल शासन को भोगता है, स्वयं की अतृप्त प्यास को शांत करता है, इस कार्य में निरंतर लगा रहता है। वैसे उसमें स्वराज या सुराज के लिए कुछ करने की सामर्थ्य होती भी नहीं है। वह शासन के भोगरूपी रस को पीता है, वहाँ से हटने पर विलाप करता है और एक दिन रोते-रोते अपनी अतृप्त क्षुधा के साथ इस दुनिया से चला जाता है।

सुशासन और मजबूत प्रशासन की खोज में लड़खड़ाती आज की इस व्यवस्था में सफलता प्राप्त करने के लिए शिवाजी के शासन को

आधारभूत मानचित्र (Blue Print) की तरह देखना होगा। उनके सोचने, निर्णय करने, राज्य-संचालन की शैली को याद कर कार्य-संचालन कर रही हर एक इकाई को अपने-अपने स्थान पर विवेकपूर्वक कार्य करते हुए सहज नेतृत्व स्थापित करना होगा। अनुशासन को स्वभाव बनाना होगा। देश-दुनिया में फैले हुए हजारों-लाखों व्यक्ति, जो बहुतों के पीछे और कइयों से आगे चल रहे हैं, यह पुस्तक उनका पाथेय बने, यह अपेक्षा है।

सार्वजनिक जीवन में कार्य करते मुझे अनुभव हुआ कि अधिकांश लोग व्यवस्था की आलोचना तो करते हैं किंतु मार्ग नहीं बताते। विशेषकर 1975 के बाद भारतीय राजनीति ने जो आकार लिया, वह अधिक चिंताजनक है। सार्वजनिक क्षेत्र में सच्चे प्रेरणा-केंद्रों का अभाव हो गया। योग्य-अयोग्य सभी मार्गदर्शक बनने लगे। अस्वीकार्य नेतृत्व को स्वीकारने की पीड़ा समाज की मजबूरी बन गई। यही विवशता इस पुस्तक-जन्म का कारण बनी।

मा. श्री मोहनरावजी भागवत ने विषय-प्रवेश हेतु आमुख लिखा। वे विश्व के सबसे बड़े स्वयंसेवी संगठन के (रेडियो BBC के अनुसार) प्रमुख हैं। छत्रपति शिवाजी पर अधिकृत वक्ता हैं। मैं उनका हृदय से आभारी हूँ। श्री नरेन्द्र मोदीजी इस समय भारत में अच्छी सरकार (Good Governance) के पर्याय बन चुके हैं। शिवाजी व उनके सुशासन पर केंद्रित पुस्तक की प्रस्तावना लिखने के वे सर्वथा उपयुक्त व्यक्तित्व हैं। मेरे आग्रह को स्वीकारते हुए उन्होंने व्यस्त दिनचर्या में से समय निकाला, इस हेतु मैं हृदय से उन्हें धन्यवाद देता हूँ। श्री बाबासाहब पुरंदरे शिवाजी और मराठा इतिहास के विश्वकोश हैं। वे छत्रपति शिवाजी महाराज को विचार और व्यवहार में जीते हैं। इतिहासकार, लेखक, नाटककार व शिवचरित्र के वे सुंदर कथाकार हैं। उम्र और भाषा के बंधनों को लाँघकर उन्होंने प्राक्कथन लिखा, मैं उनका भी हृदय से आभारी हूँ।

श्री प्रकाश सिंहजी भारत के सुरक्षा संसार में अपनी कर्तव्य-परायणता व कुशलता के कारण प्रसिद्ध हैं। वे सीमा सुरक्षा बल के महानिदेशक पद से सेवा-निवृत्त हुए। श्री विजय सिंहजी सचिव, रक्षा मंत्रालय के पद से सेवा-निवृत्त हुए। प्रशासन में वे प्रामाणिकता और प्रतिबद्धता के प्रतीक हैं। इन दोनों ने पुस्तक पर टिप्पणी लिखने का उपक्रम किया, मैं उनका कतज्ञ हूँ।

लेखन कार्य में श्री अजित वामन आपटे का बड़ा सहयोग रहा। महाराजा शिव छत्रपति प्रतिष्ठान, पुणे के संदर्भ ग्रंथों से तथ्य जुटाने में सहायता मिली। पुस्तक के कलापक्ष में प्रिय निशित शरन का योगदान महत्त्वपूर्ण है। मैं सभी का हृदय से आभारी हूँ। वर्तमान संदर्भों को जुटाने में मेरे सहायक कार्तिक सप्रे व अशोक पाटीदार ने बहुत श्रम किया। टंकन का श्रमसाध्य कार्य संदीप वागडे ने अविचल रहते हुए किया। छोटे-बड़े कई कामों में मित्रों का सहयोग रहा। स्थानाभाव के कारण सभी का नामोल्लेख यहाँ संभव नहीं, किंतु मैं हृदय से सभी का आभारी हूँ।

पंच से प्रधानमंत्री तक, सेवावृत्ति से संन्यासी तक सभी एक अथवा दूसरे प्रकार के सामाजिक, सांस्कृतिक, आध्यात्मिक व अन्य शक्ति केंद्रों का संचालन करते हैं। उनके लिए शिवाजी के स्वराज-संचालन के सभी गुण दिशासूचक यंत्र बनें तथा उनकी सफलता का मंत्र भी। इस आस्था और विश्वास के साथ यह कृति सत्य के साधकों को सादर प्रस्तुत है।

(अनिल माधव दवे)

जन्म-स्थान

दिनांक : 19 फरवरी, 1630
तिथि : फाल्गुन वदी तृतीया
समय : रात्रि का प्रथम भाग
स्थान : शिवनेरी दुर्ग

प्रकृति पुलकित हुई, धरा भी धन्य हुई।
बधाइयों के गीत में स्वराज के पदचाप गूँजे॥

प्रतिमा निर्माण

हर व्यक्ति की प्रतिमा जीवन भर हर पल उसके द्वारा किए जानेवाले कार्यों व निर्णयों से बनती और बिगड़ती रहती है, किंतु लोगों के मन में यह परिवर्तन धीरे-धीरे होता है। व्यक्ति की मृत्यु होने पर वह प्रतिमा स्थिर होकर जन के मन में समा जाती है। व्यक्ति द्वारा अपनी प्रतिमा निर्माण में किए गए परिश्रम व उनके द्वारा चुने गए सही-गलत मार्ग के कारण वह कितने समय तक व किस रूप में लोगों के मन-मस्तिष्क में जीवित रहेगा, यह निश्चित होता है। मृत्यु के संभवतः एक पखवाड़े बाद व्यक्ति शनैः-शनैः लोगों के मन से विस्मृत होने लगता है। श्रेष्ठ नायक सदियों तक जनस्मृति व इतिहास में बने रहते हैं। इन दो के अतिरिक्त भारत के सनातन दर्शन में एक तीसरा प्रकार उन लोगों का है, जो लोकैषणा से ऊपर उठकर जीवन भर मौन साधक बन कार्य करते हैं और एक दिन चुपचाप अनंत की यात्रा पर चले जाते हैं। यह अत्यंत ही उन्नत अवस्था है, जिसका विचार हम यहाँ नहीं कर रहे हैं।

प्रतिमा निर्माण में आवश्यक तत्त्व नायक की सोच, समझ, संस्कार व उसके द्वारा रचा संसार होता है। देश व प्रदेश की सरकार का कोई मंत्री हो या प्रशासनिक अधिकारी अथवा सार्वजनिक जीवन में काम करनेवाला समाज-सेवी, अगर उसकी प्रतिमा खोखली और रंगहीन है तो उसे कोई भी अपने मन-मस्तिष्क में कुछ माह से अधिक नहीं रख पाएगा। यही कारण है कि लोग अपने जन-प्रतिनिधियों या शासन के मंत्रियों को अल्प काल में ही भूल जाते हैं, जबकि कुछ राजनेता, समाजसेवी अथवा धर्म-प्रवर्तक लंबे समय तक अपनी प्रतिमा को जन की स्मृति में बनाए रखने में सफल होते हैं।

प्रतिमा की दूसरों के मन में छाप व दूर देशों में रहनेवाले लोगों पर

हुए प्रभावों को समझकर यह पता लगाया जा सकता है कि व्यक्ति विशेष के लिए उस समकालीन समय में क्या धारणा प्रचलित थी? लोगों के मन में उसकी प्रतिमा कैसी थी? शिवाजी को हजारों मील दूर बैठे ईरान, पुर्तगाल, यूरोप तथा अन्य देशों के राजा व विद्वान् क्या समझते थे? उन्हें किस दृष्टि से देखते थे? इसे जानकर हम शिवाजी के आभा-क्षेत्र को आंशिक रूप में समझ सकते हैं; उदाहरणार्थ—

- ईरान के युवा बादशाह शाह अब्बास (कनिष्ठ) ने शिवाजी की कीर्ति सुन मुगल बादशाह औरंगजेब को संदेश भिजवाकर सावधान किया। चिंता व्यक्त करते हुए उसने शिवाजी से मुगल राज्य को बचाने के लिए सभी आवश्यक प्रयत्न करने का आग्रह किया।[2]

- पुर्तगाली वाइसराय काल द सेंट व्हिसेंट ने शिवाजी की तुलना सिकंदर और सीजर से की। उसने कहा कि मैंने भारत आने से पहले यूरोप में ही शिवाजी की कीर्ति सुन ली थी।[3]

- ग्रांट डफ लिखता है—"शिवाजी द्वारा जीती हुई भूमि और संपत्ति का मुगलों पर विशेष प्रभाव नहीं हुआ; किंतु उन्होंने महाराष्ट्र के लोगों में (स्वराज की) जो प्रेरणा जगाई, वह मुगलों पर भारी पड़ी।"[4]

- पुर्तगाली लेखक कास्मा द गार्द लंबे समय तक मडगाँव में रहा। उसने सन् 1695 में पुर्तगाली भाषा में शिवाजी का चरित्र लिखा, जो बाद में लिस्बन में प्रकाशित हुआ। इसमें वह लिखता है—"शिवाजी केवल काम करने में ही तेज नहीं था, बल्कि उसका शरीर कसा हुआ था। चेहरा आकर्षक तथा व्यक्तित्व प्रभावी था। विशेष रूप से उसके काले नयन इतने भेदक थे कि जब वह देखता था तो लगता था मानो आँखों से चिनगारियाँ निकल रही हों। उसकी आँखें उसकी बौद्धिक ऊँचाइयों का प्रमाण देती थीं।"[5]

प्रतिमा निर्माण में अर्थात् नायक के बनने में उसके द्वारा स्वीकार किए गए मूल्य और मान्यताओं का बड़ा महत्त्व है। उसकी सारी चिंतन-प्रक्रिया व कार्य करने की शैली इन्हीं मूल्यों पर टिकी होती है, जो विकास-क्रम में धीरे-धीरे उसके मन-मस्तिष्क में धारणा का रूप ले लेती है। उसके आसपास निरंतर घटनेवाली घटनाएँ, उसकी मान्यताओं को मजबूत व कमजोर बनाती हैं। स्वतंत्र आकार लेकर जब वह कार्य करने लगता है तो यही मूल्य और मान्यताएँ, जिस पर उसके विचार टिके होते हैं, वे कार्य में परिवर्तित होने लगते हैं। उदाहरण के लिए, मेरे एक परिचित राजनेता की यह मान्यता थी और है कि भारत में फैली नक्सलवादी हिंसा का आधार वैचारिक नहीं बल्कि आर्थिक है। उनके सहयोगियों ने उन्हें बताया कि यह सत्य नहीं है। अगर अर्थ का अभाव व भूख ही उसका कारण है तो भारत की 40 प्रतिशत जनता को हिंसा का मार्ग अपना लेना चाहिए, जिसका पेट दिन में एक बार भी ठीक से नहीं भरता और जिनके बच्चे भी कुपोषण के शिकार हैं। बहुत खोजने पर पता चला कि महोदय में बसी इस मान्यता का कारण उनके राजनीतिक गुरु हैं, जिनके विचार भी वैसे ही थे। समय-समय पर गुरु-शिष्य के बीच सामान्य बातचीत व चर्चाओं के माध्यम से यह धारणा महोदय में प्रविष्ट हो गई होगी।

वैसे ही दूसरी ओर योग्य धारणा सुशासन में सफल योजना का आधार बनती है। गुजरात के अधिंकाश भू-भाग पर रहनेवाला जन वर्षा आधारित जीवन व्यतीत करता था। उसमें भी कच्छ का पूरा भाग, सौराष्ट्र एवं उत्तर गुजरात का बड़ा हिस्सा अल्प वर्षा का प्रकोप झेलता रहता था। 21वीं सदी के प्रारंभिक दशक में गुजरात ने अल्प वर्षा के कई वर्ष देखे। परिस्थिति से निपटने के लिए श्री नरेंद्र मोदी की सरकार ने जल अभाव से स्थायी मुक्ति हेतु एक अभिनव योजना बनाई। योजना के क्रियान्वयन में समाज को आगे रखा और सरकार केवल सहायक व सहयोगी की

भूमिका में रही। सन् 2011 आते-आते प्रदेश में 1,44,000 छोटे-छोटे चैक डेम, 1,22,000 बोरी बंधान, 2,49,100 खेत तालाब रचनाएँ खड़ी हो गईं। सब मिलाकर 6 लाख से अधिक भूजल संवर्द्धन व संग्रह की इकाइयाँ बना दी गईं। उनमें से 42.78 प्रतिशत चैक डेम तो केवल कच्छ और सौराष्ट्र में ही बने। छोटे-छोटे बाँधों के माध्यम से 22 नदियों के पानी को 206 स्थानों पर रोका गया। सरल भाषा में समझने के लिए मान लिया जाए कि 100 मिलियन पानी के भंडार, जिसमें प्रत्येक की जल-ग्रहण क्षमता 10,000 लिटर हो, उनका निर्माण किया गया। नर्मदा नदी पर बने सरदार सरोवर बाँध के माध्यम से जल अभाववाले 10600 गाँव व 103 शहरों में पेयजल उपलब्ध कराया गया। जहाँ कल तक पीने का पानी टैंकरों व रेल के वैगनों से पहुँचाया जाता था, वहाँ अब हर घर में नलों से पानी पहुँच रहा है।

संगृहीत भंडारों का सदुपयोग हो व दुर्जन उसका दुरुपयोग न कर सकें, इस हेतु गाँवों में जल उपभोक्ता संगठन (Water User Associations) बनाए गए। वे इन इकाइयों की देखरेख व उपभोक्ताओं से आवश्यक शुल्क वसूलने का कार्य करते हैं।

गुजरात के 1500 किलोमीटर से अधिक लंबा समुद्री किनारे का खारा पानी भू-जल स्तर घटने के कारण जमीन की निचली सतह में बढ़ने लगा था। इस कारण औसतन 6 किलोमीटर का भूमिगत जल खारा हो चुका था। इस हेतु विशेष योजना के माध्यम से पूरे क्षेत्र में मीठे जल का संचय बढ़ाया गया। परिणामस्वरूप खारा पानी फिर मीठा होने लगा। अत: कल तक प्रदेश में भूमिगत जल का स्तर जो 3 से 5 मीटर प्रति वर्ष घट रहा था, वह न केवल रुक गया, बल्कि आज उसी गति से प्रति वर्ष बढ़ रहा है। केंद्र के जल संसाधन मंत्रालय व गुजरात सरकार से प्राप्त आँकड़ों के अनुसार 189 तहसीलों के भूजल स्तर में औसतन 4.31 मीटर की बढ़ोतरी हुई है, जो अधिकतम 19.57 मीटर तक पहुँची है।

गाँव, गोचर, पादर, सीम, वनक्षेत्र व नगरीय क्षेत्रों में बनी कुल जल संग्रह योजनाओं को सरल ढंग से समझने के लिए कहा जाए तो गुजरात के कुल 18618 गाँव व नगरों में प्रति बस्ती औसतन 32 जल ग्रहण रचनाएँ बनी हैं, जिनका औसत प्रति तालाब 100 व्यक्ति आता है। गुजरात के कुल भू-भाग के संदर्भ में लिखा जाए तो वह 3 तालाब प्रति वर्ग किलोमीटर है।[6]

अच्छा योजक विपरीत परिस्थितियों को सुअवसर में बदल देता है। इसीलिए चाणक्य का मत था कि अमावस्या का दिन व रात मुहूर्त देखकर कार्य करनेवालों या कर्मकांड को माननेवालों के लिए अशुभ हो सकता है, किंतु किसी राजा या सेनापति के लिए दुश्मन पर हमला करने की वह सबसे शुभ घड़ी है। शिवाजी ने चाणक्य की इस मान्यता को स्वीकार कर उसे क्रियारूप दिया। उनके द्वारा किए गए आक्रमणों व मुहिमों में से अधिकांश का समय या तो अमावस्या की रात्रि का था अथवा उससे एक-दो दिन आगे-पीछे का। युद्ध व हमले में विजय ही शुभ है और पराजय अशुभ। अतः मूल्य और मान्यताएँ ही सफल शासन व उसके विभिन्न कार्यों का आधार बनते हैं। शिवाजी ने अपनी कार्यशैली से दो मान्यताएँ सृजित कीं—

1. शासन करने के लिए होता है, छोड़ने के लिए नहीं।
2. युद्ध जीतने के लिए होता है, लड़ने के लिए नहीं।

हर नायक के व्यक्तिगत व पारिवारिक जीवन में मिले अनुभव उसके मूल्यों और मान्यताओं के संसार को खड़ा करने में निर्णायक भूमिका निभाते हैं, जो उसके द्वारा साथी व समाज के साथ व्यवहार करने का कारण बनती है।

व्यक्ति के विकसित होकर सफल नायक बनने की यात्रा के चार पायदान हो सकते हैं, जो क्रमशः आरंभ, आकलन, आस्था और अभय

शीर्षकों के अंतर्गत आगे प्रस्तुत हैं। नायक इन गुणों को स्वयं में कैसे विकसित करे, इसके लिए भी शिवाजी एक आदर्श उदाहरण हैं। शिवाजी ने अपने अंदर ये गुण कैसे बसाए और बढ़ाए, सभी नायक उन्हें अपने-अपने संदर्भ में समझें और स्वयं में उसका विकास करें, यह प्रार्थना है। ■

प्रतिमा (नायक) के प्रमुख लक्षण

आरंभ

'नेता' शब्द का सहज अर्थ है—'जो नेतृत्व करता है'। वह चाहे सरकार में हो या सामाजिक कार्य में, संगठन में हो या स्वतंत्र व्यवसाय में, परिवार में हो या धर्म के क्षेत्र में, सफल नायक बनने की पहली आवश्यकता सफलतापूर्वक स्वयं को मिले कार्य का प्रारंभ करना है। घुड़सवार का घोड़े पर बैठने का ढंग, लगाम थामने का तरीका, शारीरिक हलचल घोड़े और देखनेवाली जनता को यह बता देते हैं कि घुड़सवार किस श्रेणी का है। किसी भी कार्य के प्रारंभ करते समय उपजा हुआ आवेग, घबराहट, अवसाद अथवा नाटकीय आत्मविश्वास जैसी विभिन्न बातों का प्रभाव उस कार्य विशेष पर लंबे समय तक बना रहता है। सच तो यह है कि यही वे प्रारंभिक क्षण हैं, जो कार्य और कार्य करनेवाले की सफलता का आधार बनते हैं। शिवाजी ने स्वयं को कैसे स्थापित किया, अपने कार्य का श्रीगणेश उन्होंने कैसे किया? यह जानना अत्यंत रोचक है।

शिवाजी ने आरंभ में स्वराज की अवधारणा रखी, जो उन्हें उत्तराधिकार में माता जीजाबाई, पिता शाहजी व कारभारी दादा कोंडदेव से प्राप्त हुई थी। उन्होंने लोगों को स्वराज का अर्थ समझाया, स्वराज के लिए जीने और जीतने की अदम्य इच्छा साथियों एवं समाज में विकसित की। सुदूर मावल क्षेत्र में रहनेवाले मावलों, समुद्र किनारे बसनेवाले कोली, भंडारी व पूरे क्षेत्र में फैले हुए शेष समाज के विभिन्न घटकों को जिस ढंग से वे स्वराज का अर्थ समझा सकते थे, उन्हें समझाया। न समझनेवालों को दुत्कारा नहीं, अपितु धैर्यपूर्वक उन्हें बारंबार स्वराज की अनिवार्यता समझाई। साथ ही उन्होंने अपने साथ रहने व चलनेवाले रणबाँकुरों को स्वराज के लिए जीवन भर अविचल जीने तथा लड़ते रहने का मंत्र दिया।

उन्होंने जन (Mass) के साथ-साथ गण (Class), कान्होजी जैधे व बाजी पासलकर जैसे सरदारों को भी साथ लिया। जहाँ उन्होंने गाँव-गाँव में स्वराज का मंत्र फूँका, वहीं दूसरी तरफ समर्थ गुरु रामदास, संत तुकाराम, बाबा याकूट जैसे ग्यारह संतों व लोकनायकों का स्वराज के लिए आशीर्वाद प्राप्त किया। ऐसा नहीं था कि स्वराज्य की उनकी इस अवधारणा के विरोधी लोग समकालीन श्रेष्ठि वर्ग में नहीं थे, किंतु शिवाजी ने धैर्य से असंतोष और असहमति के इस स्वर को सफलतापूर्वक अपने अंदर समेट लिया।

शिवाजी स्वराज की संकल्पना का संप्रेषण सफलतापूर्वक इस कारण कर पाए, क्योंकि उन्होंने कभी भी न एकांत में, न सार्वजनिक रूप से यह कहा या किसी से कहलवाया कि 'स्वराज मेरी अवधारणा है'। उन्होंने हमेशा ऊँचे और स्पष्ट स्वरों में कहा कि 'स्वराज—यह श्री की इच्छा है'।

लेकिन आज देश में दृश्य ठीक विपरीत है। सरकार हो या संगठनों के नेता, वे हर योजना को 'मेरी योजना' कहकर या तो स्वयं संबोधित करते हैं अथवा लोग ऐसा मानें, इसके लिए अपने साथियों से कहलवाते हैं। आज के आधुनिक युग में वे विज्ञापन, होर्डिंग व मार्केटिंग के विभिन्न तरीकों का इसके लिए प्रयोग करते हैं। इसीलिए व्यक्ति विशेष के पद से हटते ही उनके द्वारा चलाई गई योजनाएँ सामान्यतः हवा हो जाती हैं। इस आत्मकेंद्रित सोच के कारण जनता के समय, सामर्थ्य और संसाधनों की अपूरणीय क्षति होती है। पूरे घटनाक्रम में किसी नायक, नेता, दल या संगठन का कुछ नहीं जाता। अंत में हानि जनता व देश को ही उठानी पड़ती है।

सामान्यतः इस प्रकार अपने नाम से योजनाएँ चलानेवाले अपने सहयोगी कार्यकर्ताओं से नए प्रारंभ किए जानेवाले कामों को लेकर विचार-मंथन या तो अनावश्यक मानते हैं अथवा उसकी केवल

रस्म–अदायगी ही करते हैं। वे खुद को अत्यंत बुद्धिमान और शेष को अल्पज्ञ समझते हैं। यहीं से असफल कार्य और असफल नायक के जीवन की कथा प्रारंभ होती है।

64 वर्षों के स्वतंत्र भारत में 'प्रधानमंत्री ग्राम सड़क योजना' से अधिक सफल, लाभकारी व स्वीकार्य शायद ही कोई और योजना दिखाई देती हो। इस योजना की सफलता का मूल मंत्र इसके नाम में छिपा है। यह 'अटल ग्राम सड़क योजना' के नाम से भी चलाई जा सकती थी, किंतु सफल नायक ऐसा नहीं करते। सामान्यत: छोटे मन के लोग भाग्य से जब बड़े पदों पर पहुँच जाते हैं तो अपना फोटो, अपना नाम, अपने कटआउट को यहाँ–वहाँ छपवाने, लिखवाने या लगवाने में लगे रहते हैं। कालांतर में समय व समाज उन्हें वैसे ही मिटा देता है जैसे रूस की सड़क और चौराहों से वहाँ के तथाकथित जननायकों के चित्र व मूर्तियाँ वहीं की जनता ने हटा दीं।

योग्य नायक एक विचार को सबका संकल्प बनाने की योग्यता रखता है। एक वार्ड को स्वच्छ रखने का किसी पार्षद द्वारा प्रयत्न हो या एक गाँव में हरित अथवा नीली क्रांति लाने की सरपंच की योजना, एक पुलिस अधिकारी द्वारा नगर यातायात व्यवस्थित करने का प्रयत्न हो या किसी संगठक द्वारा कार्य या कार्यक्रम को करने की इच्छा, सबसे पहले प्रत्येक व्यक्ति को अपनी इच्छा को सबकी इच्छा बनाना होता है। प्रामाणिकता के साथ 'मेरी योजना' इस प्रकार की वासना से स्वयं का मुक्त रखना होता है। हाँ, यह भी सच है कि आज के समय में कुछ छुटभैए नेता ऐसा करना नासमझी मानते हैं। किंतु इन अल्पजीवी नेताओं के लिए छीना–झपटी से प्राप्त किया फल या पद एक पायदान मात्र होता है। वह एक ऐसी नन्ही सीढ़ी होती है, जो आगे चलकर छोटी फिसलपट्टी पर समाप्त हो जाती है।

कार्य व्यक्ति प्रारंभ करता है, किंतु उसका विकास व विस्तार

दल/टीम करती है। सामान्यत: नायक टीम चयन में अपनी जाति, जमात या जी-हुजूरीवालों को प्राथमिकता देता है। इस कारण कार्य की हानि होती है। इस श्रेणी में से चयनित लोग नायक के हाथ-पैर दबाकर उसे शरीर-सुख प्रदान करते हैं। वे नायक व उसके कार्यों की प्रशंसा करते हुए मनोनुकूल बातें करते हैं। नायक के सुषुप्त अहंकार को पुष्ट करते हुए उसका मनोरंजन करते हैं, जो उसके मन को अपार सुख प्रदान करता है। भाट व चारण-प्रकृति से बनी यह टीम राज्य-कार्य व नायक का भारी नुकसान करती है। श्रेष्ठ नायक कार्य-संपादन के लिए योग्य व्यक्तियों का समूह बनाता है। जो आगे चलकर संपूर्ण व्यवस्था से न केवल उस दल के गुण व उनके अंदर-बाहर के चरित्र को व्यक्त करता है, बल्कि उनके साथ यश का भी कारण बनता है। शिवाजी की प्रारंभिक टीम, मित्र या साथी, जो भी कहें, उनके नामों व किए गए कामों पर आज विचार करें तो शिवाजी की विजयी जीवनगाथा का प्रारंभिक रहस्य थोड़ा-थोड़ा ध्यान आता है। उनके इस दल में प्रमुख रूप से कान्होजी नाइक, बाजी पासलकर, चिमणाजी, बाबाजी मुद्गल देशपांडे, तानाजी, सूर्याजी मालुसरे, येसाजी, कोंडाजी कंक, भिखोजी, सूर्यराव काकडे, बाजी जेधे, त्र्यंबक सोनदेव व दादाजी नरसप्रभु गुप्ते जैसे नर-केसरी थे।

आकलन

सामान्यत: नेतृत्व करनेवाले अधिकांश नायकों में परिस्थितियों को समझने और उसके संबंध में विभिन्न प्रकार के अनुमान लगाने की क्षमता सामान्य से ज्यादा होती है—और होनी भी चाहिए। शिवाजी ने अपने संपूर्ण जीवनकाल में राज्य-व्यवहार करते हुए किसी भी क्षण परिस्थिति का आकलन या मूल्यांकन करने में लेशमात्र भी भूल नहीं की। उनकी शासन करने की शैली सौ प्रतिशत त्रुटिशून्य दिखाई देती है। बड़ा काम और महत्त्वपूर्ण जिम्मेदारी प्राप्त करने की इच्छा हर नायक की सामान्य इच्छा होती है, किंतु इसके लिए वह त्रुटिशून्य कार्यशैली का स्वयं में विकास करने का कितना प्रयत्न करता है, यह विचारणीय है। कार्य-संचालन की यही दक्षता व क्षमता प्रशासन चलाने, बजट बनाने, कृषि व वाणिज्य की नीतियाँ निर्धारित करने और विज्ञान एवं प्रौद्योगिकी जैसे विभिन्न विषयों में सफलता और असफलता का निर्धारण करती हैं।

शिवाजी ने आदिलशाही (बीजापुर), कुतुबशाही (हैदराबाद) और मुगलों का ठीक प्रकार से आकलन किया। उन्होंने आदिलशाही और कुतुबशाही को भारत का ही धर्मांतरित मुसलमान माना और मुगलों को भारत में बाहर से आए हुए तुर्क व पठान। उन्होंने विदेशी आक्रांताओं के मुगल साम्राज्य को समाप्त करना और इसके लिए आदिलशाही व कुतुबशाही की मदद लेना तथा देना उचित माना। दक्षिण की इन दो शक्तियों से संबंध स्थापित करने के लिए उन्होंने विशेष प्रयत्न किए, आतिथ्य व जलसों में जाने-आने के संबंध रखे और जब उन्होंने नजर टेढ़ी करने की कोशिश की तो उन्हें दंडित भी किया। किंतु मुगलों के साथ उनके व्यवहार में यह सब नहीं था। आकलन की इन्हीं क्षमताओं के कारण शिवाजी स्वराज को मुगलों की कुदृष्टि व कुप्रयासों से बचा पाए। ब्रिटेन के मिलिट्री सेक्रेटरी फिलिप ने उनके इन्हीं गुणों को अपने अनुभव लेखन

आज्ञा-पत्रों का इतिहास

रामचंद्र पंत अमात्य ने आज्ञा-पत्रों की रचना की है। वे शिवाजी के साथ रहे। उन्होंने उनके साथ शासन-प्रशासन व सुरक्षा का कार्य करते हुए जो शिवाजी के मुख से सुना, देखा और समझा, उसे आज्ञा-पत्रों में लिख दिया। शासन व प्रशासन के महत्त्वपूर्ण पक्षों का इसमें बहुत सूक्ष्म वर्णन है। शासक अथवा नायक शिवाजी की कार्यपद्धति को समझकर उस पर चलने का प्रयत्न करें, शायद इसी उद्‌देश्य से रामचंद्र पंत ने इसे लिपिबद्ध किया होगा। इसका मूल लेखन मोढ़ी लिपि में हुआ था।

रामचंद्र पंत का जीवन सुदीर्घ था, उन्होंने शिवाजी, संभाजी, राजाराम, ताराबाई व संभाजी द्वितीय कोल्हापुर के समय तक राज्य शासन व प्रशासन में महत्त्वपूर्ण भूमिका निभाई थी। चयनित आज्ञा-पत्र विषयानुसार पुस्तक में स्थान-स्थान पर रखे गए हैं।

में कुछ इस प्रकार लिखा है—"अगर शिवाजी पाँच-छह साल और जिंदा रहते तो हम अंग्रेज भारत पर शासन नहीं कर सकते थे।"[7]

इसी प्रकार जेम्स डगलस लिखता है—

"It was a great mercy that Shivaji was not sea man, otherwise he might have swept the sea as he did the land with the wisdom of destruction."[8]

आकलन की यह क्षमता कार्य-योजनाओं का भविष्य तय करती है। कार बनानेवाली प्रसिद्ध अमरीकी कंपनियाँ जनरल मोटर्स व फोर्ड गत शताब्दी के छठे व सातवें दशक में भविष्य की कारों के रूप में जब भारी-भरकम और खर्चीली कारों की रूपरेखा तय कर रही थीं, उसी समय जापान की टोयोटा, सुजुकी और होंडा जैसी कंपनियाँ छोटी, सस्ती व कम ईंधन की खपत करनेवाली कारों की रूपरेखा बना रही थीं। आज दोनों के परिणाम सामने हैं। विश्व के कार बाजार में जापानी कारों की भरमार है। केवल टोयटा ने ही वर्ष 2007 के प्रारंभिक नौ महीनो में 13.1 बिलियन डालर का लाभांश कमाया, जबकि जनरल मोटर्स को इसी वर्ष 38.7 बिलियन व फोर्ड को 12.7 बिलियन डालर का भारी नुकसान हुआ। आकलन की इसी गलती के कारण कई संस्थान और सरकारें या तो बंद हो जाती हैं या बीमार।[9]

शिवाजी ने ब्रिटिश, फ्रेंच व पोर्तगीज नौसैनिक बेड़ों के बड़े और भारी-भरकम जहाजों के सामने छोटी और मध्यम श्रेणी की नौकाएँ उतारीं। यूरोपीय देशों के बड़े जहाजों को चलने के लिए हवा अनिवार्य थी। वे अपने आकार के कारण खाड़ी में भी प्रवेश नहीं कर सकते थे। जबकि शिवाजी ने अपने राज्य की भौगोलिक स्थिति व आवश्यकता को ध्यान में रखते हुए छोटी नावों का निर्माण करवाया। स्वराज्य की आवश्यकता को देखकर बनाई गई इन छोटी युद्धक नौकाओं की उनके समकालीन दुश्मनों ने भी भूरि-भूरि प्रशंसा की थी।

आज्ञा-पत्र 1

राजा का स्वानुशासन

राजा (नेतृत्वकर्ता) को स्वयं के खाने-पीने का समय निश्चित करना चाहिए। सामान्यत: उसे नहीं बदलना चाहिए। राजा को नशीले पदार्थों का सेवन नहीं करना चाहिए। अपने आस-पास कार्यरत व्यक्तियों को भी इन पदार्थों का सेवन नहीं करने देना चाहिए। राजा के पास जब शस्त्र न हों तो उसे लंबे समय तक निरंतर धरती को नहीं देखते रहना चाहिए। राजा को अपने अस्त्र-शस्त्रों के ज्ञान को सदैव बढ़ाते रहना चाहिए। उनका निरंतर अभ्यास करना चाहिए। घुड़सवारी और गजसवारी के अभ्यास को कभी नहीं छोड़ना चाहिए।

द्वितीय विश्वयुद्ध में आगे बढ़ती हुई नाजी सेनाओं के संबंध में हिटलर ने एक गलत आकलन किया। उसने रूस के मौसम और उसकी ताकत को समझे बगैर उसके सामने युद्ध का मोरचा खोल दिया। यहीं से प्रारंभ हुई हिटलर की हार। आकलन की कुछ ऐसी गलती नेपोलियन जैसे महान् योद्धा ने भी की। उसने रूस तक के मार्ग की भौगोलिक संरचना, सड़क मार्ग व मौसम का गलत आकलन किया और परिणामस्वरूप उसे अपनी श्रेष्ठ सेना से हाथ धोना पड़ा।

इसी प्रकार भारत के विकास की गाथा लिखने में भारतीय नायक आजादी के समय से आकलन की गलती को निरंतर दोहरा रहे हैं। महात्मा गांधी ने देश की भावी दिशा तय करने में गाँव, स्वदेशी और स्वावलंबन को विकास-मंत्र बनाने को कहा। उन्होंने इसी मार्ग पर चलकर भारत को आगे बढ़ाते हुए शक्ति-संपन्न देश बनाने का आग्रह भी किया, किंतु प्रथम प्रधानमंत्री जवाहरलाल नेहरू का देश की परिस्थितियों को समझने और आकलन करने का तरीका भिन्न था। उनकी विकास की कल्पना रूस के इस्पात कारखानों से शुरू होकर मैनचेस्टर के कल-कारखानों में पूर्ण होती थी। वे जहाँ खड़े थे, उसे न देख दूर जो दिखाई देता था, उसे अपने खड़े रहने का स्थान मान लेते थे। इन्हीं सब कारणों से आजादी के बाद कृषि, उद्योग, शिक्षा, स्वास्थ्य व रोजगार जैसे विभिन्न सरकारी विभागों में देश ने जो दिशा पकड़ी, उसके परिणाम आज सामने हैं। ऐसा नहीं है कि गत 64 वर्षों में हम बिलकुल नहीं चले, किंतु हम उतना और उस दिशा में नहीं चले, जितना हमें चलना चाहिए था। यह 'था' और 'है' का अंतर नेतृत्व के गलत आकलन का परिणाम है। एक पटवारी की गलती खेत की गलत नपती कर देती है। प्रधानमंत्री या राष्ट्राध्यक्ष की एक गलती देश की गलत दिशा तय कर देती है, जो देश के प्रचुर आर्थिक संसाधनों, मानव श्रम और समय की बरबादी का कारण बनती है। चीन का तिब्बत पर कब्जा और भारत का मौन। पचास व साठ के दशक में उत्तर-पूर्वी सीमा पर चीन की असाधारण हरकत और दिल्ली

स्थित नेताओं के कंठ से गूँजता 'हिंदी-चीनी भाई-भाई' का नारा, यह सब गलत आकलन का परिणाम है। भारत ने सन् 1962 के चीन हमले में हार का मुँह देखा, हमारे हजारों सैनिक शहीद हुए, 38,000 वर्ग किलोमीटर भूमि चीन के कब्जे में चली गई।[10] सदियों बाद भारत सरहद पर हारा। इसका एकमात्र कारण था नेतृत्व द्वारा की गई आकलन की त्रुटि।

भारत में घूमते हुए कई गाँवों, नगरों और शहरों में हम असफल योजनाओं के अवशेषों को देख सकते हैं। चुने हुए जनप्रतिनिधि या प्रशासनिक अधिकारियों द्वारा बनाई गई असफल योजनाओं के अधूरे पड़े प्रयत्नों व परिणामों के खँडहर यहाँ-वहाँ देखे जा सकते हैं; उदाहरणार्थ—

1. इंदौर शहर (मध्य प्रदेश) के बीचोबीच गत शताब्दी के प्रारंभ में खान नामक सुंदर नदी बहा करती थी, जिसे आज के तथाकथित सुसभ्य समाज ने एक गंदे नाले में परिवर्तित कर दिया है। कुछ राजनेताओं और प्रशासनिक अधिकारियों ने दोनों तटों को पक्के नाले का रूप देकर जल-मल बहा ले जाने व शेष भाग में शुद्ध पानी की झील का निर्माण करने की योजना बनाई। इससे नाला भी ढक जाता व शहर की जनता को जलक्रीड़ा व मनोरंजन के लिए एक नया पर्यटन-स्थल भी मिल जाता, साथ ही नगर का सौंदर्य भी बढ़ता। योजना अच्छी थी, लक्ष्य भी ठीक था, किंतु आकलन में दोष था। इतने बड़े जल-मल के प्रवाह को बाँधना बड़ा काम था। उसके लिए आवश्यक वित्तीय व तकनीकी साधनों का विचार किए बगैर कार्य प्रारंभ कर दिया गया। परिणाम रहा—जनता की गाढ़ी कमाई के पैसे, समय और श्रम का नुकसान। परिस्थितियों में कोई बदलाव नहीं हुआ। आज भी खान-नाला (स्वर्गस्त हो चुकी नदी) मुसकराते हुए अपनी गंदगी पर गौरव करता हुआ ठाट से बह रहा है।

2. भारत की केंद्र सरकार ने हिंद महासागर से बंगाल की खाड़ी में

जाने के मार्ग को छोटा करने के उद्देश्य से 'सेतु समुद्रम् परियोजना' बनाई। लक्ष्य था लाखों वर्ष पुराने 'रामसेतु' (नासा इसे एडम ब्रिज कहता है) को तोड़कर जलमार्ग बनाना। 30 किलोमीटर लंबा व 1¼ किलोमीटर चौड़ा यह पुल मानव-निर्मित है। श्रीराम ने रावण पर विजय प्राप्त करने के हेतु से इसे बनाया था। इसके अस्तित्व का वर्णन वाल्मीकि रामायण, स्कंद व अन्य पुराणों, गुरु गोविंद सिंहजी के लेखों, राजस्थान के विभिन्न राजाओं के अभिलेखागारों, विजयनगर साम्राज्य, चोल, यूरोपीय व मुगलों जैसे विभिन्न देशी-विदेशी शासकों के धार्मिक व ऐतिहासिक साहित्य में स्थान-स्थान पर बड़ी स्पष्टता से मिलता है। यहाँ तक कि अंग्रेजों द्वारा सन् 1767 में स्थापित 'सर्वे ऑफ इंडिया' संस्था का घोष वाक्य भी 'आसेतु हिमाचलम्' है, अर्थात् सेतु से हिमालय तक हम भूमि सर्वेक्षण का कार्य करते हैं। इस अद्वितीय वैश्विक धरोहर को तोड़कर नहर बनाने का बचकाना विचार अंततोगत्वा माननीय न्यायालय व जन-चेतना के कारण निरस्त हुआ। योजना को बड़े प्रशासनिक अधिकारियों, तथाकथित वैज्ञानिक व राजनेताओं ने आकार दिया था। उन्होंने विकास के नाम पर इसे लागू करवाने के भरपूर प्रयत्न किए। अगर गलती से यह योजना लागू होती और जो धरोहर टूटती तो उससे होने वाली क्षति का अनुमान लगाना संभव नहीं है। इसके अतिरिक्त पर्यावरण व जैव विविधता का जो नुकसान होता, वह भी गणना से परे है। रामसेतु केवल इतिहास की ही नहीं, बल्कि संपूर्ण मानव जाति की धरोहर है। वह हजारों साल पहले जन द्वारा किए गए पुरुषार्थ का अद्वितीय स्मारक है। तथाकथित विकास के नाम पर अधूरी सोच रखनेवाले इन योजनाकारों ने 20वीं शताब्दी के उत्तरार्द्ध में भारत की न जाने कितनी धरोहरों को सदा-सर्वदा के लिए नष्ट कर दिया होगा!

हम सब लोग देश-दुनिया के हर कोने में, विशेषकर अपने आस-पास इस प्रकार से शासन व प्रशासन के संचालकों द्वारा आकलन में की गई गलतियों के ढेरों स्मारक देख सकते हैं। एक गाँव के विकास में

सरपंच द्वारा बनाई छोटी सी सड़क से लगाकर देश के प्रधानमंत्री द्वारा सरहद की सुरक्षा के संबंध में लिये गए गलत निर्णयों के दुष्परिणाम व्यक्ति को कम, देश व समाज को ज्यादा भुगतने पड़ते हैं।

ऐसा नहीं है कि नेतृत्वकर्ताओं ने कुछ अच्छे आकलन नहीं किए। वे भी हुए हैं किंतु उनका अस्तित्व रेगिस्तान में मरुस्थल के बराबर है। भारत में चिकित्सा-सेवा कभी भी सरकार का विषय नहीं रही है। यह जिम्मेदारी सदैव ही समाज ने निभाई है। अंग्रेजों के आने से पूर्व चिकित्सा की विभिन्न प्रणालियों का विस्तार दूर-दराज के गाँवों तक था। घरेलू चिकित्सा व आजू-बाजू के परिवेश में उपलब्ध वनस्पति, क्षार इत्यादि से समाज प्रभावी ढंग से बीमारियों से लड़ लेता था। अंग्रेजों ने इन सभी चिकित्सा पद्धतियों को अवैज्ञानिक बताकर उन्हें समाप्त करने का भरपूर प्रयत्न किया। धीरे-धीरे अंग्रेजी चिकित्सा पद्धति समाज में प्रचलित होती गई, साथ-ही-साथ चिकित्सा-सेवा भी सरकार का विषय बनती चली गई। आजादी के बाद सरकार ने बड़े-बड़े अस्पताल व चिकित्सा महाविद्यालय खोले, जो भारत की जनसंख्या के अनुपात में तब भी अपर्याप्त थे और आज भी हैं।

स्वतंत्र भारत में अंग्रेजी चिकित्सा पढ़े हुए डॉक्टरों का पर्याप्त संख्या में दूर-दराज के गाँव व वनवासी क्षेत्रों में जाना व्यावहारिक रूप से संभव नहीं हो पाया। परिणामस्वरूप वहाँ निवास करनेवाले लोगों में विभिन्न बीमारियाँ घर करने लग गईं। समय के साथ चलते-चलते चिकित्सा-सेवा भी व्यवसाय बन गई। इस समस्या के निराकरण के लिए असम की श्री तरुण गोगई सरकार ने एक अभिनव ग्रामीण चिकित्सा योजना बनाई। इसमें बारहवीं पास छात्रों को प्रवीणता के आधार पर प्रवेश दिया गया। भरती के समय ही विद्यार्थियों के सामने यह अनिवार्य शर्त रखी गई कि वे पढ़ाई पूरी होने के बाद अपनी सेवाएँ केवल गाँवों में ही देंगे। वे अपने नाम के आगे डॉक्टर शब्द नहीं लगाएँगे। तीन वर्ष का

पाठ्यक्रम व छह माह का प्रायोगिक अनुभव प्राप्त कर वे कार्यक्षेत्र में जाएँगे। असम के 26 जिलों में से प्रत्येक जिले से दो छात्र लिये गए। 2005 से प्रारंभ इस योजना में अब तक छह समूहों को प्रवेश मिल चुका है। उनमें से तीन समूह शिक्षा प्राप्त कर गाँवों में सेवाएँ दे रहे हैं। उनके पद को आर.एच.पी. कहा गया। समाज ने भी उन्हें स्वीकार कर लिया। वे चिकित्सा के कई आयामों को समझकर सेवा उपलब्ध कराते हैं। आवश्यकता पड़ने पर वे रोगी को अपने निष्कर्षों के साथ जिला अस्पताल भेजने का अधिकार भी रखते हैं। निकट भविष्य में ही इस योजना के अच्छे परिणाम आएँगे व सुदूर क्षेत्रों में निवास करनेवालों को अपने ही क्षेत्र में चिकित्सा उपलब्ध हो जाएगी।[11]

संभव हो तो प्रत्येक शासन व प्रशासन के नायक के कार्यकाल में उसके द्वारा सफलतापूर्वक आकलित कार्यों के साथ-साथ असफल आकलन व मूल्यांकन को भी याद रखा जाना चाहिए। जब प्रजातांत्रिक व्यवस्था में कार्य कर रहे व्यक्ति को यह बोध होता है कि मेरे संबंध में पद से हटने के बाद भी मेरे कार्यों का मूल्यांकन हो सकता है, ऐसी स्थिति में उसमें सहज ही पद पर रहते हुए ज्यादा दायित्व-बोध उत्पन्न होगा।

शिवाजी ने जीवन भर छोटे-बड़े सभी कार्यों में किए गए आकलन को त्रुटिशून्य रखा, जिसके परिणाम उन्हें जीवन भर प्राप्त हुए। आवश्यकता है, सामाजिक व सरकारी—हर क्षेत्र में छोटा-बड़ा नेतृत्व कर रहे प्रत्येक नायक को आकलन व मूल्यांकन करने की क्षमता बढ़ाने में शिवाजी का अनुसरण करने की।

आज्ञा-पत्र 2

राज दल की रूपरेखा

राजा को अपने शाही दल को पाँच प्रकार के दस्तों से सज्जित रखना चाहिए—

1. घुड़सवार टुकड़ी, 2. पैदल दस्ता, 3. हलके अस्त्र-शस्त्र धारक टुकड़ी, 4. अग्रिम पंक्ति में हमला करनेवाले सक्षम बहादुर सैनिकों की टुकड़ी, 5. धनुर्धर दस्ता। राजा को अपने शाही सैन्य दल के लिए बहादुर, शक्तिशाली, आज्ञाकारी सैनिकों का चयन करना चाहिए, जो प्रसंग आने पर अपने पराक्रम से सेना व देश में यश प्राप्त कर सकें। जिनके अंदर दुश्मन में भय पैदा करने की सामर्थ्य हो। मनमौजी, उद्दंड, बेसब्र, बचकाना, शातिर, निंदक, हलकी बात करनेवाला व जिसने अपने पिछले मालिक से विश्वासघात किया हो, उसे कभी शाही दल में नहीं रखना चाहिए।

आस्था

राज्य खड़ा करने का काम हो अथवा कोई संगठन, परिवार के छोटे-बड़े निर्णय करना हो या समाज के हर क्षेत्र में कार्य, सभी का आधार आस्था है, जो विश्वास की भूमि पर जन्म लेती है। आस्था स्वयं में, आस्था विचार में, आस्था नेतृत्व करनेवाले नायक में, आस्था सहकर्मियों में, नीचे से ऊपर तक साथ काम कर रहे प्रत्येक व्यक्ति में आस्था होना सफल शासन-प्रशासन का आवश्यक भाग है। शिवाजी ने प्रारंभिक काल से यह आस्था दादा कोंडदेव, शाहजी और जीजाऊ में रखी। घर के बाहर कदम रखा तो वही आस्था उन्होंने अपने मित्रों में खड़ी की। आगे चलकर इसका विस्तार उन्होंने राज्य के कोने-कोने में निवास करनेवाली प्रजा में किया। चलते-चलते यह आस्था भारतभूमि में फैल गई। शिवाजी अपने सहयोगियों से बातचीत कर उन्हें यह भरोसा दिलाते थे कि हम जो करने जा रहे हैं, उसकी दिशा ठीक है और हमारा कार्य पवित्र है। हमारे कार्यों में पवित्र अदृश्य शक्तियाँ सदैव हमारे साथ रहती हैं। ऐसा विश्वास तभी खड़ा किया जा सकता है, जब सहयोगी, साथी और समाज यह मानता है कि आप सत्य के पक्ष में कार्य कर रहे हैं।

यही आस्था जब असत्य व गलत कार्य में उपयोग की जाती है तो वह अति आत्मविश्वास (जो कि अहंकार का ही छद्म स्वरूप है) व निश्चित पराजय के अतिरिक्त और कुछ नहीं होती। दुर्योधन प्रलोभन व स्वार्थवश कर्ण की स्वयं में तथा स्वयं की कर्ण में आस्था खड़ी कर सकता है, किंतु अपनी पराजय नहीं टाल सकता। आवेग और उन्माद खड़ा करके हिटलर चंद मोरचे जीत सकता है, लेकिन द्वितीय विश्वयुद्ध नहीं। ओसामा बिन लादेन कुछ पलों के लिए दुनिया को हिला सकता है, किंतु देश खड़ा नहीं कर सकता। अतः आवश्यक है कि आस्था का आधार सही हो।

आज्ञा-पत्र 3

रिश्तेदारों से सावधानी

राजा के रिश्तेदार या सगे-संबंधियों को दुर्ग के प्रशासन व सुरक्षा में नियुक्त नहीं करना चाहिए, चाहे उनकी अनुशंसा भी क्यों न की गई हो। क्योंकि जब वे गलती करेंगे तो उन्हें बेहिचक दंडित नहीं किया जा सकेगा। अगर उपयुक्त दंड नहीं दिया गया तो दूसरे भी इस अव्यवस्था का लाभ लेने की कोशिश करेंगे। इससे स्थापित कानून व्यवस्था खंडित होगी, जो राज्य के पतन का कारण भी बन सकती है। अतः किसी भी स्थिति में कानून भंग करने की छूट नहीं दी जानी चाहिए। राज्य की सुरक्षा का मुख्य कारण राज्य के दुर्ग ही होते हैं।

अफजल खाँ भेंट से पूर्व शिवाजी ने सारी परिस्थितियों का आकलन किया। आवश्यक कार्य-योजना बनाई। भेंट के लिए प्रस्थान करने से पहले अपने सभी सहयोगियों और विभिन्न मोरचों पर डटे हर एक सैनिक तक यह बात पहुँचाई कि गत रात्रि माँ भवानी ने स्वप्न में आकर कहा कि 'शिवा, मैं तेरी तलवार की धार में निवास करती हूँ।' अर्थात् 'तेरी विजय निश्चित है।' तीस-पैंतीस हजार की अफजल खाँ की सेना के सामने युद्ध के लिए तैयार खड़े अपने पंद्रह-बीस हजार सैनिकों के मन में उन्होंने यह आस्था खड़ी कर दी कि आज हमारी विजय-ही-विजय है।

एक दूसरी घटना में भी उनके द्वारा खड़ी की गई यही आस्था साफ दिखाई देती है। शाइस्ता खाँ दो वर्षों से पूना में डेरा डाले हुए था। उसके 80 हजार सैनिक पूना के चारों ओर छावनियों में फैले हुए थे। हर रोज मुगल सैनिक टोलियाँ बनाकर स्वराज में लूटपाट मचाते हुए अराजकता फैला रहे थे। जनता का बुरा हाल था। समय इतना लंबा बीत गया था कि शिवाजी के संगी-साथियों के मन में भी शंका-कुशंका खड़ी होने लगी थी। शिवाजी ने साथियों से पूछा, 'क्या करें?' कुछ ने सुझाव दिया कि समझौता कर शाइस्ता खाँ को धन इत्यादि भेंट कर विदा करें। शिवाजी ने समझाया कि वह मुगलों का प्रतिनिधि है, धन की उसे कोई कमी नहीं है। वह पैसे के लिए आया भी नहीं है, अतः पैसा लेकर वापस जाएगा नहीं। आखिर में शिवाजी ने अपने स्वभाव के अनुसार शाइस्ता खाँ पर प्रहार करने की योजना बनाई। उन्होंने प्रयाण करने से पहले अपने साथियों से कहा, "भवानी माता ने स्वप्न में आकर मुझसे कहा है—शाइस्ता खाँ की चिंता मत करो, जैसे मेरे आशीर्वाद से अफजल खाँ पर विजय प्राप्त की थी, वैसे ही शाइस्ता खाँ पर हमला करो। तुम्हें यश प्राप्त होगा। यह मेरा आशीर्वाद है।"

80 हजार सैनिकों से घिरे पुणे शहर में 400 साथियों के साथ बारात के स्वरूप में उन्होंने प्रवेश किया। वे सीधे लालमहल पहुँचे। वह रमजान

का महीना था। मुगल सैनिक खा-पीकर आराम फरमा रहे थे। यही हाल शाइस्ता खाँ का भी था। लालमहल के नजदीक पहुँचते ही शिवाजी के साथियों ने महल के पीछे का एक पुराना दरवाजा, जिसे शाइस्ता खाँ के अधिकारियों ने बंद करवा दिया था, तोड़ दिया। शिवाजी व साथियों ने वहीं से प्रवेश किया। शिवाजी सीधे शाइस्ता खाँ के शयनकक्ष में पहुँचे और उस पर हमला कर दिया। बेगमों के जनानखाने की आड़ लेता हुआ शाइस्ता खाँ जान बचाता हुआ भागा। वह झरोखे से जब नीचे कूद रहा था, तभी शिवाजी ने एक ही प्रहार में उसके हाथ की उँगलियाँ काट दीं। महल का कोलाहल दबाने के लिए महाराज के सैनिकों ने नगाड़े बजानेवालों से उन्हें जोर-जोर से बजाने को कहा। महल के अंदर से दरवाजा खोल सारे मराठा सैनिक गनिम-गनिम (दुश्मन-दुश्मन) चिल्लाते हुए बाहर निकले और सकुशल शहर के बाहर आ गए। शिवाजी ने मुहिम राजगढ़ से प्रारंभ की थी, लेकिन लौटने का मार्ग उन्होंने आने के मार्ग से भिन्न रखा। यश प्राप्त कर उन्होंने अभियान को पूर्ण किया और बाद में कहा, ''यह कार्य मुझसे ईश्वर ने करवाया है।''

आस्था-निर्माण के इस प्रयत्न को चाणक्य ने कुछ इस प्रकार कहा है—
''परस्य विषेत दैवत-दर्शन दिव्यकोश विण्डोत्पत्ति च अस्यं ब्रुयः।''[12]

आज कोई बहुराष्ट्रीय कंपनी हो अथवा राज्य का सचिवालय, किसी स्वयंसेवी संगठन का कार्यालय हो या कोई लघु उद्योग की इकाई, ग्राम पंचायत का सचिवालय हो या राष्ट्राध्यक्ष का कार्यालय, छोटे-बड़े सभी स्थानों पर कार्यरत कर्मचारियों, कार्यकर्ताओं और जन-प्रतिनिधियों में परस्पर व नेतृत्व के प्रति आस्था सफलता की अनिवार्य शर्त है। सफल नायक अपने कार्य तथा उसके निश्चित परिणामों में सभी की आस्था अपने तप से खड़ी करता है। स्वयं के अंदर विकसित किया गया हर पवित्र संकल्प अदृश्य शक्ति के रूप में प्रवाहित होकर चारों दिशाओं में रहनेवाले व्यक्तियों में आस्था खड़ी करने का कार्य करता है।

कई बार कुछ राजनेता शगूफेबाजी से क्षणिक सफलता प्राप्त कर लेते हैं। मसखरेबाजी पर मुसकराते लोगों को ऐसे नायक अपने आस्थावान समर्थक मान बैठते हैं। पैसा फेंककर गाड़ियों और वाहनों में ढोकर लाए गए लोगों के सामने भाषण देकर वक्ता यह भ्रम पालता है कि सामने बैठा वर्ग मेरा समर्थक है। भाड़े पर आए हुए ये लोग हमारे सदस्य हैं। घिसे-पिटे विचार और बार-बार दोहराए गए नाकारा संकल्पों को बोलकर कोई यह मान ले कि मैं आस्था-निर्माण का कार्य कर रहा हूँ, तो इससे बड़ा भ्रम और क्या हो सकता है! किसानों की आस्था को बहला-फुसलाकर उनकी भूमि विकास के नाम पर औने-पौने दामों में हथिया ली जाती है। बाद में नियमों में बदलाव कर उसी भूमि पर चमचमाते मॉल, होटल या क्लब बना दिए जाते हैं। यह अहिंसक अत्याचार है और आम आदमी की आस्था के साथ धोखा भी, जो कालांतर में क्षेत्र की कृषि उत्पादकता को भी घटाता है। नेतृत्वकर्ता कभी-कभी आस्थाविहीन क्षणिक सफलता को कुशल प्रबंधन मान लेते हैं, जो भूल है और भ्रम भी।

प्रत्येक सफल नायक के लिए लोक-कल्याण, लोक-रक्षा व लोक-जीवन के विकास हेतु होनेवाले सभी कार्यों में सहयोगियों की आस्था अनिवार्य है। आस्था का ही एक भाग घनीभूत होकर विश्वास में परिवर्तित होता है; किंतु सहकर्मी जब यह देखते हैं कि हमारा नायक लोक-कल्याण के नाम पर स्व-कल्याण कर रहा है, तब आस्था अपना अस्तित्व खो देती है और केवल चापलूस व उसकी चापलूसी ही नायक के पास शेष रह जाते हैं।

कुछ लोग उद्योग, व्यवसाय, संगठन और सरकार को चलाने का तरीका एक ही है—ऐसा मानते हैं, किंतु इसमें गहरा अंतर है। उद्योग, व्यवसाय का लक्ष्य लाभांश प्राप्त करना है, जिसका एक-दो प्रतिशत हिस्सा सामाज़िक उत्तरदायित्व (CSR—Corporate Social Responsibility) के नाम पर खर्च किया जाता है, जबकि सार्वजनिक

क्षेत्र का मूल उद्देश्य जन-कल्याण है और उसका मुख्य केंद्र सेवा है। इस क्षेत्र के वित्त प्रबंधन का उद्देश्य भी संसाधनों का अधिकतम भाग जनता तक पहुँचाना है। शासक या प्रशासक जब शासन का उद्देश्य 'सेवा' है, यह भूल जाता है तब उसके प्रयत्नों का परिणाम तानाशाह इदी अमीन या मारकोस के रूप में होता है। ऐसे ही भटके हुए छोटे-मोटे इदी अमीन और मारकोस को लोग अपने आस-पास अस्वस्थ सरकारों में देखते रहते हैं। इन सबके बोलने में तानाशाहों जैसा ही दंभ, चलने में वैसा ही अहंकार होता है। उसके जीवन का अंत भी सामान्यत: वैसा ही होता है। यात्री अलग-अलग हैं, नाम भिन्न हैं, समान है तो भाव, भावना और भवितव्य। इन सभी के जीवन का अंतिम भाग अवसाद, असफलता व अतृप्त इच्छाओं से भरा रहता है।

शिवाजी के शासन-तंत्र में सिपाही से सेनापति तक, नागरिक से नायक तक सभी अगर आत्मविश्वास से भरे थे तो उसका प्रमुख कारण था उनकी स्वराज में आस्था। वे शिवाजी को स्वराज्य का सूत्रधार मानते थे और स्वयं को उसका अनिवार्य अंग। उनमें से हर एक को यह भरोसा था कि हम स्वराज खड़ा करके रहेंगे। अपने कार्य में यही आस्था तत्कालीन शासन-प्रशासन के सभी हिस्सों में अपने आप स्व-अनुशासन तथा स्व-नियंत्रण को खड़ा कर देती है। शिवाजी की वित्त प्रबंधन के क्षेत्र में प्रामाणिकता हो या युद्धक्षेत्र में किया गया एक-एक प्रहार, सभी में सौ प्रतिशत परिणाम प्राप्त होने का कारण यह आस्था ही थी। शिवाजी ने शासन, प्रशासन व सेना में काम करनेवाले एक-एक व्यक्ति में यह बात कूट-कूटकर भर दी थी कि वह जो कुछ भी कर रहा है, स्वराज के लिए ही कर रहा है।

ऐसा नहीं है कि शिवाजी के शासन में अन्याय या असंतोष नहीं था। वह था, किंतु अपवाद-स्वरूप। उनके कई रिश्तेदार, जैसे निंबालकर, घोरपड़े इत्यादि उनसे राग-द्वेष रखते थे। उनके नेतृत्व को नहीं स्वीकारते

थे, किंतु प्रधानता तो आस्थावान लोगों की ही थी। यह आस्था शिवाजी ने भाषण देकर या चौराहों पर स्वयं के चित्र लगाकर खड़ी नहीं की थी; और न ही किसी के द्वारा इस प्रकार खड़ी की जा सकती है। शिवाजी के मन में स्वराज को लेकर जो पवित्र भाव था, वह सूक्ष्म तरंग बनकर दूर-दराज तक फैले स्वराज के हजारों और लाखों लोगों के हृदय में समा गया था। जन व तंत्र में समाई यह आस्था ही खाद व पानी बनकर लोगों में सतत उत्साह भरती और उनसे काम करवाती थी।

आज का दृश्य भिन्न है। स्वयं के प्रति आस्था खड़ी करने के लिए सार्वजनिक चौराहों पर चीख-चीखकर भाषण देते नायक दूसरों को सदैव कमतर और स्वयं को अत्यंत बुद्धिमान बताते हैं। वैसे भी अहंकार और आत्मविश्वास के बीच बहुत झीना परदा है। नायक विवेक के अभाववश अहंकार को आत्मविश्वास मानकर जब चलता है तब वह एक आत्मघाती भ्रम में फँस जाता है। प्रशासनिक अधिकारी लाभांश के लिए कुछ भी करने को आमादा रहते हैं। बड़े-बड़े औद्योगिक घराने विज्ञापन, सर्वे, सेमिनार, प्रायोजित पुरस्कार जैसे माध्यमों से अपने द्वारा रोपित व पोषित नायकों के लिए जन में वह आस्था खड़ी करना चाहते हैं, जिसका अस्तित्व उनमें होता ही नहीं है। ऐसे लोग औद्योगिक घरानों व अंतरराष्ट्रीय शक्तियों द्वारा स्वयं के हितों व सत्ता के बीच समन्वय साधने के आधार होते हैं। इस प्रकार के लोग किसी भी कार्य की प्रेरणा नहीं हो सकते।

संयोगवश कोई तरुण या उत्साही व्यक्ति ऐसे कृत्रिम व छद्म नायकों के संपर्क में आ भी जाए तो वह आस्था नहीं, अनास्था से भर जाता है। उसका मन अवसादमय हो जाता है। ऐसे नेतृत्व करनेवाले कहते हैं, 'मुझे मेरे भाषणों से पहचानो', 'मेरी बोली गई बातों से मुझे जानो' और लोग कहते हैं, 'नहीं, हम तुम्हें तुम्हारे निर्णयों से पहचानेंगे।' तुम निर्णय करते समय क्या पसंद करते हो और क्या नहीं, वही तुम्हारा सत्य है।

कहावत भी है—'व्यक्ति की पहचान उसके आस-पास रहनेवाले लोगों से की जा सकती है।' आज के समय में भी कोई नायक जल्दी सुबह, देर रात व एकांत में कैसे लोगों से मिलता है? किन लोगों से मिलने के लिए वह छद्‍म रूप से पिछले दरवाजे से आता-जाता है और यह सब करने का उसका उद्‍देश्य क्या है? इस आधार पर ही उसके संबंध में निर्णय हो सकता है।

शासन-प्रशासन व सामाजिक संगठनों में कार्यरत हर व्यक्ति की सोच, संगी-साथी, सगे-संबंधी व स्वयं के अंतर्मन की प्राथमिकता उसकी परिधि में आनेवाले लोगों के अंदर आस्था के जन्म व विकास का कारण बनती है। स्वतंत्र भारत की कुल जनसंख्या के दो प्रतिशत लोगों ने भी शायद ही गांधी या सुभाष को प्रत्यक्ष देखा या सुना होगा! वैसे ही गत दशकों में लालबहादुर शास्त्री या जयप्रकाश को भी संभवत: इतने ही लोगों ने देखा या सुना होगा! किंतु देश की 90 प्रतिशत जनता उनके लिए अपने मन में निश्चित धारणा रखती है। इन नायकों की जन-जन के मन में यह प्रतिमा निर्माण एक अदृश्य, किंतु प्रामाणिक प्रवाह के कारण बनी है, जिसका केंद्र नायकों का मन व कार्य है। आज तथा आनेवाले सभी कालों में गाँव से लेकर देश की राजधानी तक अलग-अलग स्तर पर नेतृत्व करनेवाले को यह ध्यान रखना ही होगा कि आस्था-निर्माण का केंद्र विज्ञापन या होर्डिंग नहीं, बल्कि स्वयं के अंदर का घनीभूत सत्य-संकल्प ही है। सभी को यह हमेशा देखना होगा कि अंदर से फूट पड़ी यह धारा नदी है या नाला, क्योंकि यही आस्था शासन व प्रशासन का अनिवार्य हिस्सा बन विकास की गाथा लिखती है।

प्रजातांत्रिक देश का कोई भी नागरिक जनप्रतिनिधि बन सकता है, किसी भी पद को प्राप्त कर सकता है। उस पद पर वह लंबे समय तक रह सकता है, किंतु जन-जन के हृदय में शासन नहीं कर सकता। यही बात सामाजिक, धार्मिक व विभिन्न संगठनों में कार्य करनेवाले नायकों पर भी

समान रूप से लागू होती है। पद भाग्य से प्राप्त होता है, किंतु लोक-हृदय में वास परिश्रम, प्रामाणिकता व पुरुषार्थ से ही प्राप्त हो सकता है।

शिवाजी व विश्व के अन्य सफल नायकों ने इस आस्था-रूपी प्रवाह को अपने अंदर प्रामाणिकता से खड़ा किया और फिर उसे निरंतर बहने दिया। उन्होंने यह आस्था बलात् या प्रलोभन से नहीं खड़ी की। चंगेज खान हो या महमूद गजनी, वे लूटपाट कर सकते हैं, थोड़े समय किसी भूमि पर शासन कर सकते हैं, धन व सत्ता का प्रलोभन देकर कुछ लोगों को मरने-मारने के लिए तैयार कर सकते हैं, किंतु जननायक नहीं बन सकते, लोगों की स्मृतियों में सम्मानजनक स्थान नहीं पा सकते। यह सार्वकालिक स्वीकार्य सिद्धांत है। सत्य यह है कि जैसा संकल्प होता है, वैसी ही सिद्धि होती है।

शिवाजी द्वारा खड़ी की गई आस्था के जन्म, विकास व विस्तार की इस यात्रा को समझकर हर नायक उसे स्वयं में वैसे ही विकसित करे—यह आज की बहुत बड़ी अनिवार्यता है।

॥ आदित्यस्य नमस्कारान् ये कुर्वन्ति दिने दिने
आयुः प्रज्ञा बलं वीर्यं तेजस्तेशाञ्च जायते ॥

सूर्य ऊर्जा का आदिस्त्रोत है। विश्व के विभिन्न भागों में रहनेवाला समाज एक अथवा दूसरे प्रकार से इसके अस्तित्व व महत्ता को स्वीकारता है। भारतीय मनीषी परंपरा ने इसे योग के साथ जोड़ एक स्वयंपूर्ण, साधन रहित और सुगम आकार दिया, यही सूर्य नमस्कार कहलाया। धारणा है कि इसे नियमित करनेवाला स्वस्थ व दीर्घायु को प्राप्त होता है।

भारत की राजधानी दिल्ली के नवनिर्मित विमानतल टी-3 पर प्रदर्शित सूर्य नमस्कार मुद्राओं की कलाकृति।

अभय

अभय का सामान्य अर्थ है, जो निडर है—अर्थात् डरता नहीं है। डर के कई प्रकार हैं। यह एक ऐसी अदृश्य शक्ति है, जिससे बड़े-बड़ों की भी मुक्ति नहीं होती। अदृश्य रूप से व्यक्ति एक या दूसरे डर से हमेशा ग्रसित रहता है। शायद इसीलिए महर्षि पतंजलि ने संन्यासी का प्रथम लक्षण बताते हुए यह नहीं लिखा कि वह गेरुआ वस्त्र पहनता है, उसके केश बड़े होते हैं या वह दंड-कमंडल धारण करता है। पतंजलि कहते हैं—"संन्यासी हो या योगी, उसके होने का पहला लक्षण है कि वह निर्भय होता है। जंगल हो या राजप्रासाद, रंगारंग कार्यक्रम हो या रणक्षेत्र, वह सर्वत्र भयमुक्त होता है। न मृत्यु का भय, न रंग जाने का भय, न डूबने का भय, न मिट जाने की शंका।" यही सब बातें कम-ज्यादा मात्रा में नेतृत्व करनेवाले में भी अपेक्षित हैं। शिवाजी का राज्य-संचालन में व्यवहार, रणक्षेत्र में आचरण और सभी के साथ किए जानेवाले बरताव में यह निर्भयता उनके व्यक्तित्व से फूट-फूटकर प्रकट होती है।

मिर्जा राजा जयसिंह से भेंट के लिए शिवाजी के सामने शर्त रखी गई कि वे निःशस्त्र आएँगे और अपने साथ केवल छह ब्राह्मण ही लाएँगे। जिस समय भेंट आयोजित की गई थी, वह शिवाजी व स्वराज के जीवन में पराजय और पीछे हटने का काल था। स्वराज्य में अलग-अलग मोरचों पर हार के कारण हताशा का वातावरण था। चारों ओर निराशा फैली हुई थी। ऐसे समय में शिवाजी जयसिंह की छावनी में पाँच-छह दिन रहे। छावनी में भी अनिश्चितता का वातावरण था। शिवाजी पर किसी भी समय प्राणघातक प्रहार हो सकता है, यह शंका-कुशंका पक्ष और विपक्ष के हर व्यक्ति के मन में थी। उस परिस्थिति का वर्णन इटालियन तोपची निकोलाई मनुची ने अपनी डायरी में लिखा है—"शिवाजी ने छावनी में

रहते हुए मुझसे बहुत सारी बातें कीं। उन्होंने तोप, बारूद, उसके निर्माण व संचालन की बारीकियों के संबंध में जिज्ञासावश मुझसे कई प्रश्न पूछे और बहुत सारी बातें जानीं।'' निकोलाई आगे लिखता है—''जिस व्यक्ति के प्राण संकट में हों, उस व्यक्ति की निर्भयता और ज्ञान की भूख मुझे असमंजस में डाल रही थी।'' निकोलाई का आश्चर्य गलत नहीं था। उसने अभी तक सेना अधिकारी, राजे-महाराजे देखे थे; महानायक तो वह पहली बार देख रहा था।[13]

आगरा में नजरबंद रहते हुए भी उन्होंने अपनी मार्केटिंग इंटेलिजेंस का भरपूर प्रयोग किया। मुगलिया शासन व्यवस्था की बारीकियों को समझा। उसकी कमियों और अच्छाइयों को नजदीक से पहचाना। आगरा के बाजार में घूमते हुए उन्होंने बड़े राजाओं की तरह खरीदारी की और अन्य लोगों से मेल-मिलाप बढ़ाया। भेंट इत्यादि से सभी प्रमुख लोगों को संतुष्ट रखा।

एक दिन बालूशा, तेजसिंह और रामसिंह बातें कर रहे थे। उसी समय वहाँ प्रसिद्ध राजपूत सरदार महासिंह शेखावत आया और कहने लगा, ''शिवाजी विलक्षण बुद्धिमान है। वह थोड़ा, लेकिन सटीक बोलता है। इसलिए उससे विवाद करना मुश्किल है। वह राजाओं की तरह उठता, बैठता और चलता है। वह सच में असल राजपुत्र है।''[14] नजरबंदी के इस काल में शिवाजी ने मुगलों की खोखली व्यवस्था को अंदर से समझ लिया था। हर परिस्थिति में स्वराज के लिए क्या प्राप्त हो सकता है, इसका विचार वे सदैव करते थे और अपने व्यवहार से भी उन्होंने समय-समय पर इसे प्रमाणित किया।

शिवाजी की निर्भयता राज्य-संचालन के हर क्षेत्र में दिखाई देती है। प्रशासन के लिए किसी ढाँचागत संरचना का विकास हो या न्यायाधीश के रूप में कठोर व योग्य निर्णय लेने का। योग्य किंतु नए व्यक्ति को कार्य के लिए नियुक्त करना हो या स्नेहीजनों के गलती करने

पर उन्हें कठोर दंड देने का विषय, शांतिकाल में निर्णय लेते समय या शासकीय व्यवहार करते समय भी शिवाजी में निर्भयता उतनी ही दिखाई देती है, जितनी युद्ध काल में।

वर्तमान समय में निर्भयता का स्थान भय ने ले लिया है। पद पाने अथवा पद पर बने रहने को ही सबकुछ माननेवाले हमेशा भयग्रस्त वातावरण में रहते हैं। उनका यह भय अतिशय विनम्रता बनकर समय-समय पर प्रकट होता रहता है, जो अपने आप में छद्म आवरण है। भययुक्त नायक की शारीरिक हलचल, उसका इधर-उधर देखना, शरीर के अंगों में सतत हलचल व अस्थिर उठना-बैठना, यह सब अस्वाभाविक होता है, जो आवश्यकता से बहुत ज्यादा या कम होता है। जंगल में शेर अपने शिकार को एकाग्र होकर आराम से खाता है, क्योंकि वह जानता है कि इस पूरे जंगल में उसके रहते हुए उसके आहार को छीननेवाला कोई नहीं है। उसके उपभोग में एक प्रकार की निर्भयता है, जबकि इसके ठीक विपरीत, एक चूहा दो पैरों के बीच अपना आहार दबाकर जल्दी-जल्दी खाता है और हर क्षण भयवश इधर-उधर देखता रहता है। उसे दो प्रकार का भय सताता है—एक, उसके भोजन के लुट जाने का और दूसरा, स्वयं किसी का भोजन बन जाने का। भय और अभय अंदर बसते हैं और व्यवहार में बाहर दिखते हैं। शेर को कोई जल्दी नहीं, कोई भय नहीं और चूहे को जल्दी-ही-जल्दी है।

नेतृत्व करनेवाले में यह अंतर साफ देखा जा सकता है। एक को विश्वास है कि किसी एक पद पर वह अपने परिश्रम व पुरुषार्थ के कारण है। कार्य में परिणाम, प्रामाणिकता व पारदर्शिता उसके मुख्य शक्ति केंद्र हैं। वह उस पद पर किसी व्यक्ति की कृपा, दुर्घटना या केवल भाग्य के कारण नहीं है। वह जानता है कि इस पद से मुझे विधाता अथवा मेरी गलती के अलावा कोई नहीं हटा सकता। अत: वह स्वयं में सदैव निर्भय रहता है, जबकि अनुकंपा से पहुँचे व्यक्ति हमेशा भयग्रस्त रहते हैं। असंतोष उसका

स्वभाव बन जाता है। झूठी विनम्रता उसे स्वयं के जीवन में कर्ण के कवच-कुंडल लगती है। वह हमेशा शंका से भरा रहता है। व्यक्तिगत या सार्वजनिक चर्चाओं में वह या तो शिकायत करता है या आत्मप्रशंसा।

सफल कार्य-संचालन के लिए विभिन्न स्तरों पर काम करनेवाले नायकों में निर्भयता का होना अनिवार्य तत्त्व है। नायक में यह निर्भयता परिवार व उस समाज से प्राप्त होती है, जहाँ वह जन्म लेकर बड़ा होता है। अत: समाज व सरकारों को चाहिए कि वह अपनी भावी पीढ़ी में इस निर्भयता को खड़ा करे। मध्य प्रदेश की श्री शिवराज सरकार ने छह वर्ष पूर्व एक सामाजिक कार्यकर्ता के आग्रह पर सामूहिक सूर्य नमस्कार का विशेष कार्यक्रम प्रारंभ किया। प्रति वर्ष 12 जनवरी को स्वामी विवेकानंद जयंती के दिन पूरे प्रदेश में विद्यालयों के छात्र-छात्राओं ने एक संकेत पर एक साथ सामूहिक सूर्य नमस्कार किया। समाज के गण्यमान्य नागरिकों से भी इस कार्यक्रम में भाग लेने का आग्रह किया गया। प्रदेश की राजधानी भोपाल से रेडियो व टी.वी. के माध्यम से सूर्य नमस्कार करने की सूचना व संकेत दिए गए। प्रदेश के दूर-दराज के गाँवों व वनवासी क्षेत्रों में स्थित अधिकांश विद्यालयों में छात्र-छात्राओं ने सूर्य नमस्कार किए। नगरों व शहरों के विद्यार्थी वहाँ के बड़े मैदानों में एकत्रित हुए व कार्यक्रम में भाग लिया। 12 जनवरी, 2012 को प्रदेश के 70 लाख से ज्यादा विद्यार्थियों ने सामूहिक सूर्य नमस्कार किया। स्वस्थ शरीर के लिए व्यायाम संस्कार बने—यह कार्यक्रम का उद्देश्य था। सूर्य नमस्कार को माध्यम इसलिए चुना गया, क्योंकि यह बिना किसी साधन के किया जाता है। यह श्रेष्ठ श्रेणी का स्वयं अपने में एक संपूर्ण व्यायाम है।[15] इसके वैशिष्ट्य को ध्यान में रखते हुए ही भारतीय विमानपत्तन प्राधिकरण व जी.एम.आर. ने सूर्य नमस्कार की सभी मुद्राओं को व्यक्त करती हुई एक सुंदर कृति नई दिल्ली के नूतन विमानतल टी-3 पर लगाई है।

अच्छे व्यायाम से बना शरीर और विश्वास से भरा मन निर्भयता का

जनक है। यह एक ऐसी फसल है, जिसे माता-पिता अपने बच्चों में बचपन से बोते हैं; शनैः-शनैः किशोरावस्था में वह नित्य अभ्यास से बलवती होती है। जवानी में स्वस्थ शरीर से व्यक्ति अपने सारे कार्य सिद्ध करता है और अंत में यह उसकी सहजता से देह-विसर्जन का साधन बनती है।

शिवाजी के अभिभावकों ने शिवाजी के शरीर और मन में निर्भयता के बीज बचपन में ही बो दिए थे। शिवाजी ने पुरुषार्थ और परिश्रम से उसको सींचा। समय के साथ बढ़ते-बढ़ते यह निर्भयता शिवाजी में इतनी समा गई कि उनके संपर्क में आनेवाला क्या तो दोस्त और क्या दुश्मन, हर कोई उस महानायक की रोम-रोम से टपकती निर्भयता को कल भी देख सकता था और आज भी अनुभव कर सकता है। ■

सिक्कों का इतिहास

स्वराज्य के सिक्के ताँबे व मिश्रित धातुओं से बनते थे, जिनके एक ओर श्री राजा शिव व दूसरी ओर छत्रपति लिखा रहता था। सिक्के पर ये शब्द दो पंक्तियों में लिखे गए हैं।

वित्त मंत्रालय

राजनीतिक, सामाजिक व पारिवारिक सभी क्षेत्रों में वित्त का विशिष्ट स्थान है। चाणक्य जैसे महान् योजनाकार व राजनीतिज्ञ ने अपनी प्रसिद्ध पुस्तक का नाम 'अर्थशास्त्र' रखा, न कि 'राजनीति शास्त्र।' वस्तुतः अनादिकाल से भारत में राज्य-संचालन करने अथवा समाज के विभिन्न क्षेत्रों में नेतृत्व करनेवालों को शिक्षा के आरंभ से ही अर्थ व उसका मर्म समझाने का विधान था। वित्त प्रबंधन का अर्थ केवल आय-व्यय, उत्पादन-उपभोग या क्रय-विक्रय तक ही सीमित नहीं था। व्यक्ति हो या समाज, अर्थ का संबंध व्यापक स्वरूप में सभी विषयों तक फैला हुआ था। भारतीय ऋषियों ने चार अनिवार्य तत्त्वों को पुरुषार्थ कहा (धर्म, अर्थ, काम, मोक्ष)। उसमें अर्थ को दूसरे क्रमांक पर रखा। अतः इस पुस्तक के प्रारंभ में शिवाजी के राज्य में वित्त प्रबंधन कैसा था, यह जानना आवश्यक है।

वित्त का प्रबंधन, वित्त की योजना बनाने और खर्च से पहले हिसाब लिखने से प्रारंभ होकर वर्ष के अंत में संपूर्ण जमा-खर्च का योग लगाकर वित्त का एक पारदर्शी चित्र प्रस्तुत करने पर पूर्ण होता है। अपने समय का, विश्व का सबसे धनी व्यक्ति ओनेसिस व्यावसायिक असफलता के प्रमुख कारणों में से एक अनियंत्रित वित्तीय प्रबंधन (financial activity without accountability) को मानता था। वित्त के जटिल और उबाऊ आँकड़ों से परे हम शिवाजी की सरकार में प्रयोग किए गए छोटे-छोटे प्रयत्नों व प्रसंगों से उनके वित्त प्रबंधन को समझ सकते हैं। राज्य के विभिन्न मंत्रालयों की पूछताछ के समय उन्होंने अपने सचिवालय में पदस्थ एक छोटे लेखापाल (देश कुलकर्णी) से पूछा कि कल का हिसाब दैनंदिनी में चढ़ा दिया है क्या? लेखापाल ने ऐसा न कर पाने का जवाब दिया। प्रत्युत्तर में शिवाजी ने इस लापरवाही पर कठोर अनुशासन की

कार्यवाही की, दूसरी ओर भारत सरकार के वर्ष 2009-10 के वित्तीय लेखे में 16,110.40 करोड़ रुपए सस्पेंस एकाउंट में दिखाए हैं। सामान्यत: इस मद में वह राशि डाली जाती है, जिसकी जानकारी अधूरी हो और वह छोटी राशि की मद हो। इतनी बड़ी राशि का इस मद में होना वित्तीय अराजकता है। वर्ष 2009-10 के बजट में 51 ऐसी प्रविष्टियाँ हैं, जो एडवर्स बैलेंस में आती हैं। उसमें से 11 एडवर्स बैलेंस तो पिछले 10 वर्षों से अंतिम निष्कर्ष के लिए प्रतीक्षारत हैं।[16]

एक समय सेना का निरीक्षण करते समय शिवाजी से उनके एक अधिकारी ने कहा कि यह घोड़ा युद्ध में विकलांग हो गया है। अत: इसे बेच देना चाहिए। कृपया अनुमति प्रदान करें। शिवाजी ने सहमति प्रदान की। कुछ माह पश्चात् वह अधिकारी अन्य किसी कारणवश जब शिवाजी के सामने आया तो शिवाजी ने पूछा, "क्या तुमने घोड़ा बेच दिया है?" उसके 'हाँ' कहने पर उन्होंने दूसरा प्रश्न किया, "क्या प्राप्त राशि को तुमने राजकोष में जमा करवा दिया है?" राजकोष व्यवहार की एक छोटी मद पर महाराज की यह सूक्ष्म दृष्टि राज्य के आर्थिक अनुशासन व शुचिता की ओर संकेत करती है।

एक तरफ जहाँ महाराज, जिनकी सेना में एक लाख घोड़े थे, एक घोड़े का हिसाब याद रख उसकी पूछताछ करते हैं। वहीं सन् 1974-75 में भारतीय रेल द्वारा प्रारंभ की गई 34 योजनाओं में से 4 पर दस प्रतिशत से कम काम हुआ, 7 पर 10 से 25 प्रतिशत कार्य हुआ, दूसरी 7 पर 25 से 50 प्रतिशत कार्य हुआ और केवल 16 योजनाओं पर 50 प्रतिशत से अधिक कार्य हो पाया। इतना समय बीत जाने के कारण सारी 34 योजनाओं की लागत 100 प्रतिशत या उससे कई गुना ज्यादा बढ़ गई।[17] परिणामस्वरूप जो धन योजनाओं पर खर्च हो चुका, उसका एक बड़ा हिस्सा निश्चित ही मृत होकर समाप्त हो गया होगा। अरबों रुपए का नुकसान और विकास की दौड़ में अनावश्यक रूप से पिछड़ने का एक ही

कारण है—वित्तीय अनुशासन को न समझनेवाला नेतृत्व। वैसे कहावत भी है कि 'आप पूछना मत भूलिए, सामनेवाला करना नहीं भूलेगा।'

शिवाजी का वित्त विभाग स्वराज में बाहर से आनेवाली (आयात) वस्तुओं पर सूक्ष्म नजर रखता था। इस कारण उनके राज्य में उत्पादक, व्यापारी व उपभोक्ता के हितों का सदैव संरक्षण होता था। आज की वाणिज्य भाषा में हम जिसे 'प्रोटेक्शन टैरिफ' कहते हैं, शिवाजी कठोरता से उसका क्रियान्वयन करवाते थे। एक समय जब उन्हें जानकारी मिली कि गोवा के पुर्तगाली व्यापारियों द्वारा लाया जानेवाला नमक स्थानीय नमक की तुलना में बाजार में सस्ता बिक रहा है तो उन्होंने बाहर से आनेवाले नमक पर प्रोटेक्शन टैक्स लगाकर अपने राज्य के व्यापारियों व नमक उत्पादकों का संरक्षण किया। स्वराज की राजधानी रायगढ़ से 7 दिसंबर, 1671 को नरहरि आनंदराव, सरसुभेदार कुंडल को प्रेषित पत्र में लिखा—"महानुभाव ने प्रभावली से कल्याण भिवंडी तक नमक की जो उच्च दर निर्धारित की है, उसके फलस्वरूप व्यापारी बरदेश (गोवा के पुर्तगाली शासन का एक जिला) से नमक खरीद रहे हैं। चूँकि आपके क्षेत्र में नमक का भाव अधिक है, इसलिए सभी व्यापारी बरदेश की ओर आकर्षित हो रहे हैं। अत: वहाँ के नमक पर आयात-कर बढ़ा दिया जाए। प्रभावली और संगमेश्वर की उच्च दर को देखते हुए और उसकी तुलना बरदेश की दर से करते हुए आयात-कर को इस प्रकार बढ़ाया जाए कि बरदेश का नमक संगमेश्वर के नमक से महँगा हो जाए। यदि आप यह करने में असफल हुए तो सारे व्यापारी बरदेश की ओर जाएँगे और हमारे बंदरगाह पर व्यापार ठप्प हो जाएगा। अत: इस पत्र के प्राप्त होते ही आप आयात-कर इस प्रकार बढ़ाएँ कि बरदेश का नमक संगमेश्वर के नमक से महँगा हो जाए। इसमें क्षण भर भी संकोच न करें, यह महानुभाव के लिए अत्यंत लाभकारी होगा। इसका संबंध राज्य की हजारों रुपए की आय से जुड़ा हुआ है। इसलिए यह कार्य निर्देशानुसार तत्काल करें।"[18]

आज्ञा-पत्र 4

राजकोष

राजा को आय और व्यय का विचार करते हुए राजकोष को सदैव बढ़ाते रहना चाहिए। वित्त राज्य का प्राण है। आवश्यकता व आपातकाल के समय अगर पैसा हो तो सभी बाधाओं को पार किया जा सकता है। इन बातों को ध्यान में रख राजा द्वारा राजकोष को सदैव बढ़ाते हुए उसकी निरंतर देखभाल करनी चाहिए।

सेवा और सरकार

जो अंधे, बीमार, असहाय हैं, उनके प्रति राजा सहानुभूति रखे। राजा को उन्हें जीवन-यापन की सारी सुविधाएँ हमेशा उपलब्ध करवाते रहना चाहिए।

घोड़े हों या नमक, तोप हो या जलपोत, उन्होंने हरेक विषय में तकनीक के आयात पर जोर दिया, न कि वस्तुओं के आयात पर। इस बात का आग्रह रखा कि उतना ही आयात करो, जितना उस वस्तु का स्थानीय उत्पादन आरंभ करने के लिए आवश्यक है। आयातित बहुमूल्य वस्तु राज्य में उत्पादित होने लगे, इसके लिए कारीगरों और व्यापारियों को सभी प्रकार के संरक्षण दिए जाते थे। इन सब कारणों से उनके राजकोष में असाधारण वृद्धि हुई।

स्वदेशी जलपोत निर्माण के लिए उन्होंने कल्याण व भिवंडी (खाड़ी) में जलपोत निर्माण के कारखाने लगवाए। शांतिकाल में ये दोनों स्थान युद्ध व व्यापारिक जहाजों के सुरक्षित खड़े रखने में भी प्रयोग किए जाते थे। सेवारत जहाजों के रख-रखाव हेतु उन्होंने विजय दुर्ग में गोदी का निर्माण करवाया। शांतिकाल में जहाजों के सुरक्षित लंगर डालने व रख-रखाव में इन बंदरगाहों ने बड़ी भूमिका निभाई। ऐसा करके एक तरफ जहाँ उन्होंने अपने जहाजों की तकनीक को भी सुरक्षित रखा, साथ-ही-साथ बड़ी मात्रा में बाहर से जहाज खरीदने और उसकी देखभाल में खर्च होनेवाली मुद्रा की बचत भी कर पाए।

उनके राज्य में कुल 12 महल (डिपार्टमेंट) तथा 18 कारखाने थे। वे दुर्ग व महलों में लगनेवाली विभिन्न आवश्यक वस्तुओं का निर्माण करते थे। तोपों की आवश्यकता बढ़ने पर उन्होंने पहले अंग्रेजों से तकनीकी सहयोग प्राप्त करने का प्रयत्न किया। अंग्रेजों द्वारा आनाकानी करने पर उन्होंने फ्रांस के सहयोग से पुरंदर किले पर तोप का कारखाना लगवाया। वहाँ बनाई जानेवाली तोपें सामान्यतः इस्पात, पीतल व मिश्रित धातुओं से बनी होती थीं। ये सब प्रयत्न स्वराज के संसाधन को स्वराज में ही बनाए रखने और अनावश्यक आयात को नियंत्रित करने के लिए किए गए थे। इन प्रयत्नों से स्वराज में रोजगार बढ़ा। औद्योगिक स्वावलंबन के कारण शासन में काम करनेवाले सभी कर्मचारियों का आत्मविश्वास भी बढ़ा।

शिवाजी राज्य-संचालन में गति को विशेष महत्त्व देते थे। चाहे बात प्रशासन में संदेश आने-जाने की हो या गोपनीय सूचनाओं को गंतव्य तक पहुँचाने की, सुरक्षा की हो या आक्रमण की, उन्होंने शासन व प्रशासन में गति के महत्त्व को जाना। आज के प्रबंधन विशेषज्ञ इसे यूँ कहते हैं कि Speed is money, because speed saves time and time is money. इस प्रचलित सिद्धांत को शिवाजी ने अपने तंत्र में अच्छी तरह उतारा था। उस काल में राज्य संचालन व युद्ध, दोनों में गतिशील वाहन के रूप में घोड़ों की प्रधानता थी। शिवाजी ने जब यह जाना कि अरबी घोड़ों की गति सबसे अच्छी होती है, बाकी घोड़ों की तुलना में वे ज्यादा तेज और लंबे समय तक भाग सकते हैं, तब उन्होंने विदेश से अरबी घोड़ों की अच्छी नस्ल मँगाई। अपने राज्य में अरबी घोड़ों की प्रजाति बढ़ाने के लिए विशेष केंद्र खोले। यही कारण है कि जब वे इस संसार से गए तो सुराज्य की घुड़साल में 50 हजार से ज्यादा अच्छी नस्ल के घोड़े सेवारत थे, जिसका प्रयोग युद्ध के अतिरिक्त संदेश लाने-ले जाने व शासन-प्रशासन के विभिन्न कार्यों में होता था।

दूसरी तरफ वर्तमान शासन व्यवस्था के अंतर्गत भारतीय नौसेना ने लड़ाकू विमान खरीदने की योजना बनाई। अनुबंध की शर्तों का पूरा विचार किए बगैर MiG 29 k विमानों को खरीदने के आदेश दे दिए। यह प्रक्रिया कितनी अनियमितता से भरी थी, इसे निम्न तालिका से समझा जा सकता है।[19]

S. No.	Date	Event	Financial Implication	Remark
1.	October 2000	IGA for procurement of aircraft carrier (INS Vikramaditya) with deck-based aircraft	—	---
2.	February 2003	Selection of MiG 29k for INS Vikramaditya by Indian Navy	—	—

3.	January 2004	CFA approved procurement of 16 MiG 29k	USD 740.35 million (Rs. 3,405.61 crore)	Contract signed on 20th January 2004 (without associated armament package)
4.	January 2004	CFA approved un-negotiated	USD 139.48 million (Rs. 641,.59 crore)	Approval of the competent armament package authority was obtained on the armament package on a 'cost not exceeding' basis without deliberating on the weapon package.
5.	March 2006	Contract concluded for armament package by the Ministry	USD 132.85 million (Rs. 593.18 crore)	Armament package included procurement of space, test equipment hitherto not included and reduced quantities of bombs, cartridges from CCS approved armament package.
6.	December 2009	Indian Navy received six aircrafts without any weapons/ armaments		Aircraft delivered not exploited with ammunition.
7.	May 2011	Indian Navy received five more aircrafts		Aircrafts are likely to be inspected by Navy between August and October 2011 for acceptance.

आज्ञा-पत्र 5

विदेशी व्यापारियों के प्रति नीति

यूरोप व अरब देशों से अलग-अलग प्रकार की टोपी पहनकर व्यापार हेतु आनेवालों की गतिविधियों को नियंत्रित रखते हुए उन्हें केवल व्यापार स्थल तक आने-जाने की अनुमति देनी चाहिए। उन्हें स्थायी रूप से बसने को स्थान नहीं देना चाहिए। किसी भी बंदरगाह पर उन्हें भ्रमण नहीं करने देना चाहिए। व्यापार व उद्योग के लिए कभी वे भूमि की माँग करें तो उन्हें कभी भी नदी के मुहाने या समुद्र-तट पर स्थान नहीं देना चाहिए, क्योंकि वे उन स्थानों पर डेरा जमाएँगे, नए किले बनवाएँगे और अपनी नौसेना से उसकी सुरक्षा करेंगे। उनकी ताकत बारूद, अस्त्र-शस्त्र व नौसेना में है। इस प्रकार दी गई भूमि राज्य के हाथों से हमेशा के लिए चली जाती है। कभी भूमि देनी भी हो तो वह तीन-चार बड़े नगरों के बीच समुद्र-तट से दूर दी जानी चाहिए। दिया जानेवाला भू-भाग निचाई वाले क्षेत्र में हो व ऐसी जगह स्थित हो, जहाँ पास के नगरों से उसे नियंत्रित किया जा सके। वे व्यापारी नगर के नागरिकों में व्यवधान पैदा न करें, यह भी ध्यान रखना आवश्यक है। उन्हें कारखाना निर्माण की अनुमति तो देनी चाहिए, किंतु पक्के आवासीय मोहल्ले नहीं बनाने देने चाहिए। वे अगर उपरोक्त शर्तों को मानकर रहने को तैयार हों तो ठीक है, अन्यथा उनकी कोई आवश्यकता नहीं है। वे यदा-कदा आते-जाते रहें, कोई व्यवधान पैदा न करते हों तो हमें भी उन्हें तकलीफ नहीं देनी चाहिए।

वित्तीय प्रबंधन के क्षेत्र में शिवाजी ने उच्च पदस्थ अधिकारियों को उनके गलत निर्णयों के लिए हमेशा ज्यादा बड़ी सजा दी। एक समय राज्य का हिसाब करने के लिए पनवेल के निकट प्रचलगढ़ में उन्होंने सभी देशमुख, देशकुलकर्णी, महाजनों व अन्य बड़े अधिकारियों को बुलाया। हिसाब की पूछताछ करने पर उन्हें ध्यान आया कि चेऊल (मूर्तजाबाद) के देशकुलकर्णी आपाजी ने गाँव-गाँव से जमा हुए माल का ठीक से हिसाब नहीं लिखा है तथा लगान का उचित संग्रह भी नहीं किया है। बड़े अधिकारी की यह लापरवाही उन्हें कदापि स्वीकार नहीं थी। उन्होंने आपाजी को कठोरता से डाँटते हुए कहा, "आप देशकुलकर्णी होकर भी तय जिम्मेदारी अनुसार हिसाब रखने का दायित्व नहीं निभाते हैं और केवल अपना हक जमाते हैं।" शिवाजी ने आपाजी की गलती को गुनाह माना और उनसे जुरमाने के रूप में भारी रकम वसूल की तथा तत्काल देशकुलकर्णी पद पर आबाजी महादेव की नियुक्ति कर दी।

उस काल में राज्य की आय के माध्यम सीमित थे, जिसमें कृषि पैदावार से लगान प्रमुख था। बाहर से आनेवाले माल पर टैक्स व विभिन्न अभियानों के समय दुश्मनों से एकत्रित की गई धनराशि भी महत्त्वपूर्ण थी। शिवाजी ने अपने राज्य में समान कर-प्रणाली लागू की। आज आजादी के 64 वर्षों बाद भी पेट्रोल, डीजल जैसी उपभोक्ता वस्तुओं पर भारत सरकार सारे देश में एक समान कर नहीं लगा पाई है, जबकि शिवाजी ने इस कर-प्रणाली को 350 वर्ष पूर्व अपने स्वराज में सफलतापूर्वक खड़ा कर दिया था।

शिवाजी ने कृषि भूमि, कृषि उत्पादन व लगान संग्रह की नूतन प्रणाली का विकास किया। उन्होंने स्वराज के राजस्व प्रधान (अष्ट प्रधानों में से एक) अण्णाजी दत्तो से एक अभिनव व्यवस्था की योजना बनवाई। इसके अंतर्गत प्रत्येक गाँव में कृषिभूमि को नापने, पैदावार की

गणना करने व आपदा में हानि का आकलन करने जैसे कार्यों के लिए एक मूल्यांकन दल बनाया। उसमें गाँव के प्रमुख चार किसान और राज्य की ओर से तीन शासकीय कर्मचारियों (एक देशमुख, एक देशपांडे व गाँव के पाटिल) को रखा गया। यह समूह प्रत्येक किसान द्वारा की गई कृषि पैदावार का मूल्यांकन करता था। अकाल, अतिवृष्टि या अन्य किसी प्रकार की हानि पर भी यही समूह कुल हानि की गणना करता था। इस समूह में समाज व शासन के प्रतिनिधि होने के कारण कार्य में पारदर्शिता व विश्वसनीयता आ जाती थी। किसानों को यह भरोसा रहता था कि मेरे ही गाँव के वरिष्ठ जन मेरे हितों का संरक्षण करेंगे। शासकीय कर्मचारियों के होने के कारण वे शासन की हानि भी नहीं होने देते थे।

किसान को विभिन्न आपदाओं के कारण होनेवाली हानि की भरपाई भी राज्य की ओर से विशेष ढंग से की जाती थी। बैल के मरने पर बैल दिया जाता था, बीज नष्ट होने पर बीज दिए जाते थे, हल अथवा कृषि उपकरण नष्ट होने पर वे ही साधन मुआवजे के रूप में दिए जाते थे। किसी भी प्रकार से नकद सहायता को प्रोत्साहन नहीं दिया जाता था। उनके शासन संचालकों का मत था कि नकद राशि मुआवजे के रूप में देने पर उसका दूसरे कार्यों में भी प्रयोग हो सकता है। सहायता का धन अनावश्यक मदों या विलासिता में भी खर्च हो सकता है, जबकि वस्तु के बदले में दी गई वस्तु के कारण किसान की कृषि पैदावार करने की क्षमता आपदा के बाद भी बनी रहती है और कृषक जल्दी ही नुकसान से उबरकर फिर से सामान्य कृषि कार्य करता है। यह अपने आप में शासन में प्रयुक्त उच्च कोटि का वित्तीय विवेक (financial wisdom) था। आज के समय में विभिन्न सरकारों द्वारा खेती के कार्य में आपदाओं के कारण किसानों को होनेवाली हानि की भरपाई 'नकद क्षतिपूर्ति' पैकेज के रूप में देने की प्रथा है। सस्ती लोकप्रियता पाने के लिए किए जानेवाले कार्य और घोषणाओं के परिणाम हमारे सामने हैं। पहले हानि की गणना करने में विवाद और बाद में नकद राशि बाँटने में भ्रष्टाचार। किसान द्वारा

सहायता राशि की खेती छोड़ अन्य कार्यों में प्रयोग करने के कारण उसकी माली हालत और भी बिगड़ जाती है। शासकों द्वारा राजनीतिक लाभ प्राप्त करने के लिए तथाकथित लोक-लुभावनी नीतियों के कारण होनेवाली हानि किसान की आत्महत्या के रूप में देखी जा सकती है। तत्काल लाभ के लिए राजनेता व प्रशासनिक लोग समाज-तंत्र का स्थायी नुकसान करते हैं। शिवाजी के राज्य में वृद्ध, बीमार व बच्चों को छोड़कर किसी को भी कोई वस्तु मुफ्त में देने का विधान नहीं था। इस कारण प्रत्येक सहायता का सदुपयोग होता था और समाज में अकर्मण्यता भी नहीं बढ़ती थी, जबकि आज प्रचुर मात्रा में मुफ्त में बिजली, मुफ्त में जमीन के पट्टे, मुफ्त में नकद राशि जैसी विभिन्न लाभकारी योजनाओं के बाद भी गरीब की हालत में कोई सुधार नहीं हुआ है, बल्कि गरीबी व बेरोजगारी और बढ़ी ही हैं।

आज की शासन व्यवस्था के वित्त प्रबंधन की तुलना उस काल से करें तो अंतर साफ दिखता है। शिवाजी कठोरता से आय-व्यय का हिसाब लिखवाते तथा समय-समय पर उसका मूल्यांकन करवाते थे। आज महालेखा परीक्षक का प्रतिवेदन करोड़ों रुपए के अपव्यय व वित्तीय कुप्रबंधन के ढेरों उदाहरणों से भरा रहता है। भारतीय रेल ने वित्तीय वर्ष 2009-10 में 297.38 करोड़ रुपए कोंकण रेलवे कॉरपोरेशन लिमिटेड व 564.86 करोड़ रुपए रेल विकास निगम को लोन पर दिए। इसके अतिरिक्त 141 करोड़ रुपए हसन मैंगलोर डेवलपमेंट कॉरपोरेशन लिमिटेड को अनारक्षित लोन के रूप में दिए। रेल विभाग ने चतुराई से यह सारी राशि 'विविध अग्रिम' [Miscellaneous Advance (Capital)] मद में डाल दी। यह खाता केवल इक्विटी विनियोजन या गेज-परिवर्तन के प्लान हेड के लिए बनाया गया था। वस्तुतः इस राशि को 'ऋण व अग्रिम भुगतान' (Loans and Advances) की मद में डाला जाना चाहिए था।[20] लोकलेखा के सामान्य सिद्धांतों व व्यवहार के अनुसार यह एक प्रकार की अनियमितता ही नहीं, बल्कि सच्ची वित्तीय

स्थिति को छुपाने का प्रयत्न है, जो कि अपराध की श्रेणी में आता है। इस प्रकार के मद-परिवर्तन अस्वस्थ हिसाब प्रणाली को ही जन्म देते हैं। यही कारण है कि स्वतंत्र भारत में जितनी हानि भारतीय बैंकों और अन्य वित्तीय संस्थाओं से नकद पैसा लुटने के कारण हुई है, उससे कई गुना ज्यादा वित्त लेखन में किए गए घोटालों से हुई है।

चाहे आज का आदर्श सोसाइटी घोटाला हो या पहले हुए बोफोर्स तोप का घोटाला। रक्षा मंत्रायल की भूमि, शस्त्र, विभिन्न संसाधन या भँगार जैसे विषयों का लेखा-जोखा हो। एक तहसील में भूमि रजिस्ट्रेशन की शुल्क गणना हो या पी.डब्ल्यू.डी. व जल संसाधन विभाग में होनेवाले विभिन्न निर्माण कार्य। चिकित्सा विभाग द्वारा दवाइयों की खरीदी या मशीनों का प्रयोग। वृक्षारोपण, तलाब, खुदाई व मनरेगा के अंतर्गत होनेवाले श्रम प्रधान कार्य हों या गरीबी रेखा के नीचे जीवनयापन करनेवाले लोगों को बाँटा जानेवाला खाद्यान्न, सभी स्थानों पर सारे घोटालों का मुख्य केंद्र गणना में घोटाला ही है।

सन् 1975 से मार्च 2010 तक भारतीय रेल 50 नई रेलवे लाइनों पर कार्य प्रारंभ कर चुकी थी। उनमें से केवल 7 पर आंशिक कार्य हुआ, जिसका खर्च 945 करोड़ आया; जबकि 10 से 35 वर्षों से लंबित 43 योजनाओं पर 7,604 करोड़ रुपए खर्च हुए। यह संपूर्ण राशि अनुत्पादित, अनुपयोगी और करीब-करीब मृत होने के कगार पर है अथवा हो चुकी है।[21]

योजना, आवश्यकता, अनुमान, आपूर्ति, उपयोग व निरस्त करने जैसे विभिन्न कार्यों में की गई हिसाब की गणना अंत में घोटालों का मुख्य आधार बनते हैं। शासन-प्रशासन में बहुत कम लोग होते हैं, जो सी ए जी के सुझावों को स्वमूल्यांकन के लिए पढ़ते हों। अंकेक्षक के लिए वाणिज्य में कहा जाता है, 'वह संस्था या सरकार का वित्तीय रक्षक है, शिकारी कुत्ता नहीं।' (Auditor is a watch dog and not a blood hound.)

देश के विकास के लिए बनाई गई ग्यारह पंचवर्षीय योजनाओं के बाद उसके परिणाम को समझना अत्यंत रोचक है। कुटीर उद्योगों के कारीगर (टेक्नीशियन) आज बेरोजगार हो गए हैं। हरित क्रांति के द्वारा कृषि उत्पादन बढ़ाने की योजनाओं का प्रभाव यह रहा कि पंचनद के कछार में फैली लाखों एकड़ भूमि आज बंजर होने के कगार पर है। कृषि भूमि को स्वस्थ रख उसकी उत्पादकता बनाए रखने के लिए किए जानेवाले कामों में परंपरागत तरीकों व प्रयोगों का सर्वथा अभाव हो गया है। रासायनिक कृषि से अंधाधुंध उत्पादन प्राप्त करने की होड़ ने हजारों सालों से इस भूमि पर खेती करनेवाले किसान को बेरोजगारी के दरवाजे पर खड़ा कर दिया है।

'मितव्ययता मिथ्या है', 'बचत बेकार की चीज है' और 'उपभोग व बेतहाशा अनियंत्रित उपभोग' जैसे जुमलों को बलपूर्वक जीवन-मंत्र बना दिया गया है। उपभोग के लिए उत्पादन बढ़ाने के नारे ने हर शहर के पास कचरे का विशाल ढेर (Dumping Yard) खड़ा कर दिया है। आवासीय बस्तियों के अनियंत्रित जल उपयोग व उद्योगों से निकलनेवाले प्रदूषित अवशिष्ट ने छोटे जलस्रोतों व तालाबों को सुखा डाला है अथवा उन्हें पूरी तरह प्रदूषित कर दिया है। विशाल जलस्रोत व बड़े तालाब प्रदूषित जलस्रोत्रों के भंडार बन गए हैं। उपभोग की प्रतिस्पर्द्धा ने जो जीवन-शैली विकसित की है, वह विभिन्न सरकारों की बनाई हुई नीतियों का परिणाम है। स्वतंत्रता के इतने वर्षों बाद भी आज भारत वायुयान, जलपोत व विभिन्न क्षेत्रों में लगनेवाले उच्च तकनीकी साधनों के उत्पादन में कितना स्वावलंबी है? हर वर्ष देश के अरबों-खरबों रुपए उच्च तकनीकी साधनों को आयात करने में खर्च हो जाते हैं।

शहर, नगर और गाँवों में दुकानें प्लास्टिक से बने गुटके के पाउचों से भरी पड़ी हैं, जो नागरिक व पर्यावरण दोनों का स्वास्थ्य खराब कर रहे हैं। नगरों व शहरों की दुकानें आलू के चिप्स व स्व-संचालित यंत्रों से बने नमकीन के पाउचों से भरी पड़ी हैं। गाँव हो या शहर, सभी जगह खुदरा

व्यापार में बिकनेवाला दूध-दही हो या सब्जीवालों के ठेलों व दुकानों पर बिकता धनिया, मेथी—हर ग्राहक अपना माल पॉलिथीन की थैलियों में घर ले जा रहा है। सरकार की ऐसी ही नीतियाँ रहीं तो अधिकतम 10 वर्षों में देश की मिट्टी व पानी की गुणात्मकता को ये पॉलिथीन की थैलियाँ सदियों के लिए अनुपयोगी बना देंगी!

हमारे पड़ोसी चीन ने स्थानीय उत्पादकता को कठोरता से बढ़ाया। विकास के लिए आवश्यक ढाँचागत संरचना का भरपूर विकास किया। उच्च तकनीक का सभी क्षेत्रों में प्रवेश करवाया। शहरों को नए आकार दिए। विश्व बाजार में बिकनेवाली छोटी-बड़ी हर वस्तु न केवल अपने देश में बनाई बल्कि उसकी बलात् बिक्री (Force Selling) भी की। यही कारण है कि आज उसका विदेशी संचय विश्व के अन्य विकसित देशों से आगे निकल गया है। भारतीय शासकों व प्रशासकों द्वारा बनाई गई विकास की नीतियों के प्रभाव व परिणामों को ये नीति-निर्धारक या तो भारत के बाजारों में विदेशी ब्रांडों से चमचमाते हुए ग्लो-साइनबोर्ड को देखते हुए समझते हैं अथवा शेयर बाजार के ऊपर-नीचे होते सूचकांक से, जबकि विश्व बाजार में हमारा निर्यात नीचे के पायदानों पर है। विभिन्न देशों के साथ भारत का व्यापार संतुलन भी घाटे में है।

शिवाजी के शासन की कर-प्रणाली इतनी न्यायसंगत थी कि समाज में उसको लेकर किसी प्रकार का असंतोष नहीं था। कर लेने का सामान्य सिद्धांत यह कहता है कि नागरिकों से कर ऐसे लिया जाए जैसे दूध में से मलाई, यानी थोड़ी सी ऊपरी परत। मात्रा भी न घटे और शासन को कर भी प्राप्त हो जाए। कर संग्रह में स्थानीय समाज की भागीदारी न केवल असंतोष को दबाती है, बल्कि चोरी भी रोकती है। स्वराज में गाँव का प्रतिनिधि और सरकारी कर्मचारियों का समूह जो मूल्यांकन करता था, वह ज्यादा तर्कसंगत व मौलिक होता था, जबकि आज के उपग्रह-युग में गाँव का पटवारी जिस ढंग से किसान की भूमि नापता है तथा पैदावार का

अनुमान लगाता है, वह अत्यंत ही हास्यास्पद है। पटवारी लोहे की कड़ियों से बनी जंजीर, जिसे स्थानीय भाषा में 'जरीब' कहते हैं, से भूमि नापता है।

कृषि पैदावार की गणना करने की जो पद्धति प्रचलन में है, उसे 'नेत्रांकन' कहा जाता है। अर्थात् पटवारी आँखों से चारों ओर देखकर यह अनुमान लगाता है कि गाँव में कौन सी फसल कितने भाग में बोई गई है और इस आधार पर उसके पैदावार की गणना करता है। नेत्रांकन का यह योग अंत में इकट्ठा होकर देश की राजधानी में स्थित कृषि मंत्रालय पहुँच जाता है और सरकार प्रदेश या देश की कुल पैदावार का अनुमान लगा लेती है। आज के उपग्रह-युग में जहाँ हजारों मील ऊपर से एक वर्गफीट भूमि की स्पष्ट तसवीर ली जा सकती है, वहाँ शासन की विभिन्न व्यवस्थाओं में विज्ञान का समावेश धीमी गति का समाचार है। पूरी प्रक्रिया में गाँव में रहनेवाले लोगों की भूमिका अस्पष्ट होने का प्रमुख कारण ब्रिटिश शासन व्यवस्था का अनुसरण है। चूँकि अंग्रेज शासक थे और हम गुलाम, तो उन्होंने सभी निर्णय प्रक्रियाओं से जब तक संभव हुआ, समाज को बाहर रखा। हमने भी आजादी के बाद कम-ज्यादा मात्रा में उन्हीं व्यवस्थाओं को बनाए रखा।

देश ने 15 अगस्त, 1947 को राजनीतिक आजादी तो प्राप्त कर ली, किंतु व्यवस्थात्मक (administrative) आजादी आज तक प्राप्त नहीं हुई। ब्रिटिश प्रशासन तंत्र के स्थान पर भारतीय प्रशासन तंत्र खड़ा करने के जो प्रयत्न हुए भी तो वे पैबंद बनकर रह गए। आज भी हम जिस व्यवस्था में रहते हैं, वह कम-ज्यादा मात्रा में ब्रिटिश काल की ही व्यवस्था है। अंग्रेज अधिकारी अन्य भारतीय विभाग प्रमुखों को सरकारी काम-काज के छोटे विषयों में व्यस्त रखते थे व सभी महत्त्वपूर्ण कामों को देखने तथा उसमें निर्णय लेने का कार्य स्वयं करते थे। कम-ज्यादा मात्रा में यही शैली आज भी हमारे प्रशासन में प्रचलित है।

आजादी के वर्षों बाद तक भारत का राष्ट्रीय बजट शाम 5 बजे प्रस्तुत किया जाता था। उस समय लंदन में लगभग 12 बजे होते थे। वहाँ कार्यालयों में कार्य प्रारंभ करने का वह प्रारंभिक समय हुआ करता था, जो ब्रिटिश शासनकर्ताओं को सुविधाजनक लगता था। यह परंपरा भारत के पूर्व प्रधानमंत्री श्री अटलबिहारी वाजपेयी के शासनकाल में वर्ष 2001 में बदली और भारत का बजट सुबह 11 से दोपहर 2 के बीच सरकार की सुविधानुसार भारतीय संसद् में प्रस्तुत होने लगा।

किसी भी व्यक्ति के नेतृत्व में चलनेवाले छोटे-बड़े शासन में उसका शासन कैसा रहा? इसकी पहली कसौटी ही उसके राज्य की वित्त व्यवस्था है। नायक के शासन में कर देते समय करदाता की संतुष्टि, तंत्र में घोटालों व भ्रष्टाचार में न्यूनता उसकी कार्यपद्धति का परिचायक होती है। कार्य के प्रारंभ में शपथ लेते समय उसका स्वकोष व राजकोष कितना था? और जब निवृत्त होकर गया तब दोनों कोषों की क्या स्थिति थी? इसका अंतर ही उसका वित्तीय चरित्र है।

शिवाजी ने जब स्वराज्य की कल्पना की, तब उनका राजकोष किसी छोटे-मोटे राज ठिकाने से ज्यादा नहीं था, किंतु जब वे इस संसार से गए तो स्वराज के राजकोष में 9,00,00,000 रुपए नकद जमा थे।[22]

गृह मंत्रालय

शिवाजी के राज्य का गृह मंत्रालय और उसके अंतर्गत आनेवाले शासन-प्रशासन के विभिन्न विभागों का काम एक सशक्त ढाँचे में गुँथा हुआ था। आगरा में औरंगजेब ने धोखे से उन्हें नजरबंद कर दिया। करीब साढ़े चार माह तक शिवाजी आगरा में रहे। राज्य व उसकी राजधानी अपने राजा से इतने लंबे समय तक वंचित रही, नजरबंदी का समाचार भी पूरे राज्य में फैल गया था, किंतु एक क्षण के लिए भी राज्य की गृह व्यवस्था में किसी प्रकार की अव्यवस्था नहीं फैली। पूरा राज्य मानो स्वसंचालित हो, इस रूप में आराम से चलता रहा। असंतोष, बगावत या अव्यवस्था की कोई घटना नहीं हुई। समकालीन किसी भी इतिहासकार या व्यंग्यकार ने अराजकता का कोई लक्षण पूरे राज्य में न देखा, न सुना और न ही उस पर कुछ लिखा। आज के समय हर रोज जेट लाइनर से उड़ान भरकर राज्यों व राष्ट्रों के प्रधान दो-चार दिन या एक सप्ताह के लिए भी जब अवकाश पर जाते हैं तो उनके मन में सत्ता के परिवर्तन या बगावत हो जाने का अज्ञात भय निरंतर सताता रहता है। कभी-कभी असंतोष व अव्यवस्था के कारण उन्हें अवकाश निरस्त कर वापस भी लौटना पड़ता है। इसका मूल कारण अपने सहयोगियों, सहकर्मियों व बनाई गई व्यवस्था में विश्वास का अभाव है। किसी भी देश के राष्ट्र प्रमुख की हत्या हो जाने या अचानक मर जाने पर रातोरात किसी दूसरे की ताजपोशी कर दी जाती है। लंबे अवकाश पर जाते समय वह किसी विश्वसनीय को नंबर दो बनाकर अघोषित रूप से सत्ता के सूत्र सौंप जाता है। अपने ही मंत्रिमंडल में सशक्त लोगों पर अविश्वास और चाटुकारों पर भरोसा कमजोर नेतृत्व का लक्षण है। शिवाजी अपनी पहली दक्षिण विजय-यात्रा पर राज्य से छह माह तक दूर रहे और दूसरी यात्रा में करीब पौने दो वर्ष तक राज्य से बाहर रहे। इस संपूर्ण काल में गाँव में लगान वसूल करनेवाला शासकीय कर्मचारी हो या किले के द्वारपाल के

आज्ञा-पत्र 6

राजा में सहिष्णुता

राजा को बहुत सहनशील होना चाहिए, क्योंकि वह बड़ी संख्या में लोगों के लिए भगवान् होता है। सामान्यतः सभी कर्मचारी एक समान गुण, चरित्र अथवा लक्षण वाले नहीं होते। प्रत्येक में कुछ-न-कुछ कमियाँ होती हैं। एक अथवा दूसरे समय छोटे से लेकर ऊपर के बड़े-से-बड़े अधिकारी तक कोई-न-कोई, कभी-न-कभी क्रोधवश अपना संतुलन खोते हैं। क्रोध में वे अशोभनीय शब्दों का प्रयोग करते हैं। उस समय अपने आपको शांत रखते हुए उन्हें खुश करने के लिए राजा को सदैव मुसकराते रहना चाहिए। उनके द्वारा की गई गलतियों को अच्छी तरह समझकर योग्य कदम उठाना चाहिए। इसका परिणाम यह होगा कि बुद्धिमान लोग अपने व्यवहार पर शर्मिंदा होंगे और मालिक के आभारी रहेंगे। वे पुनः ऐसी गलती नहीं करेंगे। इस सहनशीलता के बिना सेवकों की गलतियों में सुधार संभव नहीं होता है।

रूप में रखवाली करता सैनिक, सेना का प्रमुख अधिकारी हो या प्रधानमंत्री के रूप में कार्य देख रहे महामात्य, सभी अपने-अपने स्थान पर वैसे ही काम करते रहे, मानो शिवाजी उनके सामने खड़े हों। गृह मंत्रालय के कार्य करने का यह एक आदर्श स्वरूप है।

शिवाजी की कार्यशैली की विशेषता यह थी कि उन्होंने हमेशा व्यवस्था को खड़ा करने का प्रयत्न किया। उनकी धारणा थी कि व्यक्ति से व्यवस्था बड़ी होती है और महत्त्वाकांक्षा से कार्य बड़ा होता है। अफजल खाँ से भेंट के लिए जाते समय उन्होंने किले के द्वार पर लहराते हुए भगवा ध्वज की ओर संकेत करते हुए कहा, "यह ध्वज रहना चाहिए, स्वराज रहना चाहिए। किसी प्रकार की ऊँच-नीच होने पर ढाई वर्ष के संभाजी को गद्दी पर बिठाना और नेताजी पालकर के नेतृत्व में स्वराज के लिए संघर्ष जारी रखना।"

उनके राज्य में सामान्य प्रशासनिक विभागों में नौकरी पाने का प्रमुख आधार गुणात्मकता थी। व्यक्ति के गुण, रुचि और क्षमता के अनुसार कार्य के लिए उसका चयन किया जाता था। विश्वसनीयता के लिए व्यक्ति का विस्तृत परिचय अनिवार्य होता था।

नट जीवामहाला एक असाधारण पट्टेबाज था। उसके गुण शिवाजी के ध्यान में लाए गए। शिवाजी ने जीवामहाला की इस विलक्षण योग्यता को ध्यान में रखते हुए उसे राज्य की सेवा में ले लिया। आज इतिहास का मूल्यांकन करते हुए हम कह सकते हैं कि राज्य सेवा की भरती में योग्यता को दी गई प्रधानता के सुंदर परिणाम आए और वह समय आने पर सार्थक सिद्ध हुई। अफजल खाँ से भेंट के समय बड़े-बड़े पट्टेबाजों व शूरमा सरदारों के साथ चलने के आग्रह को एक तरफ रखकर शिवाजी ने निजी अंगरक्षक के रूप में जीवामहाला का चयन किया। अफजल खाँ के निजी अंगरक्षक सय्यद बंडा ने शिवाजी पर सीधा हमला किया। पलक झपकते ही जीवामहाला ने एक ही प्रहार में सय्यद बंडा के दो टुकड़े कर दिए।

इस एक प्रसंग व उसमें भी एक प्रहार के अतिरिक्त स्वराज में जीवामहाला की न पहले, न बाद में कोई महत्त्वपूर्ण भूमिका ज्ञात है। भेंट की शर्तों के अनुसार शिवाजी को भी तलवार धारण नहीं करनी थी, वे करीब-करीब निशस्त्र थे। इस अवस्था में जीवामहाला का वह एक प्रहार स्वराज के जीवन और मृत्यु के बीच चट्टान बनकर खड़ा हो गया।

चयन-प्रक्रिया पूर्ण कर राज्य सेवा में भरती किए गए कर्मचारियों से शिवाजी का प्रशासनिक तंत्र विविध प्रकार के काम लेता था। प्रशासनिक भाषा में आज जिसे हम दायित्व परिवर्तन या Job Rotation कहते हैं, यह व्यवस्था स्वराज शासन में सामान्य रूप से प्रचलित थी। तानाजी मालसुरे जैसे सेना अधिकारी से उन्होंने सफलतापूर्वक कोंकण प्रदेश की सड़कें ठीक करवाईं। प्रतिभा का अधिकतम उपयोग करने के सिद्धांत के अंतर्गत उन्होंने मोरोपंत पिंगले का कार्य बदलकर उन्हें अफजल खाँ वध के बाद भागती हुई उसकी सेना पर हमला करने के लिए पैदल सेना का नेतृत्व सौंपा। यह कार्य भी मोरापंत ने अत्यंत सफलतापूर्वक पूरा किया। इसी तरह नेताजी पालकर राज्य के सरसेनापति थे। जावली की लड़ाई में उनसे घुड़सवारों के दल का नेतृत्व करवाया। स्वराज के लिए काम करते समय पद के आधार पर व्यवहार न कर परिस्थिति व प्रतिभा के आधार पर कार्य करने की सहयोगियों की यह मानसिकता स्वराज की सफलता का छुपा हुआ एक और गुण है। जिस तानाजी को हम सिंहगढ़ जीतनेवाले नायक के रूप में जानते हैं, उन्हीं तानाजी से शिवाजी ने अपने राज्य से लगनेवाले बंदरगाहों की ओर जानेवाली सड़कों का निर्माण करवाया था।

उनके गृह विभाग की गुप्तचर व्यवस्था अत्यंत प्रभावी थी। वह अपने आप में कितनी गुप्त व सशक्त थी, इसका यही प्रमाण है कि बहीरजी नाईक, नानामुसे खोरेकर व विश्वास दिघे जैसे कुछ उदाहरणों को छोड़कर बाकी किसी गुप्तचर या उसकी किसी गतिविधि की जानकारी न उनके राज्य में कार्यरत किसी विभाग के मंत्री को होती थी, न अधिकारी को। सफल गुप्तचर व्यवस्था की यही विशेषता है कि उसमें

आवश्यक धन आने-जाने का मार्ग क्या है ? सूचनाएँ कैसे इकट्ठी हो रही हैं और कहाँ पहुँच रही हैं ? प्राप्त सूचनाओं के आधार पर कैसे-कैसे निर्णय लिये जा रहे हैं ? और कौन किस-किस स्तर पर कार्य कर रहा है ? जैसी विभिन्न जानकारियाँ सर्वथा गोपनीय रहती हैं। समय बीतने के साथ वे स्वयं ही विलुप्त हो जाती हैं। ऐसी ही सब बातें स्वराज के गुप्तचर तंत्र की सफलता के मंत्र थे, जो आज भी सफल गुप्तचर व्यवस्था पर समान रूप से लागू होते हैं।

शिवाजी के राज्य में प्रतिदिन होनेवाली गतिविधियों व घटनाओं की सूचनाएँ शासन के विभिन्न स्तरों पर कार्यरत योग्य अधिकारियों के पास पहुँचती थीं। राज्य की राजधानी तक अत्यंत महत्त्वपूर्ण व तत्काल विचारणीय बातें ही लाई जाती थीं। बुंदेलखंड से वहाँ का युवराज छत्रसाल भेंट करने शिवाजी के पास आया। दोनों के बीच जो संवाद हुआ, उसमें शिवाजी ने उनके आने के मार्ग, रुकने के स्थान व रास्ते में मिलनेवाले व्यक्तियों के संबंध में चर्चा की। वे सारी बातें गुप्तचर व्यवस्था द्वारा पल-पल पहुँचाई गई गुप्त सूचनाओं के आधार पर ही टिकी थीं। स्वराज के बाहर अन्य राज्यों में भी उनका गुप्तचर तंत्र प्रभावी ढंग से फैला हुआ था। मुगलों के राज्य में यह तंत्र कितना ताकतवर था, इसका प्रमाण आगरा में लिये गए उनके सारे निर्णयों से समझा जा सकता है। आगरा पहुँचने, नजरबंद होने और वहाँ से सफलतापूर्वक निकलकर अपने राज्य में वापस पहुँच जाने की तुलना आज के समय में रक्षा व्यवस्थाओं में प्रयुक्त होनेवाले शब्द safe house, safe passage, safe evacuation की किसी भी गुप्त रचना से जोड़कर ज्यादा अच्छे से समझा जा सकता है।

शिवाजी अपने राज्य के अंदर सदैव शांति का आग्रह करते थे। कभी भी उन्होंने युद्ध को प्रथम समाधान के रूप में नहीं लिया। सदैव ही यह उनका अंतिम मार्ग रहता था। राज्य के अंदर अशांति होने पर गृह विभाग की रचनाएँ खराब होती हैं। जन व जान-माल की हानि होती है। इसलिए

सरहद के इस पार हमेशा शांति बनाए रखना अच्छे राज्यकर्ता का लक्षण है। पुरंदर के युद्ध में जब स्वराज के लोगों की जान बचाने का अवसर आया तो शिवाजी ने जनरक्षा के लिए जयसिंह से संधि कर दिलेर खान को पुरंदर का किला देना स्वीकार किया, लेकिन अपने लोगों के जान-माल की ज्यादा हानि नहीं होने दी। आगरा से लौटने के बाद चार वर्षों (1666 से 1670) तक उन्होंने राज्य की प्रशासनिक व्यवस्था को ही मजबूत किया। इस काल में उन्होंने कोई युद्ध नहीं लड़ा। हाँ, युद्ध की सतत तैयारी करते रहने को वे शांति और सफलता का बीज मंत्र मानते थे। सन् 1670 में उन्होंने खोए हुए किलों को प्राप्त करने के लिए केवल चार महीने का अभियान चलाया और पूर्व में जिन 23 प्रमुख किलों को मजबूरी में खोना पड़ा था, उन्हें वापस जीत लिया।

आज भारत के गुप्तचर तंत्र को सरहद के उस व इस पार जो सफलता नहीं मिल रही है, उसके कारणों को हम गत 64 वर्षों से देख रहे हैं। द्वितीय विश्वयुद्ध में अमेरिका के पर्ल हार्बर पर जापानी वायुसेना का हमला, बांग्लादेश के प्रथम राष्ट्रपति बंगबंधु मुजीबुर्रहमान व श्रीमती इंदिरा गांधी की अपने घर में ही हत्या गृह मंत्रालय व उसके खुफिया तंत्र की असफलता को ही उजागर करती हैं।

आज के शासकीय तंत्र में गृह मंत्रालय के विभिन्न विभागों में कार्यरत कर्मचारियों व अधिकारियों की क्षमताओं के पूर्ण दोहन और उनके दायित्व परिवर्तन (Job Rotation) के प्रयत्न अत्यंत सीमित मात्रा में संभव हो पाते हैं। देश व राज्यों के सचिवालय में काम करनेवाले कई कर्मचारी तो कभी-कभी भरती से सेवानिवृत्ति तक एक भवन छोड़कर ही नहीं जाते। कई-कई तो एक ही टेबल पर सेवानिवृत्त हो जाते हैं। ऐसे में उन्हें पूरा प्रदेश व देश को या तो नक्शों से समझना पड़ता है या अनुमानों से। भारतीय प्रशासनिक सेवा में कार्यरत अधिकारी विभाग बदलने को कार्य परिवर्तन मानें, नए विभागों के संबंध में किसी प्रकार का प्रशिक्षण न प्राप्त करें, केवल सामान्य ज्ञान से ही कार्य को समझें तो फिर परिणाम

कैसे आएँगे, यह सहज ही समझा जा सकता है।

प्रशासनिक सेवा हेतु भरती के समय योग्यता को प्रधानता और शेष सेवा काल में उनकी इसी योग्यता को बनाए रखने के कितने प्रयत्न होते हैं? वह सामान्य आँखों से देखे जा सकते हैं। पुलिस में भरती करते समय जिस सीने की चौड़ाई को आधार माना जाता है, उस चौड़ाई को कुछ ही समय में पेट का घेरा जीवन भर के लिए पछाड़ देता है। फाइलें जवाबदेही के अभाव में एक टेबल से दूसरे टेबल पर भटकती रहती हैं। देश के बड़े-बड़े मंत्री व अधिकारियों की टेबल पर 10-10 सालों तक—चाहे आतंकवादी या अपराधी को फाँसी पर लटकाने की फाइल हो या किसी महत्त्वपूर्ण परियोजना को स्वीकृति प्रदान करने की—सभी अक्षमता, लेट-लतीफी और राजनीतिक स्वार्थों की बलि चढ़ते रहते हैं।

वहीं दूसरी ओर अच्छे शासन द्वारा राजधानी में लिये गए निर्णय द्रुत गति से दूर-दराज में रहनेवाले लोगों तक पहुँच जाते हैं। शासन-प्रशासन के कामों में देरी और जल्दी का कारण नायक की वृत्ति और उसकी समाज के प्रति संवेदना होती है। छत्तीसगढ़ की श्री रमन सिंह सरकार को जहाँ एक ओर चावल का प्रदेश कहलाने का गर्व था, वहीं अपने ही प्रदेश की जनता तक पर्याप्त चावल न पहुँचा पाने की छटपटाहट भी थी। उन्होंने अपनी सार्वजनिक वितरण प्रणाली (PDS) को पुनर्गठित कर नया स्वरूप दिया, जिसे आज देश की श्रेष्ठ प्रणाली माना जा रहा है।

नक्सलवाद की हिंसा से पीड़ित इस वनवासी बहुल प्रदेश में उन्होंने किसानों से धान खरीद के लिए 1,589 केंद्र खोले गए। कुछ वर्ष पूर्व जहाँ राज्य प्रति वर्ष 5 लाख टन धान संग्रह करता था, वहीं 2011 में 51 लाख टन धान संगृहीत किया गया। मार्कफेट ने धान भंडारण के लिए बोरे उपलब्ध करवाए। 32 लाख किसानों को धान खरीदी के स्थान पर ही संगणक से बनाए गए चैक द्वारा तत्काल भुगतान किया गया। वृहद् बहूद्देशीय समितियों (LAMS–Long Area Multipurpose

Societies) व लघु सहकारी समितियाँ (PACS–Primary Area Cooperative Societies) को संग्रह व भंडार का केंद्र बनाया गया। साथ ही मार्केट के 58 भंडार-गृह व 2,500 दुकान-सह-भंडार भवनों का निर्माण भी किया गया। जिलों में संपूर्ण संगृहीत चावल का हिसाब संगणक (कंप्यूटर) पर रखा जाने लगा। आवश्यकता पड़ने पर उसे अभाव वाले जिलों में भेजने की व्यवस्था भी की गई। भंडार से की गई निकासी व प्राप्ति की जानकारियाँ कर्मचारियों द्वारा एस.एम.एस. से ली-दी जाने लगीं।

10,465 उचित मूल्य की दुकानों (FPS–Fair Price Shop) के माध्यम से 37 लाख राशन कार्ड धारकों को चावल बाँटा गया। उपभोक्ताओं के यूनिफाइड राशन कार्ड पर कंप्यूटर से ही प्रविष्टियाँ की जाने लगीं। प्रत्येक माह की 7 तारीख को चावल उत्सव के रूप में मनाया जाने लगा। इस दिन शासन का नियुक्त अधिकारी व समाज के प्रतिनिधि पूरे समय उचित मूल्य की दुकान पर उपस्थित रहते हैं। माह का 40 प्रतिशत से अधिक खाद्यान्न इसी चावल उत्सव के दिन बाँट दिया जाता है। शासन ने किसान के दरवाजे से तत्काल भुगतान कर चावल खरीदा और उपभोक्ताओं के मोहल्लों में स्वयं खड़े होकर वितरित करवाया। पूरी प्रक्रिया से बिचौलियों व दलालों को हटाकर भ्रष्टाचार, कमीशनखोरी व जमाखोरी से मुक्ति पाई गई।[23]

किंतु यह भी सच है कि गाँव की चौपाल से दिल्ली के दरबार तक कम-ज्यादा मात्रा में विभिन्न विभागों को भ्रष्टाचार रूपी एड्स हो गया है। इसमें एक भ्रष्ट मरने पर दो नए भ्रष्ट जन्म लेते हैं। नियुक्तियों, स्थानांतरणों, पदोन्नति व कार्य-आवंटन में जब प्रतिभा पर पट्ठे भारी पड़ने लगे तो योग्य-से-योग्य युवा प्रशासनिक कर्मचारी की हिम्मत भी टूटने लगती है। परिणामस्वरूप या तो वह मिट जाता है अथवा लचर प्रशासनिक व्यवस्था का चुपचाप हिस्सा बन जाता है।

कृषि मंत्रालय

भारत जैसे कृषि-प्रधान देश का राजा कृषि के महत्त्व को समझे और उसके लिए योग्य दिशा में प्रयत्न करे, यह अनिवार्य है। शिवाजी ने कृषि, भूमि-प्रबंधन, जल संग्रह व उसके विभिन्न पक्षों पर गहन विचार कर व्यवस्थाएँ खड़ी की थीं। वर्षा का जल रोका जाए, उसका उपयोग वर्ष भर पशुपालन व कृषि के विभिन्न कार्यों के लिए हो, इसका वे सदैव आग्रह करते थे। महाराष्ट्र के पुणे शहर में स्थित पर्वती के नीचे 'अंबील ओढा' नामक झरने पर शिवाजी ने स्वयं बाँध बनवाया था। जिसे आज भी देखा जा सकता है। इसी प्रकार उन्होंने पूना के पास 'कोंडवा' में भी बाँध बनवाया था, भारतीय राज-व्यवस्था में मिट्टी के बाँधों व तालाबों के निर्माण का विशेष स्थान है। पेयजल के लिए कुएँ, बावड़ी और कृषि आधारित सभी कार्यों के लिए बड़े जलाशयों का निर्माण हर सुशासन में होता है।

कृषि का उत्पादन बढ़ाने और शासन पर भार कम करने के उद्देश्य को ध्यान में रखते हुए शिवाजी ने अपने सैनिकों को वर्षाकाल के समय कृषि कार्य में लगाने का प्रावधान किया। शांति के समय ये किसान किले के नीचे अथवा अपने-अपने गाँव में कृषि-भूमि पर खेती करने जाते थे। वर्षा समाप्ति पर विजयादशमी के दिन सैनिक गाँव की सीमा का लंघन कर फिर से एकजुट होते और अगले सात-आठ माह के लिए मुहिम पर निकल जाते थे। श्रम का कृषि में विनियोग और कृषि कार्य पूर्ण होने पर उसका रक्षा व्यवस्था में उपयोग का यह तरीका अपने आप में शासकीय श्रम प्रबंधन का अनूठा उदाहरण है।

चूँकि भारतीय कृषि पूरी तरह वर्षा पर आधारित रहती थी, अतः अल्पवर्षा व अतिवर्षा का भय हमेशा बना रहता था। साथ ही कीट-पतंगों व अन्य प्रकार की प्राकृतिक आपदाओं के कारण भी कृषि उत्पादन

दुर्गराज

शिवाजी ने एक दुर्ग शिवनेरी में जन्म लिया और दूसरे दुर्ग रायगढ़ में अपना देह-त्याग किया। उन्होंने इन दुर्गों को जीतने, बनवाने व सँवारने में अपनी संपूर्ण ऊर्जा लगाई। शिवाजी के विचारों का संकलन करनेवाले रामचंद्र पंत ने आज्ञापत्र में लिखा है, "दुर्ग राज्य का आधार है। गढ़ और कोट राज्य को बनाते हैं। वे राज्य की धरोहर हैं। दुर्ग सेना की ताकत व समाज की उन्नति का कारण है।"

शिवाजी का जीवनपर्यंत दुर्गों से संबंध रहा। 300 से अधिक दुर्गों के प्रबंधन हेतु उन्होंने सूक्ष्म नीति-नियम बनाए। सच तो यह है कि दुर्गों से उन्हें अपार प्रेम था और दुर्ग भी उनकी उपस्थिति व स्वामित्व से प्रसन्न हो उठते थे। जीवन का 70 प्रतिशत भाग उन्होंने इन दुर्गों के साथ बिताया। अतः वे 'दुर्गराज' भी कहलाते हैं।

प्रभावित होता था। ऐसे अवसर पर राज्य की ओर से लगान वसूली में छूट दी जाती थी। यहाँ भी शिवाजी ने एक अभिनव व्यवस्था खड़ी की। उनके राज्य में किसान को विभिन्न कारणों से हुए नुकसान की भरपाई नकद नहीं दी जाती थी। आक्रमणकर्ताओं के कारण हल-बखर व बैलगाड़ी जैसे कृषि औजारों की टूट-फूट होने पर कृषकों को औजार के बदले औजार ही उपलब्ध करवाए जाते थे। इन सबका उद्देश्य होता था, किसान की कृषि क्षमता को बनाए रखना। स्वराज के शासक मानते थे कि नकद उपलब्ध कराई गई राशि का उपयोग व्यक्ति के द्वारा अन्य कामों में भी किया जा सकता है। इससे दोहरा नुकसान होता है—एक, राज्य का कोष घटता है और दूसरा, किसान कृषि पैदावार को यथावत् बनाए रखने या बढ़ाने में सक्षम नहीं हो पाता। अत: शासन को सहायता देने के साथ किसान की कृषि उत्पादन क्षमता बनाए रखने पर भी समान मात्रा में सोचना चाहिए।

शिवाजी ने सुराज्य में जागीरी प्रथा को कम कर दिया था। वे धार्मिक व सामाजिक कार्य को छोड़कर अन्य किसी भी उद्देश्य से राज्य की भूमि को बाँटना उचित नहीं समझते थे। उनकी मान्यता थी कि भूमि तो राज्यलक्ष्मी है, उसका विभाजन कैसे हो सकता है! जागीरी प्रथा कम होने का एक अप्रत्यक्ष लाभ यह भी हुआ कि छोटी-मोटी असहमति व असंतोष के कारण जागीरदार राज्य के विरुद्ध खड़े होने में असमर्थ हो गए।

शिवाजी अपने राज्य में विभिन्न प्रकार की पैदावार का आग्रह करते थे। एक जैसी खेती फसल-चक्र में असंतुलन पैदा करती है। इस वैज्ञानिक दृष्टि को वे सूक्ष्मता से जानते थे। स्वस्थ भूमि, स्वस्थ उत्पादन व स्वस्थ पर्यावरण के लिए पैदावार में विविधता का आग्रह उनके समकालीन किसी अन्य शासन की राज्य कृषि व्यवस्था के अंदर देखने में भी नहीं आता। शिवाजी ने विशेष आदेश निकालकर फलदार वृक्षों को

लगाने का आग्रह किया, साथ ही यह सूचना भी दी कि फलों की बिक्री से पहले उसके 30 प्रतिशत फल (राशि) राजकोष का भाग रहेंगे।

भारत जैसे कृषि-प्रधान देश में आजादी से आज तक कृषि में जो प्रयोग हुए हैं, उसके परिणाम सामने हैं। कृषि कार्य व उसके विभिन्न सहायक कार्य आज हेय दृष्टि से देखे जाते हैं। स्वतंत्र भारत के नीति-निर्धारकों ने जो कृषि नीतियाँ बनाईं, उसमें किसान के घर पैदा हुआ बेटा किसानी करने की बजाय शहरों में जाकर कारकून या बाबू बनना ज्यादा पसंद करने लगा। गाँव का स्वच्छ पर्यावरण छोड़ वह महानगरों की प्रदूषित झुग्गी बस्तियों में रहने को अपनी महानता समझने लगा। खेती लाभ का धंधा होना चाहिए, यह वाक्य ही अर्धसत्य है। खेती धंधा नहीं बल्कि स्वयं में उत्पादन का कार्य है। कृषिक्षेत्र में होनेवाले कार्य लाभप्रद कार्य बनें, यह उपयुक्त व्याख्या है। जो भी विसंगतियाँ पिछली शताब्दी में खड़ी हुईं, उसकी जवाबदारी किसान की नहीं, शासकों की है। भारत का किसान अगर ज्यादा न मानें तो भी उसी भूमि पर निरंतर 5000 सालों से खेती कर रहा है। ऐसा करते हुए न उसने खेत खराब किया और न ही पर्यावरण को प्रदूषित किया। उसने भूमि की अलटा-पलटी की, फसलचक्र को बदला, भूमि की उर्वरता बनाए रखने के लिए हर वर्ष विशेष प्रयत्न किए। उसने कृषि करते हुए उत्तम ढंग से अपना जीवन चलाया और राज्य को लगान के रूप में योगदान भी दिया। अगर कहीं चूक हो रही है तो वह दिल्ली से लेकर राज्यों की राजधानियों तक कृषि विभाग के कर्णधारों द्वारा हो रही है, जिन्होंने जीवन में खेती करना तो छोड़ एक घंटे के लिए भी खेत में समय व्यतीत नहीं किया। ऐसे लोग कृषि-नीति बनाते हैं। वे खेत-खलिहान, भंडारण, पशुधन, कृषि उत्पादन व विक्रय जैसे कृषि के विभिन्न आयामों पर बैठकों व सेमिनारों में अपने विचार नियंता की तरह व्यक्त करते हैं। कृषि संबंधी महत्त्वपूर्ण निर्णय करते हैं। ऐसी अवस्था में कृषि में नुकसान होता है, किसान कर्ज में डूबने

लगता है, फिर किसान के पास कर्ज-मुक्ति हेतु आत्महत्या करने के अलावा कोई मार्ग नहीं रह जाता। कृषि का उत्पादन बढ़ाने के लिए जिस रासायनिक कृषि की ओर हम बढ़े, उसके परिणाम 20-30 सालों में ही आ गए। 'धान के कटोरे' कहे जानेवाले क्षेत्र आज सदियों के लिए कृषि कार्य हेतु अयोग्य होने की घोषणा के कगार पर आ गए हैं। रासायनिक खेती को सींचने के लिए प्रचुर मात्रा में लगनेवाले पानी की आवश्यकता ने भूजल स्तर को एक हजार फीट से अधिक नीचे पहुँचा दिया है। आधुनिक कृषि के नाम पर हमने जो रास्ता चुना है, आज वह अनिवार्य रूप से पुनर्विचार व परिवर्तन की माँग कर रहा है।

आज का हमारा कृषि मार्ग सही है अथवा गलत, यह तो आनेवाला समय ही निश्चित करेगा, किंतु इतना अवश्य है कि कृषि सम्मान का कार्य बने। लघु व सीमांत किसान कृषि की पैदावार से न केवल अपने परिवार का भरण-पोषण कर सकें, बल्कि उसे अतिरिक्त आय भी प्राप्त हो। आय के उपयुक्त विनियोग से उसका जीवन स्तर ऊपर उठ सके। उसमें कृषि लागत को न्यूनतम रखते हुए कृषि पैदावार बढ़ाने की क्षमता बढ़े। इन सब बातों पर आज स्थानीय परिस्थितियों को ध्यान में रखते हुए विचार जरूरी है। कृषि कार्य में विदेशी बीज, रासायनिक खाद, कीटनाशक दवाइयाँ व यंत्र-चालित साधनों का प्रयोग बढ़ने से कृषि की लागत हर वर्ष बढ़ रही है। आजादी के प्रारंभिक वर्षों में नीति-निर्धारकों को चमचमाती कार से उतरकर दूर खेतों में बैलों से चलते हलों को देखने के स्थान पर ट्रैक्टरों से खेती करते किसानों के दृश्य ज्यादा अच्छे लगे। वे नहीं समझ पाए कि हल व बैल का मालिक किसान है, जबकि ट्रैक्टर उधार का है। उस ट्रैक्टर का मालिक कोई बैंक या वित्तीय संस्था है, जिसके ब्याज का मीटर तब भी चलता है, जब किसान घर में सो रहा होता है। साहब लोगों ने विदेश यात्राओं में जो दृश्य देखे, उन्हें वे आँख मूँदकर भारत को समझे बिना भारत में उतारने में लग गए।

आधुनिक भारतीय कृषि की विसंगतियाँ

1. बंजर भूमि—स्वतंत्र भारत में बंजर भूमि को कृषि योग्य बनाने के लिए कोई सार्थक प्रयत्न नहीं हुए। हाँ, इस प्रकार की भूमि पर जैट्रोफा व एरंड जैसी प्रजातियों के पेड़ों को उगाने के लिए हैलीकॉप्टरों से बीज उड़ाने जैसे हास्यास्पद प्रयत्न जरूर हुए। वहीं दूसरी ओर पंचनद व अन्य उपजाऊ क्षेत्रों की अच्छी भूमि बंजर होने के कगार पर आ गई। आवास, उद्योग जैसे कार्यों के लिए अनुपजाऊ भूमि के स्थान पर कृषिभूमि का उपयोग अंधाधुंध मात्रा में हुआ, इससे दोहरा नुकसान हुआ। एक तरफ पैदावार घटी, दूसरी तरफ बंजर भूमि का उपयोग भी नहीं हुआ। आश्चर्यजनक रूप से भारत की बंजर भूमि के प्रतिवर्ष घटने या बढ़ने की कोई गणना कृषि मंत्रालय के पास या तो नहीं है अथवा उसे सार्वजनिक नहीं किया गया।

2. भू-अभिलेख—गूगल, विकिपीडिया और अंतरिक्ष उपग्रह से संचालित इस विश्व में आज भी भारत की कृषिभूमि का हिसाब पटवारी अपने टूटे-फूटे नक्शों पर रखता है। वह जरीब से जमीन नापता है, और वह भी वर्ष में केवल एक बार ग्रीष्म ऋतु में। यह पद्धति अपने आप में न केवल अवैज्ञानिक है बल्कि प्रशासन की अविकसित समझ को भी बताती है।

3. भू-स्वास्थ्य—भूमि एक जीवित रचना है। उसके संसार में कई प्रकार के छोटे-छोटे जीव-जंतु रहते हैं। वे उसके स्वस्थ होने का प्रधान कारण है। नीति-निर्धारक यह सामान्य बात नहीं समझ पा रहे हैं कि रासायनिक खाद विटामिन हो सकते हैं, आहार नहीं। मनुष्य जैसे विटामिन को ग्रहण कर विभिन्न तत्त्वों के असंतुलन को ठीक रख सकता है, किंतु अच्छे आहार के अभाव में ली गई विटामिन नुकसान का कारण बनती है, ठीक वैसे ही कृषि भूमि को स्वस्थ रखने के लिए प्राकृत आहार उसकी मूलभूत आवश्यकता है। रासायनिक खाद अल्प मात्रा में प्रयोग

की जानेवाली औषधि मात्र है। अंधाधुंध रासायनिक कीटनाशकों के प्रयोग ने न केवल भूमि को अनुर्वर किया है, बल्कि उसके अंदर बसे हुए जीवित संसार को भी करीब-करीब मार डाला है। इन सब कारणों से भारत की जीवित कृषिभूमि अब मृत होने के कगार पर आ गई है।

भारत के किसान ने भूमि को अगर नष्ट नहीं होने दिया तो उसका एक प्रमुख कारण यह है कि वह दृढ़तापूर्वक मानता था, और है कि भूमि के अंदर व बाहर जैव-विविधता का एक विशाल संसार है, जिसके कारण वह साँस लेती है, उसे भूख भी लगती है, वह प्यासी भी होती है और कभी-कभी वह अस्वस्थ भी होती है। सच तो यह है कि उसे वह सबकुछ होता है, जो किसी जीवित इकाई को होता है। अत: उससे सदैव वैसा ही व्यवहार किया जाना चाहिए। 2,700 कि.ग्रा. का (55 हॉर्स पॉवर) भारी ट्रैक्टर हो या 8,000 कि.ग्रा. वजनी सी.टी. 60 हार्वेस्टर, इन सबके चलने से मिट्टी दबती है और रगड़ खाती है। इससे उसके अंदर का जैव-संसार मर जाता है। भारी कृषि यंत्रों व अंधाधुंध रासायनिक खाद के कारण हर वर्ष वह ज्यादा कठोर होती जाती है, जिससे उसे साँस लेने में तकलीफ होने लगती है। कालांतर में ध्यान न दिया जाए तो वह जड़ होकर मृत हो जाती है। दुर्भाग्य से यह सोच कृषि नियंताओं के चिंतन में ही नहीं है। उन्होंने स्वतंत्र भारत में हल व बैल को हटाकर अमरीका, ऑस्ट्रेलिया, कनाडा व रूस को देखकर नई ट्रैक्टर संस्कृति का विकास किया। सन् 1945 के शुरुआती दौर में 20 से 35 हॉर्स पावर के ट्रैक्टर कृषि में प्रयोग किए जाते थे, जिनका औसत वजन 1,500 से 1,700 कि.ग्रा. होता था। ट्रैक्टरों के प्रयोग से मिट्टी की ऊपरी सतह कठोर होने लगी और ज्यादा ताकतवर ट्रैक्टरों की आवश्यकता पड़ने लगी। सन् 2006 तक आते-आते 40 से 55 हॉर्स पॉवर के औसतन 2,500 किलो वजनी ट्रैक्टरों से कृषि होने लगी। सन् 2006 की ट्रैक्टर गणना अनुसार उस वर्ष भारत में 27,48,686 ट्रैक्टर थे, जिसका औसत प्रति गाँव 4 से 5 ट्रैक्टर आता है। शुरुआत के वर्षों में ट्रैक्टर की ईंधन खपत 2 लीटर प्रति

घंटे के आस-पास थी, जो इस समय 4 लीटर प्रति घंटे हो गई है। यह ट्रैक्टर संस्कृति न केवल भूमि को खराब कर रही है, बल्कि ज्यादा कार्बन उत्सर्जन कर वातावरण को भी प्रदूषित कर रही है। यह तो आनेवाला समय ही बताएगा कि कृषि उत्पादन बढ़ाने के लिए प्रारंभ की गई हरित क्रांति कहीं परिणामों में आत्मघाती तो साबित नहीं होगी। कुछ वर्षों की पैदावार बढ़ाकर सदियों के लिए भूमि को बंजर, पानी को प्रदूषित और वातावरण को दूषित तो नहीं कर रहे हैं अथवा कर चुके हैं?

4. बीज—भारतीय किसान अच्छे बीज को सोने-चाँदी से भी अधिक महत्त्वपूर्ण मानता है। वह जानता है कि सोने में से सोना पैदा नहीं होगा, लेकिन बीज में से सोना पैदा हो सकता है। इसलिए न केवल वह अच्छे बीजों के संग्रह का आग्रह करता है बल्कि उसे और अच्छा करने के लिए वह एक से दूसरे गाँव या दूर के स्थानों से बीज से बीज का हस्तांतरण कर पैदावार बढ़ाने का सफल प्रयत्न भी करता था। एक ही भूमि पर एक जैसे बीज की प्रजाति के निरंतर प्रयोग करने से पैदावार घटती है, यह वह सदियों से जानता था, किंतु आज भारत सरकार के कृषि मंत्रालय ने देश के किसानों को बहुराष्ट्रीय कंपनियों द्वारा उपलब्ध कराए जानेवाले बीजों के बाजार में लावारिस खड़ा कर दिया है। जैव प्रसंस्कृत (Genetically Modified) बीजों के बलात् प्रयोग के आग्रह ने भारत में सदियों से प्रयोग होनेवाले स्वस्थ बीजों के संसार को कहीं हमेशा के लिए समाप्त तो नहीं कर दिया है? कहीं यह एक ओर गहरा अंतरराष्ट्रीय आर्थिक षड्यंत्र तो नहीं है?

5. जल—रासायनिक कृषि ने जल की आवश्यकता को अस्वाभाविक मात्रा में बढ़ा दिया। उसकी अधिकांश पूर्ति किसान भूमि से जल खींचकर करता है। रसायनों के कारण भूमि की ऊपरी सतह कठोर होने लगी और उसने वर्षा का जल अपने अंदर सोखना भी कम कर दिया। अत: आसमान से बरसनेवाला अधिकांश जल बहकर खेतों से

बाहर जाने लगा। बड़े बाँधों ने जहाँ कुछ अभाव वाले हिस्सों में पानी पहुँचाया है तो कुछ दूसरे क्षेत्रों में भूमि को दलदल में बदल दिया है। भारत की वर्षा आधारित खेती के लिए लघु सिंचाई योजनाएँ अनुकूल थीं। इन्हें छोड़कर हमने विकसित देशों से भीमकाय बाँधों की नकल करना प्रारंभ किया। जो बात अपवाद थी, वह आदत बन गई। इसका परिणाम यह हुआ कि आज देश असंतुलित जल उपभोग का केंद्र बन गया है। शहर का व्यक्ति औसतन 150 लीटर से ज्यादा पानी प्रतिदिन उपयोग करता है, जबकि गाँव व वनों में प्रति व्यक्ति पानी की खपत 35 लीटर से भी कम है। भारत के कई क्षेत्रों में किसान को 10 गैलन पानी भी प्रति एकड़ कृषि के लिए उपलब्ध नहीं है, जबकि दूसरी ओर गेहूँ की पैदावार करनेवाले किसान को एक बार में प्रति हेक्टेयर 1,78,316 गैलन पानी लगता है। गेहूँ की एक फसल को औसतन तीन से चार बार पानी देने पड़ते हैं, जिसका योग 7,13,264 गैलन प्रति हेक्टेयर आता है। वहीं दूसरी ओर कई कृषि क्षेत्र ऐसे हैं, जहाँ या तो अति कम या अति पानी के कारण कृषिभूमि सूखे या दलदल में परिवर्तित होती जा रही है। यह जल असंतुलन पानी की ठीक समझ के अभाव व अपरिपक्व योजनाकारों के कामों का परिणाम है। आज तो स्थिति यहाँ तक खराब हो गई है कि भारत में सर्वाधिक वर्षा का स्थान चेरापूंजी पिछले कुछ वर्षों से ग्रीष्म ऋतु के समय जल-संकट से जूझने लगता है।

वर्ष 2001 से 2010 तक भारत में किए गए नलकूपों व कुओं के सर्वेक्षण से जो परिणाम आए, वे चिंताजनक व चौंकाने वाले हैं। उससे प्राप्त आँकड़े हमें सावधान करते हैं। वे राजा (प्रधानमंत्री) व उनके शासन तंत्र को अपनी नीतियों पर पुनः विचार करने के लिए चेतावनी भी देते हैं। 10 वर्षों में भारत के भूजल स्तर में आए बदलाव के परिणाम कुछ इस प्रकार हैं[24]—

क्र.	राज्य	नं.	बढ़ोतरी >4 m नं.	प्रतिशत	घटाव <4 m नं.	प्रतिशत	कुल बढ़ोतरी	% बढ़ोतरी	घटाव	% घटाव
1.	आंध्र प्रदेश	637	64	10.05	1	0.16	571	89.64	66	10.36
2.	अरुणाचल प्रदेश	32	0	0	0	0	9	75	3	25
3.	असम	232	1	0.43	0	0	136	58.62	96	41.38
4.	बिहार	281	1	0.36	11	3.91	51	18.15	230	81.85
5.	चंडीगढ़	23	1	4.35	2	8.7	7	30.43	16	69.57
6.	छत्तीसगढ़	346	6	1.73	9	2.6	156	45.09	190	54.91
7.	दादर और नागर हवेली	8	0	0	0	0	7	87.5	1	12.5
8.	गोवा	43	1	2.33	0	0	28	65.12	15	34.88
9.	दिल्ली	143	6	4.2	12	8.39	99	69.23	44	30.77
10.	गुजरात	739	153	20.7	28	3.79	603	81.6	136	18.4
11.	हरियाणा	242	6	2.48	28	11.57	144	59.5	98	40.5
12.	हिमाचल प्रदेश	75	4	5.33	0	0	53	70.67	22	29.33
13.	जम्मू कश्मीर	131	1	0.76	2	1.53	86	65.65	45	34.35
14.	झारखंड	165	1	0.61	16	9.7	39	23.64	126	76.36
15.	कर्नाटक	841	78	9.27	27	3.21	642	76.34	199	23.66
16.	केरल	716	15	2.09	7	0.98	535	74.72	181	25.28
17.	मध्य प्रदेश	855	33	3.86	58	6.78	426	49.82	429	50.18
18.	महाराष्ट्र	946	69	7.29	9	0.95	734	77.59	212	22.41
19.	मेघालय	8	0	0	0	0	5	62.5	3	37.5
20.	उड़ीसा	809	10	1.24	6	0.74	501	61.93	308	38.07
21.	पांडिचेरी	2	0	0	0	0	2	100	0	0
22.	पंजाब	208	3	1.44	31	14.9	68	32.69	140	67.31
23.	राजस्थान	847	108	12.75	143	16.88	453	53.48	394	46.52
24.	तमिलनाडु	567	63	11.11	13	2.29	467	82.36	100	17.64
25.	त्रिपुरा	29	0	0	0	0	21	72.43	8	27.59
26.	उत्तर प्रदेश	791	6	0.76	22	2.78	328	41.47	463	58.53
27.	उत्तराखंड	50	3	6	0	0	22	44	28	56
28.	पश्चिम बंगाल	611	3	0.49	42	6.87	382	29.79	429	70.21
	कुल	**10357**	**636**	**6.14**	**467**	**4.51**	**6375**	**61.55**	**3982**	**38.45**

Central Ground Water Board, MOWR, Dec. 2011

6. **खलिहान**—भारतीय कृषि व्यवस्था में खलिहान का विशेष महत्त्व है। यह कृषि उत्पादन से अनावश्यक तत्त्व छिलके, डंठल इत्यादि निकालने व संशोधन करने का स्थान होता है। कृषि उत्पादन यहाँ सामान्यत: एक-दो सप्ताह के लिए रुकता है। परंपरागत रूप से किए जानेवाले इस काम में आवश्यक विज्ञान जोड़ने के बजाय नीति-निर्धारकों ने हार्वेस्टर का उपयोग बढ़ा दिया, जिसके भार ने न केवल भूमि के अंदर रहनेवाले जीव-संसार को मारा, बल्कि भूसे के रूप में प्राप्त होनेवाले

सहायक उत्पादन को भी हवा में उड़ा दिया। ऐसा कर उन्होंने कृषि की लागत को बढ़ाया और उपलब्ध श्रम को अनुपयोगी भी बना दिया। सच तो यह है कि खलिहान कृषि पंडितों के चिंतन से बाहर का विषय है।

7. कृषि यातायात—कृषि पैदावार का खेत से खलिहान, खलिहान से घर के भंडारगृह और घर के भंडार से मंडी तक की यात्रा में जो यातायात के साधन प्रयोग होते हैं, वे भी पैदावार का मूल्य बढ़ाने का ही काम करते हैं। कभी बैलगाड़ी इसका माध्यम थी। नीति-निर्धारक 60 साल के कृषि-विकास में न तो बैलगाड़ी में ब्रेक लगा पाए, न ही बेअरिंग। अत्यंत कम लागत के यातायात को उन्होंने ट्रैक्टरों के प्रयोग से खर्चीला बना दिया है। ट्रैक्टर के माध्यम से 25 क्विंटल कृषि पैदावार को ढोने का खर्च 10 रुपए प्रति कि.मी. (डीजल @ 45.44 रुपए लीटर) पड़ता है। वहीं आज अगर नीति-निर्धारकों ने बेअरिंग व ब्रेक से बनी बैलगाड़ियों के सफल मॉडल बना दिए होते तो उसकी लागत 50 पैसे प्रति कि.मी. से भी कम आती।

8. भंडारण—पकी हुई फसल खलिहान से होती हुई घर के भंडारगृह में आती है। भंडारण के लिए देश के अलग-अलग भागों में जो परंपरागत व्यवस्था प्रचलित है, वह इतनी वैज्ञानिक है कि पैदावार को वर्ष भर सुरक्षित रखती है। आज के युग में उस ज्ञान का प्रयोग करते हुए गाँव-गाँव में जहाँ लघु भंडारण केंद्रों (औसतन 500 क्विंटल क्षमतावाले) के विकास की आवश्यकता थी, वहाँ सरकारी विभागों ने हजारों क्विंटल क्षमतावाले कोल्ड स्टोरेज खड़े कर दिए, जो न केवल अपर्याप्त हैं बल्कि खराब रख-रखाव के कारण अपनी क्षमता के अनुपात में भंडारण हेतु असमर्थ भी हैं। अतः खुले में रखा लाखों टन अनाज प्रति वर्ष वर्षाकाल में सड़ जाता है। फल व फूलों की अल्पजीवी कृषि पैदावार को संरक्षित करने या प्रसंस्करण करने योग्य छोटी इकाइयों का आधुनिक कृषि व्यवस्था में कोई स्थान नहीं बन पाया। एक-दो रुपए किलो में किसान से खरीदा गया टमाटर बड़ी-बड़ी कंपनियाँ प्रसंस्करित कर 80 से 100 रुपए प्रति किलो भाव से सॉस व कैचप के रूप में उपभोक्ता को बेचती

हैं। कम व अधिक समय के लिए कृषि उत्पादनों के भंडारण व प्रसंस्करण पर समग्र सोच आज की अनिवार्य आवश्यकता है।

9. कृषि उत्पादन व विक्रय—कल तक किसान अपने उपभोग के अतिरिक्त कृषि पैदावार का या तो विनिमय करता था या विक्रय। डेढ़-दो सौ वर्षों के अंग्रेजी शासन काल में छोटे ब्याजखोरों की बहुलता हो गई। स्वतंत्र भारत में भी यही व्यवस्था कम-ज्यादा मात्रा में निरंतर चलती रही। किसान के घर में विवाह, बीमारी या अन्य प्रसंग उपस्थित होने पर आर्थिक सहयोग की आवश्यकता रहती है। जो उसे साहूकार के अलावा कहीं और से प्राप्त नहीं होता। इसके अतिरिक्त उस पर यंत्र, उपकरण व रासायनिक खाद जैसी वस्तुओं के नाम से वित्तीय संस्थाओं द्वारा कर्ज का बोझ लाद दिया जाता है। शनैः-शनैः कृषक अनावश्यक रूप से ऋण के दल-दल में फँसता चला जाता है।

भारत की कृषि मंडी में किसान अपना उत्पादन बेचने के लिए खड़ा रहता है। दलाल उसकी पैदावार की बोली लगाते हैं। शायद विश्व के कृषि बाजार में भारत ही ऐसा देश है, जहाँ उत्पादक अपने उत्पादन का मूल्य निश्चित न करते हुए क्रेता उसका भाव निर्धारित करता है। मोबाइल और इ-मेल की इस दुनिया में कृषक का शोषण न हो, इसकी चिंता अधिकारियों और राजनेताओं को जितनी करनी चाहिए थी, वह उन्होंने नहीं की।

10. यंत्र व उपकरण—आधुनिक कृषि करने के नाम पर हमारे कृषि वैज्ञानिकों ने जो उपकरण बनाए, उन सबका डिजाइन विदेशी था। उसे उसके निर्माताओं ने बृहत् खेती और कम श्रम की उपलब्धता को ध्यान में रखकर बनाया था, जबकि भारत के किसान को लघु कृषि व उपलब्ध पर्याप्त श्रम के अधिकतम प्रयोग पर आधारित यंत्रों की आवश्यकता थी। छोटे किसान के लिए प्रयोगशालाओं में बने यंत्र भी मैदान में सफल नहीं हो पाए। इन सबके कारण गाँव में उपलब्ध मानव कार्यदिवस अनुत्पादित हो गया। चौपालों व चाय की दुकानों पर ताश के पत्तों एवं चिंग पो जैसे अनुपयोगी खेलों में व्यस्त युवाओं के दृश्य करीब-

करीब हर गाँव में समान रूप से देखे जा सकते हैं। इसका अप्रत्यक्ष नुकसान यह हुआ कि देश का ग्रामीण जन मधुमेह, हृदय रोग, अस्थमा जैसी बीमारियों से ग्रस्त होने लगा।

11. पशुधन—पशुधन व भारतीय कृषि के बीच चोली-दामन का साथ है। उसमें भी गाय, बैल व साँड़ों का विशेष स्थान है। इसके महत्त्व को समझकर शासन-प्रशासन को नीतियाँ बनानी चाहिए थीं; किंतु गत शताब्दी में जो आधुनिक असफल प्रयत्न हुए हैं, उनमें से एक हास्यास्पद प्रसंग (प्रयत्न) इस प्रकार है—

श्री लिनलिथगो सन् 1926-28 तक रॉयल कमीशन ऑन एग्रीकल्चर के भारत में चेयरमैन रहे। अपने प्रतिवेदन में उन्होंने भारत की गायों के नस्ल सुधार हेतु दो पदों की रचना का प्रस्ताव रखा, वे थे एल.बी.ए. (L.B.A.) व एल.बी.के. (L.B.K.)। बहुत लंबे समय तक प्रशासन के लोग इसके अर्थ को नहीं समझ पाए और लिनलिथगो की रिपोर्ट भी ठंडे बस्ते में चली गई। सन् 1936 में यह घोषणा हुई कि श्री लिनलिथगो भारत के अगले वाइसराय होंगे। स्वाभाविक ही था, वाइसराय बनने पर वे अपने पूर्व के कार्य की समीक्षा करेंगे, इस भय से एक प्रशासनिक अधिकारी ने वह प्रतिवेदन ढूँढ़ा और उसके सुझावों पर विचार करना प्रारंभ किया। लंबी खोज के बाद L.B.A. व L.B.K. शब्दों का अर्थ ढूढ़ा गया। प्रतिवेदन में भारतीय गायों को तो अच्छा माना गया था, किंतु नस्ल-सुधार की दृष्टि से विदेशी साँड़ों की आवश्यकता को अनुभव करते हुए उसके आयात की अनुशंसा की गई। सुझावों के क्रियान्वयन के लिए दो पदों का सृजन किया गया था। L.B.A. का अर्थ था—लिनलिथगो बुल असिस्टेंट व L.B.K. का अर्थ—लिनलिथगो बुल कीपर। एल.बी.के. का कार्य था विदेश से मँगाए गए साँड़ों की देखभाल करना। एल.बी.ए. का कार्य था समय पर गर्भाधान करवाना, साथ ही यह निश्चित करना कि एल.बी.ए. अपने कार्य में कोई भ्रष्टाचार तो नहीं कर रहा है। 52 वर्षों तक गौवंश सुधार की यह योजना शासन में असफलता

के गीत गाती रही। आजादी के 23 साल बाद कहीं जाकर सन् 1970 में इन पदों को प्रशासन से विलोपित किया गया।[25]

कृषि में गौवंश संवर्द्धन जैसे महत्त्वपूर्ण कार्यों के प्रति इसी प्रकार के अव्यावहारिक प्रशासनिक निर्णयों के कारण ही भारत में गौधन की यह हालत हुई है। अंधाधुंध गौवंश हत्या व नीति-निर्धारकों के उपेक्षापूर्ण रवैये के कारण गौवंश की संख्या तेज गति से घट रही है। आश्चर्यजनक रूप से भारत का जो समाज गौवंश की पूजा करता है, वह भी उसके पालन-पोषण में उदासीन रहता है।

12. कृषि वित्त—कृषि कार्य में वित्त प्रबंधन का विशेष महत्त्व है। चूँकि भारत में परंपरागत खेती कम लागत में होती थी। उससे होनेवाली आय भी कम थी और किसान की आवश्यकता भी सीमित थी, किंतु आधुनिक कृषि ने पैदावार की मात्रा बढ़ाई। उत्खनन, आवास व उद्योगों में लगने से कृषिभूमि का मूल्य बढ़ा। वित्तीय संस्थाओं ने विलासिता की अनावश्यक वस्तुओं के लिए ऋण सुलभ करवाया। एक ओर फसल की लागत बढ़ी, वहीं दूसरी ओर कृत्रिम पैदावार बढ़ोतरी के कारण उसकी आय बढ़ी। इन सब कारणों से कृषि कार्य में वित्त का नकद प्रवाह बढ़ा। परिणामस्वरूप किसान की निजी आवश्यकताएँ व खर्चे भी बढ़े। इन सब कारणों से आय-व्यय का संतुलन बिगड़ने लगा और किसान कर्ज में डूबने लगा। उसने कर्ज से छुटकारा पाने के लिए आत्महत्या को सबसे सरल मार्ग माना। आज भारत में प्रतिवर्ष 17368 (2009 का आँकड़ा) किसान आत्महत्या कर रहे हैं। सन् 1995 से 2009 की आत्महत्या का प्रतिवर्ष औसत 17262 किसान है, अर्थात् हमारी इस महान् कृषि नीति के कारण प्रति मिनट 1 किसान मौत के मुँह में जा रहा है।[26] वह तब भी मर रहा होता है जब कृषि मंत्रालय की दिल्ली में बैठक चल रही होती है और तब भी, जब विज्ञान भवन नई दिल्ली में कृषि के कर्णधार बैठकर कृषि नीति बना रहे होते हैं।

भारतीय वित्त व्यवस्था की यह विसंगति है कि कृषिक्षेत्र में केंद्रीय

बजट से दिया जानेवाला अनुदान का तरीका अपने आप में न्यायसंगत नहीं है। भारत सरकार ने खाद (यूरिया, फास्फेट इत्यादि) के नाम पर वर्ष 2003-04 से लगाकर 2008-09 तक 62,625.19 करोड़ रुपए खाद उत्पादकों व 19066.94 करोड़ रुपए खाद आयातकों (IFFCO, NFL, RCF, CFCL, MFL, NFCL, ZIL, MCFL, ZNFC & MMTC, IPL, STC जैसी कंपनियों) को अनुदान के रूप में दिए। साथ ही इसी कालावधि में अनियंत्रित खाद उत्पादकों को 48,576 करोड़ और आयातकों को 20,958 करोड़ का भुगतान अनुदान के रूप में किया गया।[27] इतनी विशाल राशि का कितना लाभ किसान को मिला होगा, यह विचारणीय है।

जबकि दूसरी ओर कर्नाटक भारत का पहला ऐसा राज्य बना, जहाँ के पूर्व मुख्यमंत्री श्री येदियुरप्पा के नेतृत्व में स्वतंत्र भारत के इतिहास में पहली बार किसी राज्य ने कृषि के लिए अलग से बजट बनाया। वित्तीय वर्ष 2011-12 में 17 हजार करोड़ रुपए का कृषि बजट कर्नाटक के विधानसभा पटल पर आम बजट के साथ रखा गया। यह अपने आप में एक असाधारण कदम था। अलग बजट के कारण पहली बार किसानों को एक प्रतिशत व तीन प्रतिशत ब्याज पर कृषि के विभिन्न कार्य हेतु ऋण मिला। साथ ही जल संचय, जैविक कृषि व कृषि योग्य भूमि विस्तार जैसे विभिन्न विषयों पर अलग से विचार हुआ। निश्चित ही इसके परिणामों को जानने के लिए हमें कुछ वर्ष रुकना पड़ेगा। परंतु यह सच है कि आजादी के तत्काल बाद जिस कृषि बजट पर देश की राजधानी दिल्ली को विशेष विचार करना था, उसका श्रेय कर्नाटक राज्य को चला गया।[28]

आजादी के बाद होना यह चाहिए था कि किसानों के कृषि कार्य, पैदावार, बिक्री, कृषि लाभांश व प्राप्त आय के पुन: उचित विनियोग जैसे विषयों पर समग्र विचार कर एक तंत्र विकसित किया जाता। किंतु ऐसा न होने की दशा में आज कृषिक्षेत्र का संपूर्ण प्रबंधन अव्यवस्था और असंतुलन की बलि चढ़ गया है। ■

राजमुद्रा

प्रतिपच्चन्द्रलेखेव वर्धिष्णुर्विश्ववन्दिता
शाहसूनोः शिवस्यैषामुद्रा भद्राय राजते ।।

अर्थ : शाहजी पुत्र शिवाजी की यह मुद्रा लोक-कल्याण के लिए विराजित है। प्रतिपदा के चंद्र की तरह उसको धारण करने वाले (अर्थात् शिवाजी) की प्रसिद्धि प्रतिदिन बढ़ती जाएगी और वह विश्व में वंदनीय होगी।

इतिहास : शाहजी राजे ने बंगलौर से 12 वर्ष के शिवाजी को विदा करते हुए यह मुद्रा उन्हें दी थी, जिसे शिवाजी ने मावड़ में स्थित अपनी छोटी सी जागीर का संचालन प्रारंभ करते समय उपयोग करना शुरू किया था। स्वराज्य स्थापना, राज्याभिषेक व उसके बाद के समय में भी वे शासकीय कार्यों में इसका निरंतर प्रयोग करते रहे अर्थात् यह जीवन-पर्यंत उनकी राजमुद्रा रही।

न्याय व विधि मंत्रालय

हजारों वर्षों से भारत एक सुसभ्य और विकसित देश रहा है। नीति-निर्धारकों ने राज्य-संचालन करनेवाले नायक में न्यायशास्त्र के ज्ञान को अनिवार्य माना। न्यायकर्ता में पद, प्रिय एवं परिवार से प्रभावित हुए बगैर सही निर्णय करने का साहस होना ही चाहिए। जो न्याय सही है किंतु समय पर नहीं है, तो वह स्वयं में मृत न्याय है। अच्छे न्याय के तीन अनिवार्य तत्त्व हैं—वह सदैव सही होना चाहिए, समय पर होना चाहिए और न्याय का क्रियान्वयन बिना देरी के होना चाहिए। संपूर्ण भारतीय वाङ्मय में स्थान-स्थान पर ऋषियों, नीति-निर्धारकों, तत्त्वज्ञानियों व लेखकों ने राज्य-संचालन टोली या राजा को श्रेष्ठ न्याय के लिए सदैव प्रेरित किया है। महान् ऋषि अक्षपाद गौतम ने तो संपूर्ण न्यायशास्त्र की रचना ही कर डाली। इसके अतिरिक्त भारतीय वाङ्मय में विभिन्न स्थानों पर न्यायशास्त्र पर प्रकाश डाला गया है, जो विश्व समाज को भारत की ओर से दी गई एक अमूल्य भेंट है।

शिवाजी ने जीजाबाई, शाहजी व दादा कोंडदेव से जो राज्य-संचालन के संस्कार पाए, उसी का परिणाम था कि मात्र 14 वर्ष की आयु में उन्होंने ऐसा न्याय किया, जो आज भी एक आदर्श उदाहरण है। उन्होंने निर्णय करने से पूर्व सारे घटनाक्रम को समझा, परिस्थितिजन्य साक्ष्यों को परखा, गवाहों से संवाद किया और आवश्यक सभी संदर्भों के अध्ययन व विश्लेषण के बाद श्रेष्ठ न्याय देकर सबको चौंका दिया।

घटना यह है कि पुणे जिले में स्थित राँझे गाँव के पाटिल ने अपनी शक्ति का दुरुपयोग कर एक महिला के साथ बलात्कार किया। यह बात शिवाजी के संज्ञान में आई। उन्होंने राँझे के पाटिल को राजदरबार में बुलाया। सभी के सामने लगाए गए आरोप उसे सुनाए गए। बचाव में पाटिल ने अपना पक्ष रखा। सभी पक्षों को सुनने के बाद शिवाजी इस निष्कर्ष पर पहुँचे कि राँझे के पाटिल पर लगे आरोप सही हैं। उन्होंने

आज्ञा-पत्र 7

वार्त्तालाप में सजगता

राजा को मौलिक होना चाहिए। राजा को बिना कार्य या विषय के किसी से भी अनावश्यक बात नहीं करनी चाहिए। अगर वह ऐसा करता है तो कर्मचारी अनावश्यक निकटता पैदा कर मर्यादा तोड़ने लगते हैं।

लोगों को विवेकपूर्ण ढंग से आवश्यक प्रोत्साहन देते हुए राजा को विभिन्न कार्यों के विषय में क्या करना उचित है और क्या अनुचित, इस विषय में उनसे सदैव चर्चा करनी चाहिए। इसके साथ ही जो परिस्थितियाँ उत्पन्न हुई हैं, उनके अच्छे या बुरे पहलू पर भी विचार करना चाहिए। सारी बातों के राजनीतिक निहितार्थ पर चर्चा अवश्य होनी चाहिए। राजा को सबकी बात ध्यान से सुननी चाहिए और स्वयं को उचित लगे तो प्राप्त सुझावों को श्रेष्ठ मानते हुए स्वीकार कर लेना चाहिए। यदि सहयोगी कोई उचित सलाह नहीं दे तो बिना उनकी परख किए हुए बगैर किसी भेदभाव के अपना दृष्टिकोण सबके सामने रखना चाहिए। राजा के द्वारा जो कार्य दिया जा रहा है या जिस पर बहस हो रही हो, उसका गुण-दोषों के आधार पर विचार करना चाहिए। राजा के कार्य, जो सामान्यत: सेवकों द्वारा किए जाते हैं, उन्हें इशारों में समझा दिया जाना चाहिए। परंतु हमेशा इशारों का प्रयोग नहीं करना चाहिए; जैसे— आँखें, हाथ-पैर या अन्य अंगों के माध्यम से इशारे। उन्हें अपने पद का महत्त्व समझने देना चाहिए। कोई भी कर्मचारी, चाहे बड़ा हो या छोटा, राजा को उसकी गलतियों के बारे में दूसरों से चर्चा नहीं करनी चाहिए। उनके दोषों को ध्यान में रखते हुए सुधार के उपाय किए जाने चाहिए। सेवक को यह न मालूम पड़े कि उसकी गलतियाँ राजा को पता चल गई हैं। इसका असर यह होगा कि वे कर्मचारी आज्ञाकारी बने रहेंगे और अपनी गलतियों को सुधारने में सदैव सचेत रहेंगे। इस तरह गलतियों को सुधारना सरल हो जाएगा।

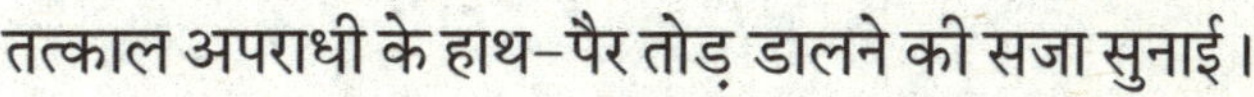

तत्काल अपराधी के हाथ-पैर तोड़ डालने की सजा सुनाई।

न्याय करनेवाले पर परिवेश व परिचितों का कभी-कभी बहुत दबाव होता है। आज के समय में यह दबाव प्रलोभन के कारण भी होता है। शिवाजी महाराज पर निर्णय करने से पहले जब-जब ऐसा दबाव आया तो उन्होंने बड़ी चतुराई से उसे नकारते हुए निर्णय किए। कान्होजी जैधे स्वराज के वरिष्ठ व्यक्तित्व थे। वे शिवाजी के पिता शाहजी के संगी-साथी थे। शिवाजी उनका बड़ा सम्मान करते थे। कान्होजी जैधे के दूर का रिश्तेदार खंडोजी खोपड़ा ने राष्ट्रद्रोह का अपराध किया। जब अफजल खाँ ने शिवाजी पर चढ़ाई की तो खंडोजी चुपचाप अफजल खाँ से मिल गया और गद्दारी कर स्वराज की जानकारियाँ व सहयोग अफजल खाँ को देता रहा। अफजल खाँ से हुए युद्ध के बाद शांति स्थापित होने पर लाभ-हानि का आकलन किया गया। घटनाक्रमों का विश्लेषण करते हुए यह बात ध्यान में आई कि खंडोजी खोपड़ा का आचरण स्वराज के विरुद्ध रहा, उसने राष्ट्रद्रोह किया है। कान्होजी जैधे खंडोजी को साथ ले राजदरबार में आए और शिवाजी से निवेदन करते हुए कहा, ''महाराज, इसकी जान बख्श दो।'' अपराध की तीव्रता को देखते हुए उसकी सजा केवल मृत्युदंड ही हो सकती थी। पिताजी के मित्र व स्वयं के विश्वस्त सहयोगी कान्होजी जैधे के निवेदन को स्वीकारते हुए उन्होंने कहा, ''ठीक है, आप कहते हैं तो इसकी प्राण रक्षा होगी।'' सबके सामने अपने वरिष्ठ सहयोगी का मान तो शिवाजी ने रख लिया, किंतु वे अंदर से हिल गए। घटना के कुछ दिनों तक शिवाजी बेचैन रहे। उन्हें लगा कि इस माफी का स्वराज में क्या संदेश जाएगा? जनता क्या सोचेगी? लोग कहेंगे कि कोई भी अक्षम्य अपराध करो और राजदरबार के वरिष्ठ सदस्य का परिचय लेकर चले आओ तो अपराध से माफी मिल जाएगी! खंडोजी खोपड़ा भी अभय मिल जाने के कारण सहज रूप से दरबार में आने-जाने लगा था। असमंजस के इन क्षणों में कुछ दिनों बाद ही एक बार खोपड़ा शिवाजी के सामने आ गया। शिवाजी ने उसके अपराध पर वहीं तत्काल निर्णय लेते हुए आदेश दिया कि जिस बाएँ पैर से यह दुश्मन

की ओर बढ़ा था, उसे काट दो और जिस दाहिने हाथ से इसने दुश्मन का सहयोग व स्वराज्य का अहित करने हेतु तलवार उठाई, वह हाथ भी काट दो। आदेश का तत्काल पालन हुआ। उग्र व व्यथित कान्होजी जैधे शिवाजी के सामने आए और बोले, ''महाराज, ये क्या किया आपने? वचन भंग कर दिया!'' शिवाजी ने कहा, ''कान्होजी, मैंने आपको इसे मृत्युदंड न देने का वचन दिया था, सो उसका पालन किया। लेकिन अगर कोई भी सजा न दी जाती तो स्वराज में लोगों को यह संदेश जाता कि देशद्रोह और परिचय में परिचय बड़ा है। क्या यह स्वराज के लिए उचित होता? आपका मान रखते हुए मैंने उसकी जान बख्श दी।''

भारतीय गद्दारों की कुछ कुगाथाएँ

भारतीय इतिहास में दूर तक की घटनाओं का विचार न भी कर केवल पिछले 200 वर्षों का विचार करें तो गद्दारों के कारण हुई हानि की तुलना में दुश्मनों से हुई हानि कम है। कारण यह है कि पहले तो गद्दार की पहचान बहुत देर तथा कठिनाई से होती है। इसके कारण वह लंबे समय तक हानि पहुँचाता रहता है। जब पकड़ा जाता है तब उसे सजा दिलवाना कठिन होता है; क्योंकि जिसके लिए उसने गद्दारी की होती है, उसके समर्थक शासन व समाज में फैले हुए होते हैं और वे उसकी प्रत्यक्ष व अप्रत्यक्ष मदद करते हैं। कठिनाइयों से एकत्रित सबूतों के कारण अगर सजा मिल जाए तो उसका क्रियान्वयन उससे भी कठिन होता है। सामान्यत: गद्दार निकट या घर के अंदर का आदमी होता है। भारत में गद्दारी की कुछ प्रमुख घटनाएँ इस प्रकार हैं—

- *बहादुरशाह जफर के समधी मिर्जा इलाही बख्श ने चुपचाप अंग्रेजों से हाथ मिला लिया और गद्दारी की। 20 दिसंबर, 1857 को जब बहादुरशाह दिल्ली से बाहर जा रहे थे, तब हुमायूँ के मकबरे के पास इलाही बख्श ने गद्दारी कर अंग्रेज जनरल हडसन के हाथों उन्हें गिरफ्तार करवा दिया। बहादुरशाह जफर ने एक बार घृणा भरी दृष्टि से अपने समधी इलाही की तरफ देखा और अंग्रेजों के साथ चल दिए। अंग्रेजों ने*

बहादुरशाह जफर को निर्वासित करते हुए रंगून भेज दिया, जहाँ उन्होंने अंतिम साँस ली। इलाही बख्श के परिवार व वंशजों को अंग्रेजों ने सन् 1947 तक पेंशन प्रदान की।

- मध्य प्रदेश के निमाड़ क्षेत्र के प्रसिद्ध स्वतंत्रता संग्राम सेनानी टंट्या भील के नाम से अंग्रेज काँपते थे। अंग्रेजों ने षड्यंत्र कर टंट्या की मुँहबोली बहन के पति गणपत को गद्दारी के लिए तैयार किया। रक्षाबंधन के अवसर पर जब टंट्या राखी बँधवाने आया तो गणपत ने खीर में जहर मिलाकर टंट्या को बेहोश कर दिया। उसने छुपे हुए अंग्रेजों को इशारा कर अपने घर बुलवाया और टंट्या को गिरफ्तार करवा दिया। सन् 1889 में वीर टंट्या भील को अंग्रेजों ने गुप्त रूप से जबलपुर के पास फाँसी दे दी।

- दामोदर चाफेकर ने दुष्ट अंग्रेज अफसर रैंड का काम तमाम कर दिया। थोड़े ही समय में अंग्रेजों ने दामोदर चाफेकर, उनके भाई बालकृष्ण व वासुदेव को गिरफ्तार कर लिया। रैंड हत्या की योजना बनाते समय केवल चार लोग ही उपस्थित थे। तीन चाफेकर बंधु और चौथा गणेश द्रविड़। चाफेकर बंधुओं का सुराग देने, फिर गिरफ्तार करवाने में मदद करने और अंत में कोर्ट में गवाही देकर गद्दारी करनेवाले द्रविड़ को अंग्रेजों ने बीस हजार रुपए का इनाम दिया।

- चंद्रशेखर आजाद क्रांतिकारी दल की बैठक में भाग लेने हेतु इलाहाबाद आए थे। उन्होंने दूसरे दिन सुबह क्रांतिकारी यशपाल और सुखदेव को मिलने अल्फ्रेड पार्क में बुलाया। दल का एक साथी वीरभद्र लंबे समय से गद्दारी कर रहा था। सभी को उस पर शंका भी होने लगी थी। उस दिन सुबह वह इन तीनों के सामने सड़क पर साइकिल चलाते निकला। यशपाल ने कहा, 'देखो भइया, वह गद्दार वीरभद्र जा रहा है।' आजाद ने कहा, 'जाने दो, वह हमसे गद्दारी नहीं करेगा।' थोड़ी देर बाद चर्चा कर दोनों क्रांतिकारी शहर की ओर चले गए। उनके जाते ही अंग्रेजों ने पार्क को घेर लिया। 32 मिनट के संघर्ष के बाद आजाद शहीद हुए। सन्

1930 तक वीरभद्र की आर्थिक स्थिति अत्यंत खराब थी। आजाद के शहीद होने के बाद अचानक वह अमीर हो गया। उसके कपड़े, मकान, रहन-सहन सब बदल गया।

- क्रांतिकारी सत्येंद्रनाथ बसु की दृढ़ मान्यता थी कि मित्र दो-एक कम हों तो चल सकता है, किंतु गद्दार एक भी नहीं होना चाहिए। दुश्मन और गद्दार में पहली सजा गद्दार को देनी चाहिए। वे हमेशा कहा करते थे कि कितनी भी अच्छी नाव हो, अगर उसमें छेद है तो वह कभी किनारे नहीं पहुँच सकती। उन्होंने जीवन भर गद्दारों को मारा। अलीपुर बम कांड के गद्दार नरेंद्र गोस्वामी को पुलिस सुरक्षा में मौत के घाट उतार वे फाँसी पर चढ़ गए।

- अमीर खाँ नामक सरदार इंदौर के यशवंत राव होल्कर के नजदीक आया। उसने अपनी वाक्पटुता और व्यवहार से यशंवत राव पर ऐसा प्रभाव किया कि वह उनका अत्यंत विश्वसनीय बन गया। भरतपुर युद्ध में अंग्रेजों के साथ लड़ते हुए अमीर खाँ ने धोखा दिया। अंग्रेज सेना पर हमला करने के निर्धारित समय को वह टाल गया। युद्ध में होल्करों की हार हुई, बाद में अंग्रेजों ने अमीर खाँ को टोंक का नवाब बना दिया।

सच तो यह है कि गद्दारी करनेवाला अपने माता-पिता और पूर्वजों की असली पहचान बता देता है। लोग विभीषण को गद्दार कहते हैं, वह सरासर गलत है। उसने तो भरी सभा में रावण से कहा, 'सीता राम की पत्नी है। उसे वापस कर दो।' रावण द्वारा अपमान करने पर उसने रावण के राज्य का त्याग किया और श्रीराम से मिल गया। गद्दार तो वह होता है, जो जिसके साथ रहता है, उसकी जानकारी व सूचनाएँ चुपचाप प्रतिद्वंद्वी या दुश्मनों को अपनी उन्नति व समृद्धि के लिए पहुँचाता रहता है। शिवाजी ने राज्य में कभी गद्दार को माफ नहीं किया। उन्होंने कठोर-से-कठोर सजा देकर स्वराज में इस नासूर को पनपने से रोका।

प्रत्येक नायक का यह प्रथम कर्तव्य है कि वह गद्‌दार को सबसे पहले अपनी व्यवस्था से दूर करे, उसे सजा दिलवाए और गद्‌दारी की प्रवृत्ति को पनपने से कठोरतापूर्वक रोके।

न्याय-प्रक्रिया में निर्णय केवल घटना विशेष पर ही नहीं होते, बल्कि वे समाज को संदेश देते हैं और उसकी दिशा भी तय करते हैं। दक्षिण विजय से लौटते समय बेदनूर गढ़ी (कर्नाटक) की जागीरदारिनी सावित्री देवी पर उनकी सेना के एक सरदार सखोजी गायकवाड़ ने बुरी नजर डाली। शिवाजी के संज्ञान में जब यह विषय आया तो उन्होंने सखोजी को कठोर सजा दी। उसकी आँखें निकालने का आदेश देकर उसे जेल में डाल दिया। सेना में अनुशासन, नारी के प्रति सम्मान और परंपराओं का पालन जैसी सब बातों का विचार कर उन्होंने यह सजा दी थी। राज्य का बड़ा अधिकारी कोई अपराध करे तो उसकी सजा हमेशा बड़ी ही होनी चाहिए। वह राज्य में प्रतीक है व्यवस्था का। वह लोगों का नेतृत्व करता है। लोग भी उसका अनुसरण करते हैं। अतः उसका आचरण हमेशा ही अच्छा होना चाहिए।

भारत के गाँव-गाँव में स्थानीय न्याय व विधि कार्यों के लिए 'पंच-परमेश्वर' की व्यवस्था हजारों सालों से सफलतापूर्वक चली आ रही थी। अनेक विदेशी आक्रांताओं के काल में भी यह अपने स्थान पर बनी रही। अंग्रेजों ने जब इसे समझा तो योजनापूर्वक उसे समाप्त करने का प्रयत्न किया। उन्होंने ब्रिटिश पुलिस व न्याय का अपना तंत्र विकसित करना प्रारंभ किया। गाँव में विवाद होने पर निर्णय करने वाली पंच व्यवस्था को मिटाकर अंग्रेजों ने तहसील से लगाकर राजधानी तक न्यायालय व्यवस्था खड़ी कर दी। गाँव में पंचों का न्याय अप्रासंगिक हो गया। बहुत लंबे समय तक अंग्रेजों ने नई व्यवस्था खड़ी करने और पुरानी को ध्वस्त करने का कार्य योजनाबद्ध ढंग से किया। आज भारत में न्याय की जो व्यवस्था है, यह ब्रिटिश व्यवस्था की ही प्रतिच्छाया है।

अंग्रेजों के आने से पूर्व गाँव की चौपाल पर ही न्याय मिल जाता था।

वादी-प्रतिवादी को असंतोष होने पर अथवा राज्य संचालकों द्वारा किसी अपराध का स्वयं संज्ञान लेने पर, राज्य के दरबार में राजा या उसके द्वारा नियुक्त मंत्री आवश्यक सुनवाई के बाद निर्णय करते थे। गाँव में पंचों द्वारा की जानेवाली न्याय-व्यवस्था की अपनी ही विशेषताएँ थीं, जो इस प्रकार हैं—

1. न्याय खुले में होता था। गाँव के सभी लोग दर्शक होते थे और साक्षी भी। अत: पंचों पर अच्छे-से-अच्छा न्याय करने का सामाजिक दबाव स्वाभाविक रूप से हमेशा बना रहता था।

2. घटनास्थल की विस्तृत जानकारी साधारणत: सभी को मालूम होती थी, क्योंकि गाँव व उसके आस-पास के परिवेश को सभी अच्छी तरह जानते थे।

3. किसी भी वाद की पृष्ठभूमि, उसका इतिहास, गुण-दोष व तद्संबंध में सभी प्रकार की जानकारी पंचों सहित सभी साक्षियों को भी होती थी।

4. मामले में आवश्यक गवाह चूँकि स्थानीय रहते थे और उन्हें जीवन भर वहीं रहना होता था, अत: वे गवाही में लोकलाज के भय से सदैव सच बोलते थे।

5. वादी, प्रतिवादी, गवाह तथा आवश्यक संदर्भ सब एक ही स्थान पर उपलब्ध होने से न्याय तत्काल देना संभव होता था।

6. चूँकि न्याय करनेवाले गाँव के सम्मानीय पाँच लोग होते थे, इसलिए हर घटना को एक न्यायाधीश (Single Judge Bench) के स्थान पर पाँच न्यायाधीशों (Five Judges Bench) सुना करती थी। निर्णय के पूर्व सभी पंच आपस में विचार-विनिमय करते थे। मतभेद होने पर बहुमत के आधार पर निर्णय होता था।

7. सामान्यत: पंच गाँव के अनुभवी, प्रामाणिक, पारदर्शी और प्रतिष्ठित

व्यक्ति हुआ करते थे। उनकी नियुक्ति ग्रामसभा आपसी विचार विनिमय से करती थी और पंच के रूप में नियुक्त व्यक्ति स्वयं के सम्मान के लिए अपनी कार्यशैली में प्रामाणिकता व पारदर्शिता को बनाए रखता था।

8. पंचों द्वारा लिये गए निर्णय का कार्यान्वयन भी तत्काल हो जाता था और वादी-प्रतिवादी को उसका पालन करना अनिवार्य होता था।

अंग्रेजों ने अपना प्रभाव जमाने के लिए भारत की इस प्राचीन व्यवस्था को तोड़ा। नई व्यवस्था में न्याय तहसील व जिले की कचहरियों में किया जाने लगा। इस न्याय व्यवस्था का माध्यम अंग्रेजी भाषा हुआ करती थी, जिसे भारतीय समाज नहीं समझ पाता था। अत: सहयोग के लिए वकील नामक एक दूसरी व्यवस्था उसका अंग बनी। बहुत लंबे काल तक न्यायाधीश अंग्रेज हुआ करते थे। वे अपना न्याय भी अंग्रेजी में देते थे, जिसे वकील स्थानीय भाषा में अपने पक्षकार को समझाते थे। इस ढंग से न्याय की प्रक्रिया का चलना और निर्णय होना कितना पारदर्शी होगा, इसे हम सहज ज्ञान से समझ सकते हैं। ब्रिटिश न्याय व्यवस्था करीब-करीब अंधी थी। इसीलिए भारतीय न्याय के प्रतीक के रूप में आँखों में पट्टी बाँधे, हाथों में संतुलित तराजू लिये खड़ी महिला का प्रतीक उसी का अनुसरण है। जो न्याय देखता नहीं, केवल सुनकर न्याय करता है—वह सस्ता, सरल, सही व शीघ्र न्याय कैसे देता होगा?

आज भारत के न्यायालयों में करीब 3,00,00,000 केस निर्णय की प्रतीक्षा में पड़े हुए हैं। वे कब अंतिम समाधान तक पहुँचेंगे, यह अनुमान लगाना भी कठिन है। जबकि अमरीका का सर्वोच्च न्यायालय वर्ष भर में कुछ प्रमुख वाद ही स्वीकार करता है और शेष सभी मामलों में राज्यों के न्यायालय अपील की अंतिम पायदान होते हैं।

भारत में लागू की गई ब्रिटिश न्याय व्यवस्था न केवल जटिल थी, बल्कि वह महँगी तब भी थी और आज भी है। ब्रिटिश काल में न्याय प्राप्त करने के लिए अपने गाँव से चलकर जिले व राजधानी तक हर तारीख पर

आना, वकीलों को फीस देना, कचहरी की प्रक्रिया में यहाँ-वहाँ शुल्क जमा करवाना, यह सब गरीब भारतवासियों पर न्याय के नाम पर किए जानेवाले अत्याचार से कुछ कम नहीं था। जबकि गाँव की चौपाल पर दिया जानेवाला न्याय करीब-करीब नि:शुल्क था। उसमें व्यय भी दोषी को ही करना होता था, वह भी निर्णय के बाद क्षतिपूर्ति या सजा के रूप में। आजादी के बाद जनतंत्र के नागरिकों ने समझा कि शायद अब हमें सस्ता व त्वरित न्याय प्राप्त होगा। किंतु सच यह है कि जैसे-जैसे रोग का इलाज किया, वैसे-वैसे मर्ज भी बढ़ता चला गया। नीति-निर्धारकों ने ब्रिटिश न्याय व्यवस्था को भारतीयों के लिए जितना सरल बनाने की कोशिश की, वह उतनी ही ज्यादा जटिल होती चली गई।

महात्मा गांधी की प्रबल इच्छा व आग्रह था कि आजादी के बाद भारत की ग्राम व्यवस्था पर सर्वाधिक विचार हो। युगानुकूल परिवर्तन कर विकास के एक सशक्त माध्यम के रूप में पंचायती राज को देश में पुनर्स्थापित किया जाए। न्याय के लिए पंच-परमेश्वर व प्रशासन के लिए पंचायतीराज की रचना फिर खड़ी हो, किंतु स्वतंत्र भारत के नेतृत्वकर्ताओं को कुछ और ही मान्य था। समस्या तब उतनी नहीं है, जब आप अपनी स्थानीय भाषा को बोलना छोड़ देते हैं; समस्या तब है जब आप किसी विदेशी भाषा में सोचना प्रारंभ कर देते हैं। ऐसे ही सोचनेवालों ने गांधी के विचारों को तिलांजलि दे दी, गांधी को दिखावे की वस्तु बनाकर बैठक कक्ष तथा कार्यालयों की दीवारों व कोनों में सजावट की वस्तु बनाकर रख दिया। जो गांधी विचार आचरण के लिए था, वह भाषण व विज्ञापनों तक सीमित कर दिया गया।

स्वतंत्र भारत में पंचायती राज्य को संवैधानिक रूप देने का कार्य प्रारंभ करनेवाले राज्यों में से गुजरात भी एक प्रमुख राज्य है। साठ के दशक में तत्कालीन राज्य के गृहमंत्री रसिकलाल पारेख की अध्यक्षता में एक समिति का गठन हुआ। उसने 31 दिसंबर, 1960 को अपनी अनुशंसा प्रस्तुत की, जो आगे चलकर पंचायती राज ऐक्ट 1961 के रूप में राज्य में लागू हुई।

भारत के पूर्व प्रधानमंत्री श्री राजीव गांधी ने पंचायतीराज व्यवस्था को देश में संवैधानिक स्वरूप देने का जो प्रयत्न किया, वह अभी निरंतर परिष्कृत होने की प्रक्रिया में है। गत वर्षों के अनुभव को ध्यान में रखते हुए आज पंचायतीराज व्यवस्था सतत मूल्यांकन चाहती है। इसे सशक्त करने के लिए उसकी क्षमतावृद्धि करते हुए व्यवस्था को भ्रष्टाचार से मुक्त करना पहली अनिवार्यता है। जैसे अवयस्क का बाल विवाह अपराध है, वैसे ही व्यक्ति में योग्यता का विकास किए बगैर उसे शासन-प्रशासन की जिम्मेदारी देना जनता व उसके धन के साथ अन्याय है। पंच हो या पार्षद, विधायक हो या मंत्री, सांसद हो या सरकार, इनमें नियुक्त कोई जन किसी को भी बिना प्रशिक्षण के दायित्व देना कहाँ तक न्यायसंगत है? विशेषकर तब जब बड़ी संख्या में वित्तीय संसाधन व शासकीय अमले के संचालन संबंधी महत्त्वपूर्ण निर्णय उसके रोज-रोज के कार्य का हिस्सा हों। लोकतंत्र की चयन-प्रक्रिया में हम जिस प्रजातंत्र की हिमायत करते हैं, वह प्रजातंत्र कार्य के कार्यान्वयन और उसमें लिये जानेवाले निर्णयों से भी दिखनी चाहिए। केवल चुनाव-प्रक्रिया में प्रजातंत्र और चयन होने के बाद परिवार या पट्ठों का तंत्र अगर चलेगा तो अंत में हानि प्रजातंत्र की ही होगी।

हर गाँव की चौपाल एक सशक्त स्थानीय प्रशासन का आधार बने। वह स्थानीय न्याय का केंद्र भी बने, जिससे कि गाँव-गाँव में सरल, सस्ता व त्वरित न्याय ग्रामवासियों को मिल सके। एक ऐसी प्रक्रिया, जिसमें हर गाँववासी साक्षी हो। गलत न्याय करने पर न्याय करनेवाले को कठोर सामाजिक प्रतिक्रिया व सजा का भय रहे। सामान्यत: न्याय करनेवाला अगर स्थानीय व्यक्ति है तो उसे कानून से भी बड़ा लोक-लाज का भय होता है। उसे मालूम होता है कि गलत निर्णय करने पर जीवन भर के लिए वह अपने आस-पास के लोगों की नजरों में गिर जाएगा। सम्मान बड़े-से-बड़े अपराधी को भी अच्छा लगता है। फिर प्रतिष्ठित नागरिक को तो वह प्राणों से भी प्रिय होता है। आज की न्याय व्यवस्था में न्याय करनेवाला विधि का ज्ञाता तो होता है, किंतु उसकी नियुक्ति जिस स्थान पर होती है,

वहाँ लोगों से ज्यादा संपर्क नहीं रखना, किसी से भी प्रत्यक्ष या अप्रत्यक्ष लाभ नहीं लेना जैसी बातें सहज ही पथ्य रूप में पाली जाती हैं, जबकि पंच अपने पैतृक गाँव या नगर में जनमा व पला-बढ़ा होता है। उसके परिवार व पूर्वजों को गाँव के लोग अच्छे से पहचानते हैं। वहाँ न्याय करते समय भ्रष्ट आचरण व भ्रष्टाचार से मुक्त होकर अच्छे से अच्छा न्याय करने का प्रयत्न लोक-लाज के कारण वह स्वत: ही करता है। समाज का यह नैतिक बल ही मिट्टी की चौपाल को विक्रमादित्य का सिंहासन बना देता है।

शिवाजी के शासन की अष्ट प्रधान व्यवस्था में प्रधान न्यायाधीश और धर्म का काम देखनेवाले पंडित राव—ये दो ही ऐसे प्रमुख होते थे, जो युद्ध की किसी मुहिम में भाग नहीं लेते थे। उद्देश्य था कि न्याय सदैव उपलब्ध रहे। उनके शासन में न्याय की सुगमता, अपराध के अनुपात में मिलनेवाली सजा, पहचान, प्रभाव व पैसे के दबाव से मुक्त न्याय का अपना विशेष स्थान है। किंतु इसमें शिवाजी द्वारा जीवनपर्यंत लिये गए निर्णयों में एक भी प्रज्ञा अपराध न करना सबसे प्रमुख है।

प्रज्ञा अपराध क्या है?

प्रज्ञा अपराध संस्कृत भाषा से निकला एक सुंदर शब्द है। प्रज्ञा का अर्थ है मनुष्य में निहित ज्ञान व प्रतिभा। निर्णय करने वाले हर व्यक्ति को किसी अन्य व्यक्ति की इस प्रज्ञा के साथ अपराध नहीं करना चाहिए। शिवाजी ने अपने संपूर्ण जीवनकाल में कभी भी कोई प्रज्ञा अपराध किया हो, यह ज्ञात नहीं। वस्तुत: प्रज्ञा अपराध चाहे परिवार में हो, समाज में हो या राज्य की व्यवस्था में, वह जब और जहाँ भी होता है, वहाँ अराजकता असंतोष और संघर्ष का कारण बनता है। उदाहरण के लिए, किसी व्यक्ति द्वारा 50 रुपए के नोट को उसे 5 रुपए का नोट बताकर चलाने का प्रयत्न करना अथवा 10 रुपए के नोट को 100 रुपए बताकर चलाने की कोशिश करना प्रज्ञा अपराध है। सहयोगियों का दल व समाज प्रज्ञा अपराध में शामिल हो, उस हेतु निर्लज्ज होकर दबाव बनाना ज्यादा बड़ा प्रज्ञा अपराध है। व्यक्ति जो हो, उससे ज्यादा या कम उसका मूल्यांकन करना,

फिर उस आधार पर लिये गए अपने निर्णय को स्थापित करने के लिए सारी ऊर्जा लगानेवाला प्रज्ञा अपराधी है। सामान्यत: आग्रह व दुराग्रह इसके मूल में होते हैं। आग्रह का आधार आसक्ति होता है और दुराग्रह का कारण राग-द्वेष। प्रज्ञा अपराधी के कुछ मजेदार लक्षण होते हैं। वह स्वयं को तटस्थ, तत्त्ववेत्ता और गंगा की तरह तरल बताने का प्रत्यक्ष और अप्रत्यक्ष प्रयत्न जरूर करता है। प्रज्ञा अपराध करनेवाले में कुछ विशेषता और होती है; जैसे—अतिशय विनम्रता का व्यवहार, लच्छेदार भाषा का प्रयोग, व्यवस्था अनुकूल शब्दावली इत्यादि। अपने मत के लिए षड्यंत्रपूर्वक सहमति खड़ी करना अथवा प्रतिकूल होने पर योजना बनाकर विध्वंस करना, यह सब वह इतना सूक्ष्म और योजनाबद्ध ढंग से करता है कि कई बार इस प्रकार के प्रज्ञा अपराधी अपनी मृत्यु के साथ ही उनके किए हुए अपराध को भी सदा सर्वदा के लिए काल के गर्त में समा देते हैं। चंद लोगों की नजर में प्रज्ञा अपराधी श्रेष्ठ न्यायकर्ता बना रहता है। समाज कभी समझ ही नहीं पाता कि सत्य क्या था? न जाने कितने ही ऐसे निर्णयकर्ता होंगे, जिन्होंने न्याय के नाम पर 50 रुपए के नोट को 5 रुपए का नोट बताकर चला दिया होगा। वैसे ही कइयों ने 5 रुपए के नोट को 50 रुपए का नोट बताकर स्थापित कर दिया होगा। सत्य यह है कि निर्णयकर्ता को प्रज्ञा अपराध से पूरी तरह मुक्त होना चाहिए। उसे 50 रुपए के नोट को 50 रुपए के नोट के रूप में ही देखना चाहिए। नायक को स्वयं प्रज्ञा अपराध करने से सदैव मुक्त रखना चाहिए। जिस शासन, संस्था, संगठन या समाज में यह अपराध अलग-अलग स्तरों पर होता रहता है, वे उसके परिणामों को अवश्य भुगतते हैं। सबसे अधिक वे लोग भुगतते हैं, जिनकी इस अपराध में कोई भूमिका नहीं होती। वे जीवन भर निर्णयकर्ता की आसक्ति व राग-द्वेष का दंश झेलते हुए संसार में जीते हैं।

शिवाजी के संपूर्ण जीवनकाल में एक भी ऐसा उदाहरण नहीं है, जिसमें उन्होंने प्रज्ञा अपराध किया हो। यही कारण है कि उनके लिये गए निर्णयों का लाभ उनके शासन व समाज को सदैव मिला। ■

जावली युद्ध की योजना बनाते शिवाजी

शिवाजी असाधारण योजनाकार थे। अपनी योजना को वे सफलतापूर्वक सहयोगियों में संप्रेषित करते थे। उनमें कोई शंका न रहे, इस हेतु प्रत्येक आदेश व संकेत को लघु व स्पष्ट स्वरूप में कार्यदल के प्रत्येक सदस्य तक पहुँचाते थे। अफजल खाँ के वाई पहुँचने के पूर्व ही उन्होंने सारी तैयारियों को अंतिम रूप दे दिया था।

विदेश मंत्रालय

शिवाजी की विदेश नीति, शत्रु और मित्र की पहचान, आर्थिक व्यापार से सैन्य विस्तार और विदेशी राजनायकों से उनके सावधानीपूर्ण सतत संवाद आज भी उतने ही अनुकरणीय हैं, जितने उस काल में थे। शिवाजी ने सबसे पहले अपने 9 शत्रुओं की पहचान की। वे थे—मुगल, आदिलशाह, कुतुबशाह, अंग्रेज, पुर्तगाली, फ्रेंच, डच, सिद्‌दी व आंतरिक शत्रु। वे जानते थे कि अनियंत्रित महत्त्वाकांक्षा, अंधा राग-द्वेष और सत्ता की कामुकता सगे भाई-बहन, संबंधी-रिश्तेदार और अच्छे-से-अच्छे मित्रों को भी शत्रु बना देती है। बाहर का शत्रु तो मार करने से पहले दिखाई देता है, किंतु अंदर का शत्रु तो कभी-कभी मार करने के बाद भी नहीं दिखाई देता। व्यक्तिगत जीवन में हुए इन घात-प्रतिघातों के परिणाम व्यक्ति को तो थोड़े समय के लिए सहन करने होते हैं, किंतु राज्य संचालक के साथ हुए षड्‌यंत्र के परिणाम देश व उसकी जनता को वर्षों सहन करना पड़ता है।

शिवाजी ने दूर व पास के शत्रुओं को पहचाना, उनके स्वभाव व गुण-धर्म को जाना। उनका मत था कि आदिलशाही और कुतुबशाही तो भारत के ही धर्मांतरित मुसलमान हैं। उनके पूर्वज तो इसी धरती पर भय अथवा प्रलोभन के कारण धर्मांतरित हुए थे। आदिल व कुतुबशाही में शिया मुसलमानों का प्रभाव था, जबकि औरंगजेब स्वयं को तुर्क मुसलमान मानता था। वह सुन्नी था और हनफी पंथ को माननेवाला था। वह शियाओं को कम असल मानता था। स्वराज के संचालकों का मत था कि मुगल भारत के बाहर से आए आक्रांता हैं। वे हम पर शासन करना चाहते हैं। इसलिए मुगलों और दक्षिण के इसलामिक शासकों से व्यवहार करते समय भिन्नता होनी चाहिए। उन्होंने कूटनीति दिखाते हुए आदिलशाही व कुतुबशाही से संधि की और मुगलों के विरुद्ध संघर्ष का

बिगुल फूँका। संधि से भटककर आदिलशाही के अनियंत्रित होने पर उसे भी दंडित कर परोक्ष सुरक्षा की गारंटी दी और हरजाने के रूप में खंडी (लेवी) वसूल की। आगे चलकर आदिलशाही द्वारा सीमा लाँघने पर उस पर चढ़ाई कर अपना मुल्क वापस लिया।

शिवाजी पड़ोसी राजाओं से व्यवहार में शक्ति और संतुलन का जबरदस्त योग बिठाते थे। इसका प्रमुख कारण था, विचार की स्पष्टता व ध्येयनिष्ठा। उन्होंने जो भी सोचा, समझा अथवा किया, उसके केंद्र में सदैव ही स्वराज को रखा। सभी संधि-वार्त्ताओं और समझौतों में स्वराज का हित ही पहले देखा। स्वयं का हित, स्वयं की सुरक्षा या स्वयं के संबंधों को गौण माना। यही एक पक्ष उनके गुणों को कई बार गुणा कर जीवन भर परिणाम देता रहा। उनमें से कुछ एक परिणाम तो कभी-कभी अद्भुत व आश्चर्यजनक भी लगते थे।

दुश्मनों के क्षेत्र में आक्रमण करने से पहले वहाँ की भौगोलिक, सामाजिक व आर्थिक चीजों का वे बड़ी गहराई से अध्ययन करवाते थे। मुगलों के अधीन सूरत क्षेत्र पर चढ़ाई करने से पहले उन्होंने एक-एक मकान का बारीकी से विश्लेषण किया। वहाँ निवासरत व्यक्तियों एवं उनकी गतिविधियों की जानकरी प्राप्त की। आज जब हम कहते हैं कि यह सूचना का युग है। इस युग में सूचना ही शस्त्र है। एक सूचना का उचित प्रयोग सारे कार्य को फलवान व उपलब्धियों से भर देता है। सूचना का अनावश्यक व अनुचित प्रयोग कार्य को बोझिल भी बना देता है। शब्दों व आँकड़ों का अनावश्यक संग्रह एक निरर्थक जुगाली मात्र होता है। शिवाजी ने सूचना प्रौद्योगिकी के इन सिद्धांतों का बड़ी सफलता से उपयोग किया। दुश्मन के क्षेत्र में कब प्रवेश करना, आक्रमण करने पर कहाँ कितना प्रतिरोध होगा, कितने व कौन से शस्त्रों से सज्जित सैनिक किन-किन मोरचों पर मिलेंगे, इसकी वे पूरी जानकारी एकत्रित करते थे। हमले के समय दुश्मन का राजकोष कौन-कौन से स्थान पर है? धनाढ्य

व्यापारी किन-किन स्थानों से व्यापार करते हैं, उनके विश्राम-स्थल कहाँ हैं, अपना धन कहाँ सँभालकर रखते हैं ? जैसी महत्त्वपूर्ण जानकारियों को वे अपनी दर्शन-कक्षा में लाने का सदैव प्रयत्न करते थे।

सन् 1976 में आतंकवादियों ने फ्रांस एयरवेज का विमान अपहरण किया, जिसमें बड़ी संख्या में इजराइल के नागरिक सवार थे। आतंकवादी अपहृत विमान को युगांडा के एंटेबी शहर ले गए। इजराइल ने देशवासियों को छुड़ाने के लिए अपने देश से साढ़े तीन हजार किलोमीटर दूर हमला करने के लिए 'ऑपरेशन थंडरबोल्ट' की रचना की। उन्होंने एक सुस्पष्ट योजना बनाई, उसका सफल कार्यान्वयन कर अधिकांश बंधकों को छुड़ा लिया। कार्यवाही में सारे अपहरणकर्ता मारे गए। संपूर्ण योजना में उठाए गए एक-एक कदम का आधार दुश्मन के विमानतल से संगृहीत जानकारियाँ थीं। वे इतनी सूक्ष्म थीं कि कहाँ कितनी सीढ़ियाँ हैं ? एक सीढ़ी की ऊँचाई कितनी है ? भवन में शौचालय किस दिशा में और कितने बड़े हैं। ऐसी भी जानकारी संगृहीत की गई थी। सच तो यह है कि ऑपरेशन थंडरबोल्ट शिवाजी की शैली में बनी कार्य-योजना थी।

शिवाजी ने अंग्रेजों के मंसूबों को सबसे पहले पहचान लिया था। उन्होंने जान लिया था कि उनका व्यापार छद्म है, उनकी विनम्रता धोखा है। उन्होंने सबसे पहले कहा कि अंग्रेजों की ताकत नाव, नफा और नाटकीयता में है। वे समुद्र में ताकतवर हैं, तराजू उनके लिए शस्त्र हैं और छल-कपट का प्रयोग उनकी रणनीति का सबसे बड़ा हिस्सा है।

क्षमा व्यक्तिगत स्तर पर तो गुण है, किंतु सामाजिक व राष्ट्रीय स्तर पर एक दोष है। किसी के द्वारा व्यक्तिगत अपमान करने पर उसे क्षमा करना बड़प्पन की श्रेणी में आता है। उसी व्यक्ति द्वारा देश या समाज का नुकसान करने पर उसे दंड न देना स्वयं अपने आप में अपराध है। शिवाजी विदेशी शक्तियों के व्यवहार का पूरा-पूरा हिसाब रखते थे।

आज्ञा-पत्र 8

विदेशी व्यापारियों का चरित्र

व्यापारी जिनमें अंग्रेज, पुर्तगाली, डच, फ्रांसीसी और हैट पहनने वाले (टोपीवाले) दूसरे विदेशी शामिल हैं, व्यापार व वाणिज्य करने यहाँ आते हैं। परंतु वे दूसरे व्यापारियों की तरह नहीं हैं। उन सबके मालिक अपने-अपने राजा हैं। वे उन्हीं की आज्ञा और नियंत्रण में व्यापार करने इन राज्यों में आए हैं। यह कैसे संभव है कि इनके राजाओं को राज्य-विस्तार का लालच न हो। इन टोपीवाले व्यापारियों की पूरी इच्छा प्रांतों में प्रवेश कर अपना राज्य-विस्तार करने की तथा अपना धर्म-प्रसार करने की होती है। वे कई स्थानों पर इस इच्छा को पूर्ण करने में भी सफल रहे हैं। इन लोगों की वृत्ति दुराग्रही है। यदि वे किसी जगह पर आधिपत्य कर लेते हैं तो अपने जीवन की कीमत पर भी उसे नहीं छोड़ते।

सिद्दी जौहर के साथ हुए पन्हाला के युद्ध में अंग्रेजों ने सिद्दियों का साथ दिया। उनकी तरफ से अपनी तोपें चलवाईं और युद्धभूमि में जब यूनियन जैक फहराया तो शिवाजी ने यह सब अपने हिसाब में रखा। हिसाब चुकता करने के उद्देश्य से उन्होंने प्रत्युत्तर में अंग्रेजों के राजापुर भंडार को पूरी तरह नष्ट कर दिया। लंबे समय तक अंग्रेज इस विषय में शिवाजी से हरजाना माँगते रहे, किंतु उन्होंने वह कभी नहीं दिया।

अंग्रेजों ने हरजाने पर चर्चा करने के लिए अपने वकील उस्टीक को जिन सूचनाओं के साथ भेजा, उसे पढ़कर शिवाजी के लिए उनके प्रतिद्वंद्वी क्या सोचते थे, यह समझा जा सकता है। उस्टीक से कहा गया—

"You must employ your best care and attention as you are to treat with Shivaji who is one of the most politic princes of these eastern parts."[29]

विदेश नीति के अंतर्गत सिर उठाते दुश्मनों पर उनका प्रहार हमेशा केंद्र पर होता था। अफजल खाँ और शाइस्ता खाँ को सबक सिखाने के बाद शिवाजी ने अपना ध्यान मुगलों की तरफ किया। कई जानकारों का यह मानना है कि शिवाजी के आगरा जाकर औरंगजेब से भेंट किसी गुप्त योजना को अपने में छुपाए हुए थी! या तो वे औरंगजेब के दरबार में सीधी कार्यवाही के पक्ष में होंगे अथवा कुछ और, अन्यथा शिवाजी जैसा दूरद्रष्टा राजनेता औरंगजेब जैसे धूर्त दुश्मन के राज्य की राजधानी में स्वयं चलकर जाना स्वीकारे और वह भी केवल वार्त्ता करने के लिए, यह समझ से परे है। शिवाजी की समस्त कार्यवाहियों व योजनाओं का मनोवैज्ञानिक अध्ययन करने पर एक बात साफ नजर आती है कि वे सामने की प्रथम पंक्ति में खड़े होकर नेतृत्व करते थे (Leading From the Front)। वे अचानक हमलों को प्राथमिकता देते थे अर्थात् Element of Surprise की नीति पर बड़ा भरोसा करते थे। उनकी अधिकतर कार्यवाही हमेशा न्यूनतम ऊर्जा के साथ होती थी। कार्यवाही के लिए वे न्यूनतम समय व

लघुतम मार्ग से आना-जाना पसंद करते थे। उन्होंने कभी किसी एक योजना में प्रयोग किए गए तरीके या रणनीति को दूसरे में नहीं दोहराया। हर बार नई शैली का प्रयोग किया। इसीलिए उनके दुश्मन कभी शिवाजी के मस्तिष्क को नहीं पढ़ पाए।

वे सीधी कार्यवाही में 'त्वरा' अर्थात् गति को प्रधानता देते थे। सहयोगियों से भी हर क्षेत्र में उसी गति का आग्रह करते थे। लक्ष्य तक पहुँचने के लिए सबसे छोटे मार्ग को अपनाना और वहाँ से निकल आने के लिए उससे भी छोटे मार्ग का अवलंबन करना उनकी नीति का प्रधान हिस्सा था। इस कारण उन्हें सफलता भी अधिक मिलती रही और जान-माल का नुकसान भी कम-से-कम हुआ।

अपने 9 शत्रुओं के साथ उनके द्वारा किए जानेवाले व्यवहार का ही यह प्रभाव था कि अंग्रेजों ने अपने पत्रों में उन्हें भारत का सर्वश्रेष्ठ वार्त्ताकार, व्यापार की टेबल पर श्रेष्ठ व्यवसायी और संधियाँ करते समय अत्यंत प्रतिभा-संपन्न राजनेता बताया। वस्तुत: शिवाजी ने वाणिज्य और व्यवसाय के संबंध, दोस्त हो या दुश्मन अधिकांशत: सभी से रखे। किंतु ऐसा करते हुए उन्होंने कभी भी स्वराज्य के राजनीतिक हितों में किसी प्रकार की अस्पष्टता नहीं रखी। व्यवसाय में उनकी वैचारिक स्पष्टता और उसका व्यवहार में प्रकटीकरण उनके व्यक्तित्व का विलक्षण भाग है।

अपनी विदेश नीति में उन्होंने सभी आयामों को महत्त्व दिया। विदेशी राजनायकों से व्यवहार करते समय शिवाजी उठने, बैठने, चर्चा को प्रारंभ व समाप्त करने जैसी सभी छोटी-बड़ी बातों को विशेष महत्त्व देते थे। विदेशी वार्त्ताकारों के प्रश्नों के उत्तर व उसकी भाषा कैसी हो, यह भी उनके व्यक्तित्व से ग्रहण करने जैसी है। एक बार अंग्रेज प्रतिनिधिमंडल ने शिवाजी से चर्चा करते हुए प्रस्ताव रखा कि वे अपने राज्य में स्टर्लिंग और पौंड चलवाएँ। शिवाजी ने कुछ देर ठहरकर ावाब

में न तो ना कहा और न ही हाँ, किंतु जो उत्तर दिया, वह अद्भुत है। उन्होंने कहा, ''भविष्य में बाजार की ताकत इस बात का निर्णय करेगी कि मेरे राज्य की जनता को कौन सी मुद्रा पसंद आए।''

किंतु आज भारत की विदेश नीति का दृश्य बिलकुल भिन्न है। 64 सालों की हमारी विदेश नीति का यह परिणाम है कि लगभग 13,300 वर्ग कि.मी. भूमि पाक अधिकृत कश्मीर के नाम पर पाकिस्तान के कब्जे में है और 38,000 वर्ग कि.मी. भूमि चीन के कब्जे में है।[30] इन दोनों पर आज न हमारा स्वामित्व है, न प्रशासन। आजादी से पूर्व अलग पाकिस्तान के लिए उठनेवाली माँग को हमारे नेता नहीं समझ पाए और आजादी के समय स्थायी शांति के नाम पर हमने भारत का एक बड़ा हिस्सा खो दिया। आज 64 वर्षों बाद हम कह सकते हैं कि उस विभाजन के परिणाम से शांति प्राप्त नहीं हुई, बल्कि अशांति का उत्पादन और वितरण करनेवाले ढेरों केंद्र जरूर खड़े हो गए। अहिंसक बापू का देश बारूदी सुरंगों, बमों व शृंखलाबद्ध विस्फोटकों का केंद्र बन गया है। जो कश्मीर केसर की सुगंध से महकता था, आज वहाँ बारूद की दुर्गंध फैली हुई है।

हमने गत शताब्दी में जब-जब भी और जितना भी खोया है, वह कमजोर विदेश नीति के कारण ही खोया है। सन् 1965 व 71 के युद्धों में भारतीय सैनिकों के रक्त से रँगी भूमि हम वार्त्ता की टेबल पर खो बैठे और जो दुश्मन के कब्जे में थी, उसे वापस न पा सके। संधि वार्त्ताओं के जो मुद्दे हमारे पक्ष में थे, जिस पर दबाव बनाकर हम पड़ोसी देशों से स्थायी शांति के लिए मजबूर करनेवाले समझौते कर सकते थे, वे अवसर बेकार चले गए। उलटा आगे चलकर वे समझौते उन देशों के राजनेताओं व राष्ट्राध्यक्षों के बड़बोलेपन का मंच बन गए।

सच तो यह है कि ध्येय-शून्यता के कारण हमारे राजनेता व अधिकारी, शत्रु व मित्र को शिवाजी की तरह ठीक से चिह्नित करने तथा उन्हें समझने में असफल रहे। व्यक्तिगत छवि के लिए तरसनेवाला

व्यक्ति चाहे पंच बने या प्रधानमंत्री, प्रदेश का नेता हो या देश का, उसके लिए देश के हित-अहित का विचार हमेशा दूसरे, तीसरे नंबर पर होता है। पहले स्थान पर तो वह अपनी ही छवि को चमकाना चाहता है। अंतरराष्ट्रीय स्तर पर वह शांति के मसीहा के रूप में दिखने का प्रयत्न करता है। देश के अंदर लोगों के मनों में वैश्विक व्यक्तित्व के रूप में स्थान बनाना चाहता है।

विदेश नीति में गुप्तचर व्यवस्था का अपना स्थान है। रॉ, आई.बी., सी.बी.आई., एम.आई. (मिलिट्री इंटेलिजेंस) जैसे विभिन्न संगठन बहुत कुछ करने में सक्षम हैं, किंतु समस्या उनके प्रयोग की है। सत्ता के माध्यम से उनका संचालन करनेवाले राजनीतिज्ञ जब इन्हीं शक्तियों का प्रयोग देशहित में देश के दुश्मनों व अन्य देशों पर न करते हुए केवल अपने ही देश में अपने ही राजनीतिक प्रतिद्वंद्वियों को परास्त करने के लिए करते हैं, तब ये संगठन अपना अर्थ खोने लगते हैं। अन्य देशों के प्रमुखों से संवाद, व्यवहार व समझौतों से पहले भारत के अधिकारियों व नायकों द्वारा भावी चर्चा के संबंध में सारी विशिष्ट जानकारियाँ एकत्रित करना इन्हीं संस्थाओं का कार्य होता है। विदेश विभाग का बड़ा काम भी देश के हित में सूचनाओं को एकत्रित कर नीति-निर्धारकों तक पहुँचाना है।

शिवाजी ने अपने पड़ोसियों और विदेश से आई शक्तियों को पहले समझा और जीवन भर उनसे जैसा व्यवहार किया, ये दोनों बातें आज भी सीखने जैसी हैं। शिवाजी ने विदेश नीति का प्रयोग स्वराज की सफलता के लिए किया और कभी थोड़ी-बहुत असफलता दिखी भी तो उसे प्रयत्नपूर्वक सफलता में बदल दिया।

व्यापार व उद्योग मंत्रालय

शिवाजी की वाणिज्य नीति 'अर्थ मुलोहि धर्म' पर केंद्रित थी। उन्होंने अर्थ के महत्त्व को समझ उसे अधिक-से-अधिक मात्रा में राजकोष में लाने के प्रयत्न किए। स्वराज में व्यापार के लिए अनुकूल वातावरण तैयार किया। आयात-निर्यात के लिए विशेष रचनाएँ खड़ी कीं, किंतु आश्चर्यजनक रूप से यह सब करते हुए भी वे कभी भी हाथ में तराजू लिये खड़े अंग्रेज व्यापारी नजर नहीं आते। उन्होंने न केवल अपने पड़ोसी राज्यों से व्यापार बढ़ाया बल्कि सुदूर देशों से व्यापारिक संबंध भी बनाए। चंद दुराग्रही इतिहासकारों व लेखकों ने उनकी मुसलिम विरोधी छवि बनाने में कोई कसर नहीं छोड़ी, जबकि सत्य यह है कि मस्कट के इमाम सहित मध्य एशिया के कई देशों से उनके बड़े गहरे संबंध थे। उन्होंने इन संबंधों को व्यक्तिगत स्तर तक सीमित न रखते हुए स्वराज के हित में भरपूर प्रयोग किया। उनके काल में मस्कट के साथ व्यापार तो खूब फला-फूला।

शिवाजी ने सदियों बाद समुद्रबंदी तोड़ते हुए भारतीय तट पर विदेशों से व्यापार करने के लिए व्यावसायिक नवदल का गठन किया। उन्होंने अपनी सैन्यशक्ति को बढ़ाया। उससे व्यापार का विस्तार कर लाभ कमाया। उस लाभ से फिर और सैन्यशक्ति संचय की और उसके संरक्षण में व्यापार की परिधि को और बढ़ाया। इस प्रकार उन्होंने निरंतर शक्ति और व्यापार दोनों को परस्पर पूरक बनाकर स्वराज को समृद्ध किया।

नया व्यापारिक केंद्र विकसित करने के लिए ही शिवाजी ने उस समय एक करोड़ रुपए खर्च कर सिंधु दुर्ग किले का निर्माण कराया था। नौसैनिक जहाजों और शस्त्र सर अंजामों को सुरक्षित रखने का वह एक प्रमुख स्थान बना, जो आगे चलकर बड़े व्यापारी केंद्र के रूप में भी विकसित हुआ।

आज्ञा-पत्र 9

व्यापारियों का महत्त्व

व्यापारी, छोटे व बड़े पूँजीपति राज्य के अलंकार होते हैं। राज्य की शान उन्हीं से बढ़ती है। वे राज्य की संपन्नता के कारण हैं। वे सभी वस्तुएँ, जो राज्य में उपलब्ध नहीं हैं, उनकी वे पूर्ति करते हैं। कठिनाइयों व आपातकाल में वे राज्य को आवश्यक वस्तुएँ उपलब्ध करवाते हैं। संकट के समय वे राज्य को धन उपलब्ध करा, उसे सशक्त बनाते हैं। इससे राज्य पर आया संकट टल जाता है। अतः व्यापारियों की सुरक्षा करने में राज्य का बड़ा लाभ है।

शिवाजी ने सभी छोटे-बड़े बंदरगाहों पर व्यापार अधिकारी नियुक्त किए। वे अधिकारी अपने दल-बल के साथ हर आने-जानेवाले व्यापारी से संपर्क कर संवाद स्थापित करते थे। व्यापारी को कौन सा माल देश के किस बाजार में जाकर बेचना उचित है जैसे विषयों में वे उन्हें नि:शुल्क सलाह व मार्गदर्शन देते थे। वस्तुत: वे एक प्रकार के सूचना सहायता केंद्र थे। आतिथ्य व आवश्यक जानकारियों के मिलने से व्यापारियों के मन में स्वराज व शिवाजी के लिए सकारात्मक भाव पैदा होते थे। आज विश्व के सभी देश व राज्य अपने देश में इसी प्रकार के प्रयत्न 'बिजनेस मीट' या 'इन्वेस्टर मीट' के नाम से करते हैं। शिवाजी के इन्हीं प्रयासों के कारण स्वराज में व्यापार व वाणिज्य के लिए अनुकूल वातावरण बना। देश के अंदर व बाहर शिवाजी के शासन की 'व्यापार मित्र' के रूप में छवि बनी। महाराज ने कोई विश्व व्यापारिक सम्मेलन नहीं किया। उन्होंने केवल व्यक्तियों (व्यापारियों) को सँभाला। उन्होंने एक-एक व्यापारी को व्यवस्था के माध्यम से संपर्क में लिया। उससे लाभ लेने से पहले उसे लाभ पहुँचाया। इससे राज्य में व्यापार बढ़ा। बढ़ते हुए व्यापार के कारण राज्य के खजाने में भी वृद्धि हुई।

समकालीन समय में स्वराज में चलनेवाले सिक्के (होन) की ढलाई बहुत अच्छी नहीं थी। अंग्रेजों ने तब तक सिक्के ढालने की ज्यादा उन्नत मशीन विकसित कर ली थी। वे चिकने व चमकीले सिक्के बनाने लगे थे। ऐसे ही एक समय अंग्रेजों ने शिवाजी के समक्ष अपनी टंकशाला में स्वराज के लिए सिक्के ढालने का प्रस्ताव रखा। शिवाजी जानते थे कि सिक्के का अंतर्निहित मूल्य उसके प्रचलित मूल्य के बराबर होना चाहिए। मनी बैंकिंग के सिद्धांत के अनुसार बुरी मुद्रा (दिखने में अच्छी, पर मूल्य में कम मुद्रा) अच्छी मुद्रा को चलन से बाहर कर देती है। अगर अंग्रेजों ने सिक्के ढाले तो न उसकी गुणात्मकता पर कोई नियंत्रण रहेगा और न ही मात्रा पर। नकली मुद्राओं से राज्य का बाजार भर जाएगा और

शिवाजी के समुद्री दुर्ग
Tapi River
Tapi River
Surat
Valsad
Aura
Godawari River
Vasai
Mumbai
Underi
Khanderi
Alibag
Janjira
Swarbhadurg
Padmdurg
Dabhol
Pune
Bhima River
Raigad
Baramati
Pratapgad
Satara
Vishalgad
Panhala
Kolhapur
Krishna R
Rajapur
Vijaydurg
Sindhudurg
Goa
Dicholi

देश का अर्थतंत्र टूट जाएगा। शिवाजी ने व्यावसायिक सूझ-बूझ का परिचय देते हुए उस प्रस्ताव को ठुकरा दिया और होन सहित अन्य मुद्राओं को चलन में बनाए रखा।

आज भारत में अनुमानतः 1,69,000 करोड़ रुपए से ज्यादा के नकली नोट बाजार में चल रहे हैं, जिसमें से वर्ष 2008 में मात्र 3.63 करोड़ रुपए बाजार से जब्त किए गए। पड़ोसी देशों से आनेवाली इस अवैध मुद्रा का ही परिणाम है कि नेपाल में 1,000 रुपए का भारतीय नोट चलाना और उससे विनिमय करना अपराध है। जब तक राज्य-संचालक मनी बैंकिंग के विषय में शिवाजी जितना सजग नहीं होंगे, तब तक अवैध मुद्रा को चलने से नहीं रोका जा सकेगा।

शिवाजी ने अपनी सेना के लिए अस्त्र-शस्त्र व विभिन्न सुरक्षा उपकरणों को खरीदने में विदेशियों को अनावश्यक लाभ प्राप्त न हो, इसका विशेष ध्यान रखा। उन्होंने अंग्रेजों से तोप बनाने की विधि माँगी। अंग्रेजों ने जब आनाकानी की तो शिवाजी ने बगैर देरी किए फ्रांसीसियों से समझौता कर पुरंदर के किले में तोपों का कारखाना लगवा दिया। विदेश से तोपें मँगवाने के बजाय उन्होंने अपने ही देश में पीतल और मिश्रित धातुओं से बनी उत्कृष्ट तोपों का निर्माण करवाया। ऐसा उन्होंने रक्षा संबंधी उपयोग में आनेवाली विभिन्न वस्तुओं के संबंध में भी किया। इन सबके कारण करोड़ों रुपए (होन) विदेश जाने से रुके। स्वराज में उद्योग व व्यापार भी बढ़ा। साथ ही रोजगार के नए-नए अवसर भी बढ़े।

व्यापार के बढ़ने से प्राप्त हुई आय और विभिन्न विजय अभियानों से प्राप्त राशि को शिवाजी ने विकास व विस्तार कार्यों में प्रयोग कर उसे सदैव चलन में बनाए रखा। मुगल शासकों की तरह उसे भोग-विलास, आनंद-प्रमोद अथवा तिजोरी में भरकर नहीं रखा। अनिवार्य संग्रह (compulsory reserve) को छोड़कर शेष राशि को ढाँचागत संरचना

विकास में लगाया। उन्होंने सिंधु दुर्ग, विजय दुर्ग, पद्‌म दुर्ग, स्वर्ण दुर्ग, जयगढ़, अलीबाग, बाणकोट, खांदेरी जैसे व्यापारिक व सामरिक महत्त्व के समुद्री दुर्गों को सुधारा या नए बनवाए। अपने लंबे शासनकाल में मुगलों ने नौसेना के महत्त्व को बिलकुल नहीं समझा, जबकि शिवाजी अपने जीवन के यौवनकाल में ही उसे समझ गए। उन्होंने न केवल बंदरगाहों का निर्माण करवाया बल्कि उन्हें स्वराज में महत्त्वपूर्ण व्यापारी बाजारों से जोड़ने हेतु सड़कें भी बनवाईं। महाराज ने सड़कों के महत्त्व को भी समझा, जैसे रक्त का प्रवाह शरीर के हर छोटे-बड़े हिस्से में सुगमतापूर्वक होना अनिवार्य है, उसी तरह अच्छे राज्य के सभी हिस्सों में अच्छी सड़कों का होना भी अनिवार्य है।

व्यापार और सुरक्षा परस्परजीवी हैं। पाकिस्तान-प्रेरित आतंकवादियों ने सन् 1993 में मुंबई स्टॉक एक्सचेंज में ही बम विस्फोट क्यों किया था? उसी तरह 26 नवंबर, 2008 को मुंबई के महत्त्वपूर्ण व्यावसायिक ठिकानों पर ही हमला क्यों किया गया? कसाब और उसके साथियों ने अन्य किसी शहर या नगर पर हमला करने के बजाय मुंबई को ही क्यों चुना और उसमें भी मुंबई के उस भाग का चयन क्यों किया, जो व्यापार का सबसे बड़ा केंद्र है। 9 सितंबर, 2001 को अमरीका पर ओसामा के आतंकी हमलों का प्रमुख लक्ष्य विश्व व्यापार केंद्र (WTC) ही रहा। शिवाजी की व्यापार सुरक्षा-समझ का ही परिणाम था कि उन्होंने समुद्री सीमा को न केवल अभेद्य बनाया बल्कि जवाबी हमला करने में भी सक्षम बनाया। जबकि 64 वर्षों से हमारी 7516.6 कि.मी. लंबी समुद्री सीमा कितनी लावारिस है? मुंबई हमले में आतंकियों को आने में जो सुगमता व सहजता मिली, यह उससे समझा जा सकता है।

64 वर्षों के स्वतंत्र भारत में उद्योग, व्यापार व आयात-निर्यात की जो नीतियाँ लागू हुईं, उसके परिणाम अब सामने हैं। जो कुछ सफलताएँ

मिली हैं, उनमें निजी उद्योगपतियों व लघु उद्योगों का विशेष योगदान है। देश का मध्यम व खुदरा व्यापार भी व्यापारियों के साहस व परिश्रम पर टिका है। अन्यथा सार्वजनिक उपक्रमों (PSU) के हाल तो बेहाल हैं। अधिकांश घाटे में चल रहे हैं। जिन्हें उदारीकरण के नाम पर नीति-निर्धारक औने-पौने दामों में बेच चुके हैं। जो सफलतापूर्वक चल भी रहे हैं, उन्हें बहुराष्ट्रीय कंपनियाँ सरकारी नीतियों के माध्यम से बीमार करने पर आमादा हैं।

रूस से प्रभावित होकर भारत ने जो सरकार-केंद्रित व्यापार नीति बनाई, उसे भीषण घाटे के बाद छोड़ना पड़ा। आगे चलकर भारत ने खुले विश्व बाजार का मार्ग अपनाया। अब उसके दुष्परिणाम भी आने लगे हैं। वस्तुतः यह सब राजनीतिक नेतृत्व की व्यापारिक समझ को बतलाता है। हम यह भूल गए कि सरकार कभी व्यापार नहीं करती। वह सदैव ही व्यापार को अनुकूलता और सुगमता प्रदान करने के लिए आवश्यक नीतियाँ बनाती है और उसका कठोरता से पालन करवाती है। व्यापार तो निजी क्षेत्र का विषय है। सरकार जब व्यापार करने लगती है, तब व्यापारी और सरकार प्रतिस्पर्धी हो जाते हैं।

वैसे भी निजी उद्यमियों को व्यापार की समझ किसी भी सरकार की तुलना में ज्यादा होती है। जिस इस्पात उद्योग के महत्त्व को हम आजादी के बाद समझ पाए, उसे जमशेदजी टाटा ने सालों पहले समझ लिया। देर से सोचने पर सरकार व्यापार में पिछड़ने लगती है। ऐसा होने पर पहले तो वह उस क्षेत्र में एकाधिकार खड़ा करती है। किसी कारण से यह संभव न होने पर वह अपने लिए सरल और दूसरों के लिए कठोर व्यापारिक नियम बनवाती है। वर्षों तक भारत में टेलीकॉम, बैंकिंग व दवाई उद्योग जैसे विषय सरकार के एकाधिकार क्षेत्र में रहे, जिस कारण से हमारा विकास अवरुद्ध हुआ।

व्यापार व उद्योग सभ्य समाज की उद्यमिता के परिणाम हैं। यह जुआ या कोई अवैध कार्य नहीं है। फिर भी, व्यापार और जुए में अंतर बहुत थोड़ा है। व्यापार में पूँजी है, साहस है, योजकता है और उसे जमीन पर उतारने की क्षमता है। व्यापारी के सारे प्रयत्नों के पीछे लक्ष्य तक पहुँचने का एक सुविचारित गणित है। जबकि जुए में भी पूँजी है, साहस है, किंतु योजकता नहीं है। अगर है तो भाग्य के सहारे सफलता पाने का भरोसा। जुए में सफलता के लिए भाग्य के अलावा कोई गणित नहीं है। दोनों कार्यों के बीच का यही अंतर व्यापार को पुरुषार्थ और जुए को अवैध कार्य बनाता है। शिवाजी ने अपने स्वराज में व्यापार को अत्यंत ऊँचा स्थान दिया। अपने समकालीन समय के वे शायद विश्‍व के एकमात्र राजा हैं, जिन्होंने डच सरकार के प्रतिनिधियों से व्यापारिक समझौता करते हुए यह शर्त प्रयत्नपूर्वक संधि में डलवाई कि **मेरे स्वराज में गुलामों के रूप में मनुष्यों का व्यापार नहीं होगा और न ही किसी और को स्वराज में इस व्यापार को करने की अनुमति होगी**।

आजादी के बाद हुए नागरवाला कांड से लगाकर 2-जी स्पेक्ट्रम तक के घोटालों से नहाए हुए शासनकर्ताओं को व्यापार और जुए का यह अंतर कितना समझ आता है, यह प्रश्‍न विचारणीय है? मानव अधिकारों की बात करनेवाले लोगों व तथाकथित प्रगतिशील स्वयंसेवी संगठनों को क्या कभी यह बात समझ आएगी कि आज से 350 साल पहले एक भारतीय राजा ने गोरी सरकार से इतना कठोर समझौता किया था। मानवीय मूल्यों से बना यह हीरा शिवाजी के मुकुट में जड़ा हुआ ऐसा कोहिनूर है, जो आज भी जगमगा रहा है।

स्वराज के भौगोलिक क्षेत्र में सह्याद्रि का अपना विशेष महत्त्व है। सही मायने में तो उस क्षेत्र का सबसे बड़ा जनरल सह्याद्रि है। उसकी भीषणता दुश्मनों को डराती है और आगे बढ़ने से रोकती है। ऐसे क्षेत्र में

शिवाजी ने सड़क मार्ग के महत्त्व को समझा और उसका निर्माण करवाया। आगे चलकर अंग्रेजों ने भी इस क्षेत्र में रेल व सड़क मार्गों का जाल अपना शासन मजबूत करने के लिए विकसित किया।

आजादी के बाद 40-50 वर्षों तक हम देश के चार बड़े महानगरों को द्रुतगति के सड़क मार्गों से भी नहीं जोड़ पाए तो फिर व्यापार उद्योग समर्पित मार्ग का तो सवाल ही नहीं है। देश के विभिन्न जिले व तहसीलें रेल व अच्छी सड़कों से जुड़ने को तरस रहे हैं। इससे देश के विभिन्न हिस्सों में पैदा होनेवाले विभिन्न बागवानी व कृषि उत्पादन बाजार में आते-आते ही सड़ जाते हैं। औद्योगिक उत्पादन भी उपभोक्ता के पास पहुँचते-पहुँचते महँगा होने लगता है, जिसका सीधा प्रभाव उद्योग व व्यापार के विकास पर पड़ता है। अब हम यह गणना करें कि 64 वर्षों के बदहाल सड़क मार्ग के कारण कितने अतिरिक्त ईंधन की अनावश्यक खपत हुई व कितनी राशि उसे आयात करने में खर्च करनी पड़ी? खराब सड़कों पर वर्षों तक इन वाहनों के चलने से कितना अनावश्यक घसारा (depreciation) हुआ? इन सबकी गणना की जाए तो चौंकानेवाले आँकड़े बताएँगे कि विकास के लिए आरक्षित अमूल्य धन का विनाश कैसे हुआ है? फिर इस अपराध के लिए जिंदा कर्णधारों को तो छोड़िए, मरे हुओं पर भी मुकदमे चलाने की इच्छा आज की पीढ़ी को अगर होने लगे तो कोई आश्चर्य नहीं! आजादी के बाद हमने नए बंदरगाहों और हवाई अड्डों के निर्माण में कितनी कोताही बरती, यह समझने के लिए विशेषज्ञ होने की आवश्यकता नहीं है। मुट्ठी भर शिलान्यासों व उद्घाटनों को कर कर्णधार अपने को 'युगद्रष्टा' बताते रहे। ये विश्लेषण उन्होंने खुद-ब-खुद अपने नाम के आगे लगवाए हैं। कौन उन्हें समझाए कि गांधी, तिलक या सावरकर शिलान्यासों की क्षुद्र राजनीति में कभी उतरे ही नहीं, फिर भी वे तथाकथित युगद्रष्टा राजनेताओं की तुलना में आज भी भारत के जन को ज्यादा स्वीकार्य हैं।

पड़ोसी देशों के साथ बरती गई नरमी के कारण भारत का बाजार अवैध मुद्रा व अतिरिक्त मुद्रा से भर गया है। नए नोट छापकर वाणिज्य संतुलन कायम करने का जो रास्ता हमने चुना, उसने स्थिति को और खराब कर दिया। एक समय तो भारत के प्रधानमंत्री विश्व बाजार में अपने कोष का सोना गिरवी रखने को मजबूर हुए थे। एक-दो नहीं, हजारों सालों तक अच्छे निर्यात व व्यापार के कारण विश्व का सोना भारत में आता रहा। वह छोटे-बड़े नगर व गाँवों के घरों में समाता चला गया। यही कारण है कि पहले हजार सालों तक मंगोल, अरब, तुर्क हमलावरों से व बाद में दो शताब्दियों तक अंग्रेजों द्वारा रात-दिन लुटने व शोषित होने के बाद भी आज अधिकांश भारतीयों के घरों में दो-चार तोला सोना अथवा 25-50 ग्राम चाँदी मिल ही जाती है।

मलाबार का तट हो या नेपाल की सीमा, एक हजार के अवैध नोटों की भरमार का प्रभाव इतना हुआ है कि आज नेपाल में भारत के एक हजार के नोट से व्यापार विनिमय करना प्रतिबंधित है, जबकि भारत के अन्य सभी नोट वहाँ छोटे-बड़े विनिमय में स्वीकार्य हैं। शासन द्वारा व्यापार-संचालन के लिए एक्साइज, सेल्स टैक्स व ऑकट्राय जैसे विभागों के द्वारा इतने नियम बनाए जाते हैं कि वे व्यापारी को हमेशा संघर्ष की स्थिति में रखते हैं। सरकार विदेशी माल से भारतीय उत्पादक, व्यापारी या उपभोक्ता की सुरक्षा करेगी, यह विचार दूर की कौड़ी भी नहीं है। आज न तो भारत के किसान का बीज सुरक्षित है, न भूमि। मंडी में न व्यापारी सुरक्षित है, न विक्रेता। जो अर्थशास्त्री भारत को आर्थिक शक्ति समझ रहे हैं, वे नहीं जानते कि विश्व की नजरों में वस्तुतः भारत एक अच्छा बाजार है। उत्पादन बढ़ाने के स्थान पर देश में उपभोक्तावाद को बढ़ावा देकर आर्थिक प्रगति का जो रास्ता नीति-निर्धारकों ने चुना है, वह स्वयं में असफलता का मंत्र है। SEZ के जो परिणाम धीरे-धीरे आने लगे हैं, वे भी खतरनाक हैं। आज विदेशी व्यापारियों के आक्रमण से हारते

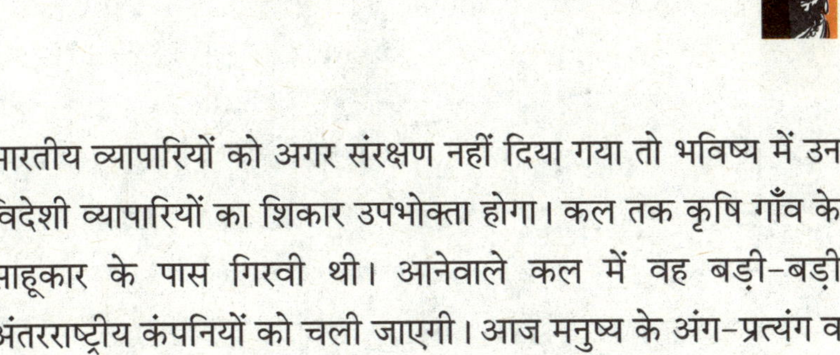

भारतीय व्यापारियों को अगर संरक्षण नहीं दिया गया तो भविष्य में उन विदेशी व्यापारियों का शिकार उपभोक्ता होगा। कल तक कृषि गाँव के साहूकार के पास गिरवी थी। आनेवाले कल में वह बड़ी-बड़ी अंतरराष्ट्रीय कंपनियों को चली जाएगी। आज मनुष्य के अंग-प्रत्यंग व खून भी खरीदने-बेचने की वस्तु बन गए हैं। आनेवाले समय में व्यापार केवल यहीं तक ही सीमित नहीं रहेगा बल्कि नदी, तालाब जैसे जलस्रोत, हिमालय में बर्फ के रूप में संचित जल, जंगलों से मिलनेवाली प्राणवायु, पानी से भरे बादल और जैव विविधता भी व्यापार बन जाएँगे। आगे चलकर इन्हीं वस्तुओं की व्यापारिक प्रतिस्पर्धा व स्वामित्व के विवाद बढ़ेंगे, जो युद्ध और महायुद्धों की जननी भी बन सकते हैं।

आज आवश्यकता है शिवाजी के व्यापार-उद्योग संबंधी उस मौलिक चिंतन को समझकर आज की नीतियाँ बनाने की, क्योंकि अब दूसरे देशों पर विजय बारूद व बंदूकों से नहीं बल्कि व्यापार, आयात-निर्यात व मुद्रा विनिमय के माध्यम से होने लगी है। अब किसी दूसरे देश पर अपना झंडा फहराने के बजाय अपना छापा हुआ नोट व बनाया हुआ सामान प्रतिद्वंद्वी के घरेलू बाजार में चलाकर उन देशों पर विजय प्राप्त करने का युग आ गया है।

समुद्री दुर्ग

किसी भी राज्य के लिए समुद्र की सीमा उतनी ही महत्त्वपूर्ण है, जितनी भूमि की सीमा। सदियों बाद इस महत्त्व को शिवाजी ने समझा। उन्होंने समुद्री सीमा को सुरक्षा और व्यापार के लिए महत्त्वपूर्ण माना। उसके लिए नए समुद्री दुर्गों का निर्माण करवाया।

विज्ञान व प्रौद्योगिकी मंत्रालय

देश का नेतृत्व करनेवाला स्वयं वैज्ञानिक या तकनीकी व्यक्ति हो, यह अनिवार्य नहीं, किंतु उसे विज्ञान व प्रौद्योगिकी की समझ हो, विषय के प्रति रुझान हो और वह उसके महत्त्व को समझे, इतना पर्याप्त है। शिवाजी तकनीज्ञ (technocrat) नहीं थे बल्कि तकनीक के अनुरागी (techno savvy) थे। जब उन्हें पहली बार यह ज्ञात हुआ कि ऐसा कोई यंत्र बना है, जो कागज पर बार-बार एक जैसी छपाई (printing) कर देता है तो उन्हें बड़ा सुखद आश्चर्य हुआ। उस तकनीक को प्राप्त करने की उन्होंने भरपूर कोशिश की। अंग्रेजों द्वारा बाइबिल की छापी गई एक जैसी प्रतियों की तकनीक का उन पर गहरा प्रभाव पड़ा। यह बात भिन्न है कि अंग्रेजों ने उन्हें वह तकनीक हस्तांतरित नहीं की, किंतु यहाँ महत्त्वपूर्ण यह है कि उन्होंने आधुनिक तकनीक को समय पर पहचान लिया और उसे प्राप्त करने का प्रयत्न भी किया। दूसरी ओर, उनके समकालीन मुगल राजाओं को तो यह ध्यान में ही नहीं आया कि विश्व के किसी कोने में छपाई के क्षेत्र में ऐसी कोई वैज्ञानिक क्रांति हो रही है।

शिवाजी ने नए जहाज बनवाने, उनकी मरम्मत करने तथा जहाजों को सुरक्षित रखने के लिए कल्याण व विजय दुर्ग में नए जहाज निर्माण केंद्र बनवाए। नौसेना अनुसंधान शाखा के माध्यम से जहाज निर्माण के क्षेत्र में नए-नए अध्याय जोड़े। उन्होंने पहली बार नीचे से समतल नावों का निर्माण करवाया। ये नावें सैनिकों को लेकर एकदम किनारे से यात्रा प्रारंभ कर दुश्मन के तट पर सैनिकों को उतार भी सकती थीं। इन छोटे युद्धक जहाजों को शिवाजी ने नया नाम दिया 'संगमेश्वरी'। अंग्रेजों ने जब सबसे पहली बार लघु श्रेणी के इन युद्धक जहाजों को देखा तो वे

आज्ञा-पत्र 10

प्रधानों के कर्तव्य

प्रधान राज्य के स्तंभ होते हैं। राज्य का निर्माण एवं रक्षण प्रधानों का मुख्य कार्य है। प्रधान राजा का प्रचारक, धर्म-रक्षा का अध्यक्ष, अन्याय मिटानेवाला, हाथी का अंकुश, राजा के कार्यों में हिस्सा लेने के कारण वह भी लोगों का राजा, धर्म का पालन करने के कारण लोकपंत की दीपिका होता है। ऐसे प्रधान राजा के लिए रिश्तेदार जैसे ही होते हैं। अन्य सेवकों की तुलना में प्रधान को विशेष मान-सम्मान प्राप्त है। प्रधान राज्य का सबसे बड़ा सेवक है। इस वजह से अन्य लोगों को उसका सम्मान करना चाहिए। अधीनस्थों को सभी छोटे-बड़े राज्य के कार्य प्रधान की अनुमति तथा विचार से करने चाहिए। अन्य सेवकों से प्रधान में बड़प्पन ज्यादा होना चाहिए। सेवकों को समय देखकर व अपना आग्रह छोड़कर प्रधान की बात माननी चाहिए। उन्हें छोटी-छोटी बातों पर प्रधान से क्लेश उत्पन्न नहीं करना चाहिए।

आश्चर्य से भर गए। उन्हें इस बात का बड़ा अहंकार था कि वे समुद्र में सबसे बड़ी ताकत हैं और आधुनिकतम तकनीक के स्वामी हैं। अपनी इस शक्ति का सैन्य प्रयोग वे विश्व के हर कोने में करते थे, किंतु बंबई से 12 नॉटिकल मील दक्षिण-पश्चिम में खांदेरी-उंदेरी के समुद्री युद्ध में अंग्रेजों ने शिवाजी की नौसैनिक शक्ति, उनके लोगों की सामुद्रिक विषयों में समझ व नौसैनिकों का युद्ध-कौशल पहली बार देखा। उन्हें इस बात का भी आश्चर्य हुआ कि समुद्र में हमसे पराक्रमी व गतिशील यह नई शक्ति कहाँ से आ गई है! बाद के काल में संगमेश्वरी श्रेणी की इन नावों का प्रयोग पूरे विश्व में हुआ, किंतु इसे सर्वाधिक प्रसिद्धि द्वितीय विश्व युद्ध में मित्र राष्ट्रों की सेनाओं द्वारा नार्मंडी के तट पर नाजी सेनाओं पर किए गए हमले में मिली।

शिवाजी ने समुद्री दुर्गों के महत्त्व को समझते हुए नए दुर्ग बनवाए। उनमें आधुनिकतम तकनीक का प्रयोग किया। सिंधु दुर्ग को खारे पानी व खारी हवा से सतत लड़ना पड़ेगा, इस बात को ध्यान में रखकर उन्होंने पहली बार दुर्ग के निर्माण में जिंक धातु का प्रयोग करवाया। उसी का परिणाम है कि आज 350 साल बाद भी वह दुर्ग शिवाजी की वैज्ञानिक समझ के गीत गाता नजर आ रहा है।

इसी तरह पद्मदुर्ग किले के निर्माण में भी उन्होंने नई तकनीक का प्रयोग किया। पत्थरों को जोड़ने के लिए चूने में विभिन्न रसायन मिलाए। उसका ही परिणाम है कि इस किले के पत्थर कालांतर में समुद्र की हवा और पानी से एक से डेढ़ इंच तक घिस गए हैं, जबकि उनको जोड़नेवाला चूना अपने स्थान पर यथावत् बना हुआ है। आज भी वहाँ जाकर समुद्री दुर्गों के निर्माण की इन बारीकियों को प्रत्यक्ष देखना रोचक है।

किसी भी राज्य की विकासयात्रा की सफलता उसके राजकर्ताओं द्वारा स्वीकार की गई विज्ञान व प्रौद्योगिकी की दिशा से शुरू होती है। भारतीय समाज व शासक सदियों से विज्ञान की मौलिक समझ रखते

आए हैं। नए विचारों का स्वागत, नए-नए अनुसंधान का आग्रह और अपने में प्रगति के लिए बदलाव का मन भारत व भारतीय नायकों का विशिष्ट गुण है। यही उन्हें विश्व के समकालीन नायकों से भिन्न बनाता है।

ऐसा भी नहीं है कि शिवाजी के आस-पास जो वातावरण था, वह विज्ञानमय था और उसमें कोई कमी नहीं थी। उस काल में अंधविश्वास भी मैल की तरह समाज की सतह पर जमा हुआ था। शिवाजी ने सामाजिक मान्यताओं को तोड़ते हुए समुद्र में यात्राओं को फिर से प्रारंभ किया। भ्रांत धारणावश बड़े-बड़े सैन्य अधिकारी भी बारूद को हाथ नहीं लगाते थे। उनके संपूर्ण गोला-बारूद शाखा के संचालन का कार्य या तो विदेशी देखते थे या मुसलमान। अंधविश्वास की जड़ें इतनी गहरी थीं कि अहमदशाह अब्दाली के सामने पानीपत की तीसरी लड़ाई में तोपखाने का नेतृत्व कोई मराठा सरदार करने को आगे नहीं आया तो इब्राहिम खान गार्दी को उसका प्रमुख बनाया गया। इस प्रकार की विकट मान्यताओं के बीच उन्होंने राज्य के विकास में जो वैज्ञानिक पुट जोड़ा, वह असामान्य है।

भारतीय मनीषी परंपरा ने वैज्ञानिक चिंतन को सामाजिक व धार्मिक आवरण दिया और उसे परंपरा में बदला। यह भारत की प्रज्ञा ही है, जिसने किसी वैज्ञानिक या दार्शनिक को अपनी खोज के लिए कभी जहर नहीं दिया अथवा सूली पर नहीं चढ़ाया। हर काल तथा हर पल जिज्ञासा व खोज को यहाँ प्रोत्साहन मिला, किंतु सन् 1947 के बाद विज्ञान की यह समझ सरकारी हो गई। कुटीर व लघु उद्योगों में प्रयुक्त होनेवाली मौलिक वैज्ञानिक समझ प्रोत्साहन के बजाय प्रताड़ना को प्राप्त होने लगी। विदेशी वैज्ञानिकों को बुलाकर इस्पात संयंत्र बनाए जाने लगे। भारत का विकास विदेशी प्रतिभा के हाथ में चला गया। राजनेता हैलमेट पहनकर इन संयंत्रों का दौरा कर यह समझने लगे कि हम देश में विज्ञान और प्रौद्योगिकी को बढ़ा रहे हैं, किंतु यह भ्रांत धारणा है। सही दिशा तो समय के धरातल पर

देखी जाती है, समय की कसौटी पर कसी जाती है। 64 सालों की हमारी वैज्ञानिक प्रगति का ही यह परिणाम है कि श्रीनगर में आज भी रेल नहीं है। चीन की सरहद पर स्थित अधिकांश चौकियों पर आज भी घोड़े और खच्चरों से शस्त्र और रसद पहुँचाई जाती है। कृषि के क्षेत्र में हमने जो वैज्ञानिक प्रगति की, उसका ही परिणाम है कि आज लाखों टन अनाज खुले में पड़ा हर वर्ष सड़ जाता है। अंग्रेजों के जमाने में बने पुल, पुलिया पुनर्जन्म को तरस रहे हैं। तकनीकी शिक्षा, शोध व अनुसंधान के केंद्र छोटे क्लर्क और बड़े बाबूओं के मकड़जाल में ऐसे फँसे हुए हैं कि वे शोध व अनुसंधान छोड़कर सबकुछ करते हैं।

इस संबंध में आधुनिकीकरण का एक हास्यास्पद उदाहरण प्रशासन की समझ को व्यक्त करता है। उत्तर प्रदेश व मध्य प्रदेश की सीमाओं पर बसे चित्रकूट में कामथगिरी पर्वत है। भगवान् राम व माता सीता वनवास के समय इस पर रहे थे। सदियों से लोग उसकी परिक्रमा करते हैं। कोई उस पर चढ़ता नहीं है। उस पर केवल वानरों व पशु-पक्षियों का निवास है। स्थान का सौंदर्यीकरण करने के लिए सरकारी अमले की एक बैठक चल रही थी। सभी का विचार बना कि उस पर चारों तरफ से रात्रि में हाईबीम का प्रकाश डाला जाए, इससे पर्वत चमक उठेगा। सौंदर्य बढ़ने से देश-विदेश से आनेवाले पर्यटकों की संख्या बढ़ेगी तथा प्रचार-प्रसार भी मिलेगा। सभी योजना की प्रशंसा करने लगे। वहाँ एक आम आदमी बैठा था। उसने पूछा, "साहब, रात को इतनी तेज रोशनी पर्वत पर होगी तो बंदर व पक्षी कैसे सो पाएँगे? कुछ समय में ही घबराकर पर्वत छोड़ जाएँगे। कोई हमारे सोने के पलंग पर तेज प्रकाश वाली लाइट लगा दे तो?" टाई ठीक करते हुए अधिकारियों ने अंग्रेजी में कुछ गुफ्तगू की और योजना को ठंडे बस्ते में डाल दिया।

शिवाजी की नई तकनीक को प्राप्त करने की भूख, प्राप्त तकनीक का देश के विकास में प्रयोग, नई तकनीक को जन्म देने के प्रयास—ये

कुछ ऐसी बातें हैं, जो आज भी उतनी ही अनुकरणीय व प्रासंगिक हैं, जितनी सदियों पहले थीं। हर स्तर पर कार्य कर रहे राजनैतिक नेतृत्व का यह कर्तव्य है कि वह तकनीक का प्रयोग अपनी व्यवस्था में करे, किंतु ऐसा करते हुए वह गलत तकनीक के चयन व प्रयोग से बचे। वे स्थानीय परिस्थिति को समझकर विकास के लिए आवश्यक वैज्ञानिक दृष्टिकोण का प्रयोग कर लोक-कल्याण के काम करें। अच्छी सरकार का यह आवश्यक अंग है।

सड़क व नौ-परिवहन मंत्रालय

शिवाजी ने राज्य के विकास में सड़क एवं नौ-परिवहन के महत्त्व को समझा, सुरक्षा की आवश्यकता में परिवहन के महत्त्व को जाना और मार्ग को निरंतर सुगम बनाए रखने का आग्रह रखा। प्रारंभिक काल में भारत से मध्य एशिया होते हुए यूरोप जानेवाले व्यापार मार्गों पर अरबों का कब्जा था। समुद्री मार्गों में जलदस्युओं का बोलबाला था। पहले पुर्तगालियों ने अरबों को परास्त कर समुद्री मार्ग पर अपना नियंत्रण जमाया। आगे चलकर अंग्रेजों ने पुर्तगालियों को हराकर अपना प्रभुत्व स्थापित किया। शिवाजी ने दौलत खान और मयनाक भंडारी जैसे नौ दल नायकों से सैन्य तैयारी करवाई और समुद्र में दुश्मनों से लोहा लेना प्रारंभ किया। अंग्रेजों व पुर्तगालियों से हुई समुद्री लड़ाइयों के कारण धीरे-धीरे शिवाजी का समुद्री व्यापार मार्ग पर भी सिक्का जमने लगा।

अबाधित जलमार्ग के लिए उन्होंने पद्मदुर्ग, विजयदुर्ग व सिंधुदुर्ग जैसे दुर्गों का निर्माण करवाया। नौ-परिवहन क्षेत्र में सुरक्षा हेतु नौसैनिक के रूप में भरती के लिए वंशानुगत रूप में समुद्र से खेलनेवाले कोली व भंडारियों को उन्होंने भरती में प्राथमिकता दी। योग्य प्रशिक्षण करवाकर बड़े जहाज व उनकी तकनीकों से उनका परिचय करवाया। ब्रिटिश नौसैनिक अधिकारी व राजनेताओं को समुद्र में अजेय होने का जो अहंकार था, उसे मिटाने का काम इन्हीं कोंकण के नायकों ने किया।

शिवाजी युद्ध के लिए तत्पर रहते थे, किंतु युद्ध उन्हें प्रिय नहीं था। वे सदैव अपनी प्रजा को सुख देने और स्वराज्य के विकास हेतु प्रयत्नरत रहते थे। वे जानते थे कि व्यापार व उद्योग, शांति और सुरक्षा के वातावरण

आज्ञा-पत्र 11

नौ संगठन

नौसेना को विभिन्न इकाइयों में विभाजित करना चाहिए। प्रत्येक इकाई में 5 गुरब और 15 गलबत होनी चाहिए। सबसे ऊपर एक प्रमुख (एडमिरल) होना चाहिए, जिसका आदेश सभी मानते हों। जलसेना के खर्च के लिए विशेष सीमा-क्षेत्र से कर-संग्रह करना चाहिए। यदि बंदरगाह में व्यापारियों को परेशान कर वसूले गए धन से खर्च चलाया गया तो वहाँ का व्यापार समाप्त हो जाएगा। बंदरगाह की अच्छी तरह सुरक्षा की जानी चाहिए। यदि ऐसा नहीं किया गया तो आवश्यकता पड़ने पर विदेशों से उपयोगी वस्तुएँ प्राप्त नहीं की जा सकेंगी।

में ही पनपते हैं। अतः अभियानों व युद्धों से पहली फुरसत मिलते ही वे शांति-स्थापना के काम में लग जाते थे। लोग तानाजी को सिंहगढ़ में उनके द्वारा प्रदर्शित पराक्रम के कारण जानते हैं, किंतु शिवाजी ने कोंकण के कई सड़क मार्गों का रख-रखाव उन्हीं तानाजी के हाथों करवाया था।

आज परिवहन के क्षेत्र में रेल और वायु यातायात भी जुड़ गए हैं। स्थान, प्राकृतिक संरचना व कार्य की आवश्यकता अनुसार इसका प्रयोग होता है। आजादी के बाद इन चारों को मिलाकर समुचित, संतुलित और समग्र विचार न होने के कारण परिवहन क्षेत्र का जो विकास हुआ है, उसमें दूरदृष्टि व समग्र सोच का अभाव है। अंग्रेज जो रेलमार्ग, पुल और पुलिया अपने शासन में बना पाए, क्या आजादी के बाद उसके बराबर भी नया रेलमार्ग व पुल हम बना पाए हैं? जनसंख्या-बहुल देश होने के कारण भारत में सार्वजनिक परिवहन का सर्वाधिक विचार सरकारों को करना था, किंतु इसके स्थान पर हमने निजी वाहन प्रणाली को प्राथमिकता दी। उसी का परिणाम है कि सड़कें घंटों जाम हो रही हैं। सार्वजनिक परिवहन भ्रष्ट प्रबंधन व निजी यातायात कंपनी मालिकों से हर स्तर पर प्रतिस्पर्द्धा करने के कारण मिट रहा है। अरबों रुपए ईंधन आयात के नाम पर खर्च हो रहे हैं। पर्यावरण प्रदूषण का नुकसान इसके अतिरिक्त है।

64 वर्षों बाद भी भारत के प्रदेशों की राजधानियाँ आपस में द्रुतगामी मार्गों से नहीं जुड़ पाई हैं। ऐसे में राज्य की राजधानियों से जिला केंद्र और जिले से तहसील केंद्र के अच्छी सड़कों से जुड़ जाने का तो सवाल ही नहीं।

भारत के अंदर नदियों के परिवहन पर न के बराबर विचार हुआ है। समुद्री मार्ग में आवागमन बढ़ाने के लिए हमने कोई सबसे बड़ा प्रयत्न किया है तो वह राम सेतु तोड़ने का। हमारे 7,500 कि.मी. लंबे समुद्री तट पर आंतरिक परिवहन अभी शैशवावस्था में है।

आज्ञा-पत्र 12

जलपोतों की सुरक्षा

सक्षम व संबंधित अधिकारियों की जानकारी के बगैर कभी-कभी जलपोतों को निर्धारित गुप्त स्थान पर रख दिया जाता है, यह अनुचित है। जलपोतों की सुरक्षा को ध्यान में रखते हुए उन्हें हर वर्ष अलग-अलग बंदरगाहों पर रखना चाहिए। विशेषकर वे बंदरगाह, जो समुद्री किलों पर स्थित हों और जिनके द्वार समुद्र की ओर खुलते हों। समुद्री किलों के डर से शत्रु खाड़ी में प्रवेश नहीं करेगा। खाड़ी यदि पास हो तो बेड़ों को खाड़ी में रखना चाहिए। फिर भी संपूर्ण बेड़ा एक स्थान पर कभी नहीं रखना चाहिए। उसे अलग-अलग स्थानों पर विभाजित कर देना चाहिए। रात्रि में खाड़ी व किनारे से भी बेड़े की सुरक्षा हो, इस प्रकार गश्त की जानी चाहिए। राज्य के मुख्यालय को परिस्थितियों से सतत अवगत कराते हुए अनिवार्य कार्य व आवश्यक वस्तुओं के संबंध में पत्र लिखते रहना चाहिए।

आजादी के बाद बहुत लंबे समय तक वायु परिवहन के क्षेत्र में सरकारी कंपनी इंडियन एयरलाइंस व एयर इंडिया का एकाधिकार रहा। वायु क्षेत्र की ढाँचागत संरचना में देश का विकास कितना हुआ, यह जानने के लिए अगर हम चीन से सटे भारत के सबसे बड़े राज्य उत्तर प्रदेश के हवाई अड्डों की संख्या व वहाँ उपलब्ध उड़ान संबंधी सुविधाओं पर विचार करेंगे तो योजनाकारों की दूरदृष्टि का पता स्वयं चल जाएगा!

आज निजी हवाई कंपनियों ने बाजी पलट दी है। उन्होंने बाजार पर अपना प्रभुत्व जमा लिया है। एयर इंडिया राजनेताओं और अधिकारियों के भ्रष्टाचार की बलि चढ़ गया है। परिणामस्वरूप यह सार्वजनिक उपक्रम बंद होने के कगार पर है।

भारत को समझकर भारत की यातायात व्यवस्था नहीं बनाने का परिणाम आज हमारे सामने है। गाँव व शहर के आंतरिक परिवहन में जहाँ हमें व्यक्तिगत स्तर पर दो पहिया वाहनों में सबसे अधिक प्राथमिकता साइकिल को देनी थी, वह आज सोचने की सीमा से ही बाहर है। कभी साइकिल प्रयोग को लेकर इक्का-दुक्का प्रयास भी होते हैं तो वे मात्र दिखावा बनकर रह जाते हैं। सामूहिक परिवहन हेतु हमें बस, रेल व जल यातायात को सस्ता व सुगम बनाना था, जो नहीं हुआ।

यातायात में कौन सा ईंधन प्रयोग में लाया जाए, जिससे खर्च कम हो, प्रदूषण भी घटे व रख-रखाव में कमी आए, यह सोचने की दिशा भारत को सर्वोच्च न्यायालय के कारण प्राप्त हुई है। वर्ष 1998 में दिल्ली उच्च न्यायालय ने एक जनहित याचिका की सुनवाई पर निर्णय देते हुए सन् 1990 से पूर्व के सभी ऑटो रिक्शाओं को हटाने व सन् 1990 के बाद के सभी टैक्सी व रिक्शाओं में CNG (Compressed Natural Gas) हेतु आवश्यक किट लगाने का आदेश दिया। साथ ही शहर यातायात में

प्रयोग की जानेवाली सरकारी बसें, जो 8 वर्ष से ज्यादा पुरानी थीं, उन्हें सड़क से बाहर कर दिया। 8 वर्षों के अंदर पंजीकृत सभी बसों में सी.एन.जी. किट लगाने के आदेश दिए।[31] इस निर्णय पर सस्ती राजनीति करनेवालों ने दूरगामी विचार न करते हुए उसका सड़कों पर विरोध प्रारंभ कर दिया। वर्ष 1998 में ही दिल्ली का प्रदूषण मानक खतरनाक सीमा को पार कर गया था। उन दिनों सुबह का पहना सफेद कपड़ा शाम होते-होते काली झाईं युक्त हो जाता था। सड़कों पर नारे लगानेवाले नेताओं की अगर बात मान ली गई होती तो शायद आज दिल्ली गैस चैंबर में बदल जाती। कभी-न-कभी भारतीय प्रजातंत्र में सस्ती व हलकी राजनीति करनेवालों और सीधी व सही राजनीति करनेवालों के बीच अंतर करना ही होगा।

CNG का विरोध करनेवालों ने शायद निम्न आँकड़े नहीं पढ़े या समझे होंगे, अन्यथा वे उसका विरोध नहीं करते।[32]

1. 1 किलो CNG की ऊर्जा 1.39 लीटर पेट्रोल या 1.18 लीटर डीजल के बराबर होती है।

2. CNG वाहनों का रख-रखाव, माइलेज व प्रदूषण जैसे विषयों में अपनी गुणात्मकता के कारण डीजल व पेट्रोल वाहनों की तुलना में ज्यादा लाभप्रद है।

3. CNG पेट्रोल व डीजल की तुलना में कम कार्बन डाइऑक्साइड (CO_2), अज्वलित हाइड्रो कार्बन (UHC), कार्बन मोनो-ऑक्साइड (CO), नाइट्रोजन ऑक्साइड (NOx) व सल्फर ऑक्साइड (SOx) का उत्सर्जन करता है।

आज विश्व बाजार में परिवहन तेज गति से बढ़ता बाजार है। रेल के इंजन, डिब्बे, संचालन की तकनीकें, रेल मार्ग, सड़क निर्माण, वायुयान

निर्माण, उसका संचालन, रख-रखाव ये सभी सेवाएँ बाजार में खरीदी व बेची जाती हैं। यह समय न केवल उस बाजार में अपनी धाक जमाने का है, बल्कि सस्ती व सुगम तकनीक से अपने देश का परिवहन भी सशक्त करने का है। भारत की संपूर्ण यातायात संरचना समग्र विचार और प्रयत्न चाहती है। आज सड़क, रेल, जल व वायु यातायात को स्थानीय आवश्यकता तथा देश की सुरक्षा को ध्यान में रखकर दूर-दराज के क्षेत्रों तक पहुँचाने की है। भारत के विकास में जो लंबी छलाँग पूर्व प्रधानमंत्री श्री अटल बिहारी वाजपेयी द्वारा प्रारंभ 'प्रधानमंत्री ग्राम सड़क योजना' के माध्यम से लगाई गई थी, उसी तरह का विस्तार सभी क्षेत्रों में द्रुतगति से करना आज के समय की माँग है। ■

गलबत व गुरब श्रेणी की मराठाकालीन नौकाएँ

श्रम व रोजगार मंत्रालय

शिवाजी की राज्य व्यवस्था में दो प्रकार के कर्मचारी थे—स्थायी और अस्थायी। इसमें बड़ी संख्या अस्थायी लोगों की थी, विशेषकर सेना में अधिकांश सैनिक वर्षाकाल के चार माह खेती करते थे और बाकी आठ माह सेना में सेवाएँ देते थे। वर्षाकाल में युद्ध संभव नहीं होते थे। नदी-नालों में उफान व सड़क यातायात की असुविधा के कारण चारों तरफ शांतिकाल जैसा ही वातावरण होता था। बगैर काम के राजकीय खजाने से पारिश्रमिक देने के स्थान पर शिवाजी ने उन्हें अपने-अपने गाँव अथवा दुर्ग के आस-पास खाली स्थानों पर खेती के काम में लगाया। इस कारण एक तरफ जहाँ कृषि उत्पादन बढ़ा, वहीं दूसरी तरफ राजकोष पर भार भी कम हुआ। वर्ष में चार माह गाँव में रहने से सैनिक की सामाजिक व पारिवारिक सहजता भी बनी रहती थी।

स्वराज में हर माह प्रतिपदा के दिन नकद पारिश्रमिक दिया जाता था। नियमितता का इसमें कठोरता से पालन होता था। शिवाजी जब संसार से गए, तब उनकी सेना में एक लाख पैदल सैनिक, एक लाख पाँच हजार घुड़सवार तथा पाँच हजार नौ सैनिकों को रोजगार प्राप्त था। प्रत्येक युद्ध के पश्चात् सैनिकों को हुई व्यक्तिगत हानि के मूल्यांकन हेतु '**जखम दरबार**' लगता था, जहाँ शिवाजी स्वयं अथवा उनके द्वारा नियुक्त कोई पदाधिकारी एक-एक व्यक्ति को हुए नुकसान का आकलन करता था। शहीदों की पत्नियों को आधा पारिश्रमिक शेष जीवनकाल तक दिया जाता था। अंग-भंग या गंभीर चोट में हर्जाना दिया जाता था। आज जिसे हम सामाजिक सुरक्षा (Social Security) कहते हैं, उसे उन्होंने अपने राज्य में सदियों पहले लागू कर दिया था।

आज्ञा-पत्र 13

वेतन व पुरस्कार

राज्य के कर्मचारियों को विवादों से ऊपर उठकर सदैव अच्छा वेतन देना चाहिए। अगर उनमें से किसी एक या एक से अधिक कर्मचारी ने कोई अच्छा कार्य किया हो या वह किसी पारिवारिक समस्या से कष्ट पा रहा हो तो उसे पुरस्कार या सहायता देनी चाहिए, किंतु वेतन में असमानता नहीं लानी चाहिए। समान कार्यस्थल में कार्यरत कर्मचारियों में कोई विशेष कार्य करे तो उसे वेतन-वृद्धि न देते हुए पुरस्कार देना चाहिए, क्योंकि किसी एक की वेतनवृद्धि पर समान स्तर पर कार्य करनेवाले अन्य कर्मचारियों में भी वेतन-वृद्धि की अपेक्षा जन्म ले लेती है। उसके पूरा न होने पर उनमें असंतोष पनपता है। अंततोगत्वा किसी एक को ध्यान में रख बढ़ाया वेतन या तो उस स्तर पर कार्यरत सभी कर्मचारियों की वेतन-वृद्धि से पूर्ण होता है अथवा वह सारे तंत्र में अनावश्यक चर्चाओं को जन्म देता है, जिससे तंत्र कमजोर होकर टूटने लगता है।

अगर कोई कर्मचारी अच्छा कार्य करे तो उसकी पदोन्नति करनी चाहिए। इसमें कोई अवरोध भी नहीं होगा और दूसरों के मन में असंतोष होने का कोई कारण भी नहीं बनेगा बल्कि उनके मन में यह भाव जागेगा कि अच्छा कार्य करने पर हमें भी पदोन्नति मिल सकती है। वेतन हमेशा नियमानुसार और पुरस्कार हमेशा कार्य की गुणवत्ता के आधार पर दिया जाना चाहिए।

पारिश्रमिक व सुविधाओं का स्वरूप[33]

पद	वेतन	सुविधाएँ	विशेष
शिलेदार शस्त्र उनके	6 से 12 होन प्रतिमाह		घोड़े व
बारगिर	2 से 5 होन प्रतिमाह		स्वयं के होते थे घोड़े व शस्त्र
			सरकार देती थी
जुमलेदार	250 होन प्रतिवर्ष		
सूबेदार	600 होन प्रतिवर्ष		

शिवाजी ने अपने राज्य में जागीर प्रथा कम कर मासिक वेतन की पद्धति लागू की थी। बड़े-से-बड़े प्रशासनिक या सेना के अधिकारी को जागीर नहीं दी जाती थी। राज्य के महामंत्री मोरोपंत पिंगले का पारिश्रमिक 56,000 रुपए प्रतिवर्ष था। शिवाजी ने जागीर प्रथा को करीब-करीब समाप्त कर राज्य में यदा-कदा उभरने वाले छोटे-मोटे सरदारों के असंतोष को न केवल मिटा दिया बल्कि उन्हें स्वराज्य का जनसेवक भी बना दिया।

शिवाजी के शासनकाल में श्रम का प्रबंधन इतना श्रेष्ठ था कि कहीं से भी असंतोष के स्वर नहीं सुनाई देते थे। राज्यसेवा के लिए चयन, पदोन्नति, पारिश्रमिक तथा स्थायी हानि होने पर प्रतिनियुक्ति जैसे कामों में इतनी पारदर्शिता रखी जाती थी कि वह प्रक्रिया ही संतोष का कारण बन जाती थी। शिवाजी श्रम प्रबंधन के सभी क्षेत्रों में निर्णय करते समय प्रामाणिकता व क्रियान्वयन में त्वरितता का बड़ा आग्रह करते थे। इस कारण से श्रम व रोजगार के क्षेत्र में शांति बनी रहती थी। बाजी प्रभु देशपांडे और उनके भाई फुलाजी देशपांडे के वीरगति प्राप्त होने पर जब

आज्ञा-पत्र 14

सेवा-नियुक्ति में सावधानियाँ

यदि कोई नया सेवक रखा जाता है तो उसके परिवार, निवास-स्थान, रिश्तेदार व पूर्व सेवा की जाँच की जानी चाहिए। वह ठगी, हत्या, नशाखोरी, अनैतिक, खुफिया कामों आदि में संलग्न पाया गया हो, अर्थात् उसका चरित्र साफ-सुथरा न हो तो उसे सेवा में नहीं रखना चाहिए। सदैव अच्छी छविवाले बहादुर लोगों को सेवा में रखना चाहिए, लेकिन किसी भी सैनिक अथवा सेवक को बगैर परखे नहीं रखना चाहिए।

शिवाजी उनके घर संवेदना प्रकट करने गए तो उन्होंने उसी स्थान पर निर्णय कर उनके आठों पुत्रों को राज्य की विभिन्न सेवाओं में ले लिया।

ब्रिटिश शिक्षा व सेवा प्रणाली के कारण आज का भारतीय उपलब्ध श्रम कारकून कार्य केंद्रित हो गया है। रोजगार निर्माण में हुनर और श्रम की प्रधानता धीरे-धीरे समाप्त हो रही है। गत शताब्दी से देश में श्रम की परिभाषा बदली है। उसे देखने की दृष्टि हेय हो गई है। हाथ से काम करना छोटा माना जाने लगा है। पढ़े-लिखे का मतलब है—न हाथ से काम करना, न झुकनेवाला काम करना। इसे वे बगैर पढ़े-लिखों का कार्य मानते हैं। राजनेता सड़क साफ करने के नाम पर झाड़ू लेकर फोटो खिंचवाते हैं। श्रम-साधना के नाम पर ट्रैक सूट पहन, दो-चार तगाड़ी मिट्‍टी डाल अपने कार्य की इतिश्री मानते हैं। फिर जैसा वे करते हैं, वैसा ही समाज करने लगता है। आज रोजगार के नाम पर सरकारी सेवा में भरती होना जीवन का एकमात्र ध्येय हो गया है, क्योंकि शारीरिक आराम सर्वाधिक वहीं प्राप्त होता है। निजी क्षेत्र में रोजगार देनेवालों ने श्रम के शोषण को अपना अधिकार मान लिया है। पेंशन व प्रतिनियुक्ति लाल फीताशाही की बलि चढ़ गई हैं। श्रम कल्याण के नाम पर जो-जो नेता आगे आए, उन्होंने श्रमिक आंदोलनों को क्या दिशा दी, वह देश के सामने है।

शिवाजी के शासनकाल में श्रम के प्रबंधन में केवल अधिकारों का ही विचार नहीं होता था, बल्कि दायित्व-बोध और कर्तव्य भी उसी प्रमाण में याद दिलवाए जाते थे। एक प्रसंग में उन्होंने अपने प्रधान सेनापति प्रतापराव गुर्जर को बहलोल खान पर आक्रमण कर उसे गिरफ्तार करने या युद्ध करे तो समाप्त कर डालने का हुक्म दिया। प्रतापराव बहुत ही पराक्रमी सेनानायक थे। उन्होंने बहलोल खान को परास्त कर गिरफ्तार कर लिया। पर अपने अधिकारों का अतिक्रमण करते हुए समझौता कर उसे छोड़ दिया। शिवाजी को जब यह मालूम हुआ तो उन्होंने संदेश भिजवाया—"सला काई निमित्त केला स्वतः सेनापति

मणहविता पण नुस्ती सिपाहीगिरी केली।"[34] इस संदेश का प्रतापराव को इतना बुरा लगा कि उसने फिर से सात सैनिकों के साथ बहलोल खान पर हमला किया और वीरगति को प्राप्त हुआ। यहाँ पर प्रशासन की दृष्टि से महाराज ने दो बातें स्पष्ट कर दीं। एक, किसी भी सेना अधिकारी की संधि, समझौता या अन्य कोई भी राजनीतिक निर्णय लेने का अधिकार राष्ट्र प्रमुख की अनुमति के बिना किसी को नहीं है। दूसरा आदेश स्पष्ट था—गिरफ्तार करो, न हो तो गिरा दो। ऐसे में गिरफ्तार कर छोड़ देना अनुशासनहीनता की श्रेणी में आता है। अत: यह आवश्यक है कि राज्य के सभी सैनिक व कर्मचारी व्यवस्था अनुसार कार्य करें (work according to the system)। कर्तव्य-पालन पूरी सजगता व प्रामाणिकता से करें और ऐसा करते समय अनधिकार चेष्टा से भी बचें।

स्वराज्य में पारिश्रमिक भुगतान व श्रम संस्कृति के कुछ नियम इस प्रकार थे[35]—

1. वेतन बाँटते समय स्थानीय राजकोष में राशि कम पड़ने पर उस क्षेत्र के सूबेदार को श्रम भुगतान की जवाबदारी दी जाती थी। वह भुगतान भी उसे निश्चित समय-सीमा में पूरा कर उसकी सूचना ऊपर के अधिकारी को देनी होती थी।

2. कोई भी सरदार या सैनिक गाँव के किसी भी व्यक्ति से सीधे धन एकत्रित नहीं कर सकता था। इसका कठोरता से पालन किया जाता था।

3. प्रांत के सभी अधिकार सूबेदार (civil administration) के पास होते थे। सामान्य समाज में फौज के सरदार का हुक्म नहीं चलता था।

4. शादी-ब्याह इत्यादि पर कर्मचारी या सैनिक की आर्थिक स्थिति देखकर उसे अतिरिक्त सहायता दी जाती थी। कोई कर्मचारी साहूकार से कर्ज लेकर घर के प्रसंग पूर्ण करे, यह शिवाजी को बिलकुल स्वीकार्य नहीं था।

5. सेना में अथवा मुहिम पर पत्नी, कलाल, नृत्यांगना इत्यादि किसी भी स्त्री को साथ ले जाने की मनाही थी।
6. जुमलेदार, सूबेदार और पंचहजारी के साथ गुप्तचरों की इकाइयाँ रहती थीं। वे सूचनाएँ एकत्रित कर केंद्र तक पहुँचाते थे। महाराज इन सूचनाओं पर बड़ा भरोसा करते थे।
7. मुहिम में ब्राह्मण, गाय, किसान व महिलाओं को किसी प्रकार की हानि न हो, इसकी कठोर हिदायत रहती थी।
8. दुश्मनों के क्षेत्र में अमीर व ताकतवर मुसलमानों के अलावा किसी भी गरीब मुसलमान से धन न वसूलने का स्पष्ट आदेश था।
9. मुहिम में पराक्रम करनेवालों को बड़ा दरबार सजाकर पुरस्कार दिए जाते थे।

शिवाजी अत्यंत परिश्रमी थे। वे निरंतर कार्य में लगे रहते थे। राज्याभिषेक के कुछ ही दिनों बाद जब जीजामाता का अवसान हुआ तो उन्होंने राज्य-संचालन के कार्य में किसी प्रकार का अवकाश न स्वयं लिया, न राज्य में कार्यरत अन्य किसी सहयोगी को लेने दिया। शोक के उन दिनों में भी राज्य का कार्य यथावत् चलता रहा और वे प्रतिदिन उसे देखते रहे। माता की मृत्यु पर उन्हें दुःख था। उन्होंने सारे आवश्यक उत्तर कार्य किए, किंतु शासकीय कार्य से अवकाश नहीं लिया। आज किसी राज प्रमुख या गण्यमान्य नागरिक के अवसान पर कार्यालयों में अवकाश घोषित कर पूरे दिन विश्राम करने की प्रथा सामान्य हो गई है।

श्रम और रोजगार विषय पर विचार करते समय केवल श्रमिक (श्रमिक अर्थात् अपने मानसिक या शारीरिक परिश्रम के लिए जो राशि या सुविधाएँ प्राप्त करता है, ऐसा प्रत्येक व्यक्ति श्रमिक है) के अधिकारों की बात होगी तो वह कालांतर में हड़ताल, तालाबंदी और वर्ग-संघर्ष में

बदल जाएगी। जितना श्रमिक के अधिकारों पर ध्यान रखने की आवश्यकता है, उतनी ही आवश्यकता उसके कर्तव्यबोध पर रखना अनिवार्य है। जिस शासन में कर्मचारियों के कर्तव्य और अधिकारों पर संतुलित विचार होता है, वहाँ व्यवस्था निरंतर मजबूत होती रहती है। शिवाजी जितना ध्यान कर्मचारियों और सैनिकों के नियमित वेतन पर देते थे, उतना ही ध्यान वे उनके कर्तव्य पर भी देते थे। एक समय वे रात को पन्हाला दुर्ग के मुख्य द्वार पर पहुँचे। उनके साथ के सहयोगियों ने दुर्ग की प्राचीर पर खड़े रक्षकों से कहा कि शिवाजी तत्काल दुर्ग में प्रवेश चाहते हैं, क्योंकि उनके पीछे शत्रु बहुत तेजी से बढ़ रहा है। किलेदार व अन्य अधिकारियों ने पलटकर कहा कि शिवाजी का आदेश है कि रात में दुर्ग के द्वार न खोले जाएँ। आवश्यकता हो तो किले के बाहरी रक्षा घेरे में जो सैनिक हैं, उनकी मदद लेकर शत्रु को रोकें और प्रात: तक परकोटे के नीचे रहें। शिवाजी ने पलटकर कहा कि यह नियम मैंने बनाया है, मैं कहता हूँ कि द्वार खोल दो। अंदर के अधिकारियों ने आना-कानी की तो शिवाजी ने भय दिखाते हुए कहा कि तुम मेरे सेवक हो और मेरी आज्ञा का पालन करना तुम्हारा कर्तव्य है। यदि तुम ऐसा नहीं करोगे तो तुम्हें सजा मिलेगी। अधिकारियों ने फिर भी द्वार नहीं खोले। सुबह प्रकाश होते ही दुर्ग के द्वार खोल रक्षकों ने शिवाजी को अंदर प्रवेश करवाया। किलेदार ने कहा, ''मुझसे गलती हुई, मैंने आपकी आज्ञा का उल्लंघन किया है, अत: आप मुझे जो चाहे सजा दे सकते हैं।'' शिवाजी ने कर्तव्यपरायणता की भूरि-भूरि प्रशंसा की और रक्षकों को पदोन्नति व पुरस्कार प्रदान किए।

जिन-जिन सरकारों ने अपने देश में अधिकार और कर्तव्य के बीच उचित तालमेल बिठाया, वे सब विकास की दौड़ में तेज गति से भाग रहे हैं। जापान, चीन, कोरिया, जर्मनी जैसे देश इसके उदाहरण हैं। जिन देशों की सरकारों ने श्रमिक कल्याण के नाम पर केवल उनके अधिकारों की माँग की, वे सब विकास की दौड़ में पिछड़ गए। श्रमिक के नाम पर

अपनी राजनीतिक रोटियाँ सेंकनेवालों ने श्रमिक से 'सलाम' लेने व देने के अतिरिक्त कुछ नहीं किया। श्रम का यह दर्शन जब कुछ वर्षों बाद किसी पड़ाव पर पहुँचा तो इस बात का मूल्यांकन किया गया कि इससे श्रमिकों का कितना कल्याण हुआ है। दुनिया ने देखा कि ऐसी सरकारों से चलनेवाले देश के नागरिक सड़कों पर दूध व ब्रेड जैसी रोजमर्रा की वस्तुओं के लिए मीलों लंबी लाइनों में खड़े हैं।

श्रमिक जगत् में असंतोष उत्पादन और विकास के लिए मौत का पैगाम है। साथ ही पूँजीपतियों द्वारा श्रमिक का शोषण इसी उत्पादन व विकास के ताबूत में अंतिम कील है। आवश्यकता है कि श्रमिक को उसके श्रम का पूरा दाम मिले और वह कर्तव्य-पालन करके अपने श्रम का शृंगार करे।

श्रम क्षेत्र का ऊपरी भाग भारतीय प्रशासनिक सेवा व राज्य सेवाओं का है। ये दोनों सेवाएँ मूल में ब्रिटिश सिविल सेवा से प्रेरित हैं। प्रशासन हेतु इस प्रकार की रचना विश्व के सभी देशों में अलग-अलग रूपों में प्रचलित है। अंग्रेजों ने अपने उपनिवेश को सँभालने के लिए इस रचना में विशेष प्रकार का चिंतन व कार्यपद्धति प्रचलित की। भारत में स्थापित इस इस्पाती ढाँचे के महत्त्व को प्रतिपादित करते हुए सन् 1922 में ब्रिटेन के तत्कालीन प्रधानमंत्री लेयार्ड जॉर्ज ने कहा था—

"This small nucleus of British officials in India is the steel frame of the whole structure. I do not care what you build on it. If you take the steel frame out, the fabric will collapse."[36]

ब्रिटेन का यह ढाँचा भारतीय उपनिवेश के संचालन व अधिकतम शोषण के लिए बना था। भारत छोड़कर जाने से पहले अंग्रेजों ने यह ढाँचा समेट लिया था, जिसे स्वतंत्र भारत के कर्णधारों ने फिर से थोड़ा फेरबदल कर खड़ा कर दिया। भारत के नए ढाँचे को संवेदना, समझ,

सूझबूझ व सुविकास करने की भावना से पूर्ण होना था। इसके लिए समय-समय पर प्रयत्न भी किए गए। अच्छे प्रशासन की खोज में सन् 1947 से कई कमेटियों व कमीशनों का गठन किया गया। उनमें से कुछ प्रधान इस प्रकार हैं—

The Secretariat Reorganization Committee (1947); The Central Pay Commission (1947); The National Committee (1948); The Economic Committee (1948); Reorganization of the Machinery of Government (1949); Report on Efficient Conduct of State Enterprises (1951); Public Administration in India–Report of a Survey (1953); The Railway Corruption Enquiry Committee (1955); The State Reorganization Commission (1955); Re-examination of India's Administrative Systems with Special Reference to Administration of Government's Industrial and Commercial Services (Qualification to Recruitment) Committee (1956); The Commission of Enquiry on Emoluments and Condition of Service of Central Government Employees (1957-59); The Congress Parliamentary Party Sub-committee on State Undertakings (1959); Report on Indian and State Administrative Services and Problems of District Administration (1962); The Committee on Prevention of Corruption (1962); The Committee on the Indian Foreign Service (1966); Interim Report of the Administrative Reforms Committee on Problems of Redressal of Citizens' Grievances (1966); Report of the Study Team on Relations Between the Press and Administration (1966); Several Reports of The Administrative Reforms Commission (1967-70); The Third Central Pay Commission (1973); The Committee of Recruitment Policy and Selection Methods (1976); Economic Administrative Reforms Commission (1983); The Committee on Centre State Relation (1988); The Committee to Review the Scheme of the Civil Services Examination (1989); The National Development Council on Austerity (1992); The Fifth Central Pay Commission (1997); The Report of the Expenditure Reforms Commission (2000); 20 Reports of the Committee to Review In-Service

Training of IAS Officers (2003); The Surendra Nath Committee Report (2003); The Committee on Civil Service Reforms (2004); The Second Administrative Reforms Commission (2005 onwards); and The Sixth Pay Commission (2008).[37]

इन सब प्रयत्नों का मिश्रित प्रभाव हुआ, किंतु भारतीय प्रशासन की अच्छे से और अच्छे की यात्रा अभी शेष है। शिवाजी ने जो प्रशासन तंत्र स्थापित किया अथवा शेरशाह सूरी ने सड़क निर्माण (जी.टी. रोड) हेतु जो तंत्र बनाया था, उसमें पुनरावलोकन की कोई आवश्यकता ही नहीं थी। वे योग्य नायक के एक ही जीवन का सफल प्रयत्न थे। उनकी सफलता का कारण भी स्पष्ट था—वे प्रयत्न स्वविचारित व सुविचारित थे।

भारत प्रतिभाशाली व परिश्रम-प्रधान देश रहा है। आवश्यकता केवल उसे सही दिशा देने की है। देश में उपलब्ध मानवीय श्रम का सुयोग्य प्रबंध करने की है। कर्मचारी को कर्मयोगी बनाने की है। नेतृत्व करनेवालों में श्रम की ओर देखने की दृष्टि ठीक बने, यह प्रयत्न करने की है। जब तक भारत में कार्य व कार्मिक की ओर देखने और व्यवहार करने की दृष्टि सही ढंग से विकसित नहीं होती, तब तक विकास के मार्ग पर देश को दौड़ाना संभव नहीं है।

आज्ञा-पत्र 15

परामर्श की परिधि

राजा को स्व-विवेक और स्व-विवेचना से किए जानेवाले और न किए जानेवाले कार्यों की प्राथमिकता तय करनी चाहिए। कार्य-प्रवण योग्य साथियों से कार्य के संबंध में सदैव सुझाव लेना चाहिए। कार्य की सफलता के लिए सभी श्रेष्ठ सुझावों को स्वीकार करना चाहिए। राजा अगर अपनी ही योजना का आग्रह करेगा तो प्रतिभा-संपन्न, बुद्धिमान व स्व-प्रेरणा से कार्य करनेवाले सहयोगी व सहकर्मी कभी खुलकर प्रस्तावित कार्ययोजना के गुण-दोषों पर नहीं बोलेंगे। उलटे स्वयं को उपेक्षित अनुभव करेंगे, इससे कार्य भी खराब होगा। राजा को किसी भी कार्य से होनेवाली लाभ-हानि की समीक्षा अपने स्तर पर करनी चाहिए। वे लोग जो कार्य में पारंगत हैं, उनसे अभिमत प्राप्त करना चाहिए। तुलनात्मक दृष्टि से अच्छे परामर्श को मान्यता देनी चाहिए। अगर राजा बिना विचार-विमर्श के स्वयं के निर्णय व विचार दूसरों पर थोपता है तो बुद्धिमान सेवक किए जानेवाले कार्य से होनेवाली हानि-लाभ के संबंध में अपने विचार व्यक्त करने से बचता है। परिणामस्वरूप, योग्य सेवकों की योग्यता और उनकी कार्य करने की इच्छा कम हो जाएगी अथवा व्यर्थ हो जाएगी, साथ ही कार्य भी विफल हो जाएगा।

भाषा व संस्कृति मंत्रालय

शिवाजी महाराज ने राज्य व्यवहार में भाषा को विशेष महत्त्व दिया। राज्य संचालन में अपभ्रंशित व मिश्रित शब्दों के स्थान पर संस्कृतनिष्ठ मराठी शब्दों का चयन किया, उनका प्रयोग प्रारंभ करवाया और प्रयत्नपूर्वक उन्हें राज्य व्यवहार में स्थापित किया। स्वराज्य की शासन व्यवस्था के लिए उन्होंने 1400 शब्दों का कोष बनाया था। वे जानते थे कि भाषा कभी भी अकेली नहीं आती। वह अपने साथ सोच और संस्कृति भी लाती है। स्वराज्य की स्थापना व संचालन में स्वभाषा न हो तो स्वराज्य कैसा! चयनित शब्दों को नाम दिया गया 'राज्य व्यवहार कोश'। उनमें से चुने कुछ शब्द इस प्रकार हैं[38] —

क्रम	अरबी/फारसी शब्द	मूल	संस्कृत/मराठी
1.	आदिल	अ	न्यायाधीश
2.	काजी	अ	पंडित
3.	तख्त	फा	सिंहासन
4.	दौलतबंकी	फा	महाद्वारपाल
5.	नुजुमी	फा	ज्योतिष
6.	पीर	फा	गुरु
7.	पेशवा	फा	प्रधान
8.	वाकानवीस	फा	मंत्री
9.	साहेब	अ	स्वामी
10.	हेजीब	अ	दूत
11.	आब	फा	जल
12.	आतश	फा	अग्नि
13.	कमानदार	फा	धनुर्धर
14.	चिराग	फा	दीप
15.	खजाना	अ	कोशगार

16.	खजाना हवालदार	अफा	कोशपाल
17.	खर्च पोतेनिविशिंदा	फा	व्ययलेखक
18.	जर	फा	सुवर्ण
19.	नख्त	फा	द्रव्य
20.	तबीब	अ	वैद्य
21.	तर्तीब	फा	उपचार
22.	फौत	फा	निधन
23.	जिरात्खाना	फा	शस्त्रागार
24.	सैफ	फा	खड्ग
25.	नोबती	फा	गजपालक
26.	शुतुर	फा	उष्ट्र
27.	किल्ला	अ	दुर्ग
28.	गनीम	अ	वैरी
29.	पंद	फा	दंड
30.	सरनोबत	फा	सेनानी
31.	शिकस्त	फा	पराभव
32.	जंजीरा	अ	द्वीप
33.	अज्जम	अ	श्रेष्ठ
34.	कजाख	तु	साहसी
35.	कैद	अ	निग्रह
36.	जरारा	अ	एकाकी
37.	तकसिमा	अ	विभाग
38.	तैवर्क	अ	वेतन-पत्र
39.	पुस्तपनाह	फा	सहकारी
40.	मोइनजाबिता	अ	निर्णय-पत्र
41.	मग्रीबा	अ	प्रतीची
42.	मश्रीफ	अ	प्राची
43.	बुलंगा	फा	सैन्य-संभार

अ=अरबी। फा=फारसी। तु=तुर्की

राज्य-संचालन का एक अनिवार्य तत्त्व इतिहास लेखन भी है। भावी पीढ़ियाँ राज्य, राजा, प्रजा, समकालीन परिस्थितियों को लेखों, शिलालेखों एवं बाहर देश से प्रवास पर आए हुए लोगों के आलेखों व डायरियों से ही समझती हैं। आज शिवाजी के संबंध में हम जो कुछ जानते हैं, उसका बहुत बड़ा हिस्सा उन अंग्रेज व यूरोपीय सेना के अफसरों, प्रशासनिक अधिकारियों, व्यापारियों व पर्यटकों की लिखी डायरियों से प्राप्त है। उन्होंने शिवाजी के राज्य-संचालन, उनकी सोच व समझ, व्यवहार और विचार को नजदीक से देखा। शिवाजी की भाषा और संस्कृति के संबंध में उन्होंने बहुत कुछ लिखा है—

Arlie Ebrahim wrote in 'The Great Mugal'—"A significant aspect of Shivaji's rule was his attempt to revive ancient Hindu political tradition and court conventions to introduce Marathi in place of Persian as the court language. He revived Sanskrit administrative nomenclature and compiled a dictionary of official terms–the Rajya Vyavhar Kosh–to facilitate the change over."

महाराज ने स्वयं भी प्रकांड विद्वान् गागा भट्ट से 'शिवार्कोदय:' व 'करण कौस्तुभ' नामक पुस्तकें संस्कृत में लिखवाईं।

राज्याभिषेक कार्यक्रम की संरचना हो अथवा अलग-अलग समय पर प्रयुक्त की गई वेश-भूषा, अलंकार या आभूषण—शिवाजी ने सभी में भारत की सांस्कृतिक झलक को बनाए रखा। उनके बाद के उत्तराधिकारी शासकों ने भी इस परंपरा को जीवित रखा।

स्वतंत्र भारत में जो भारतीय तंत्र विकसित हुआ, उसमें भारतीय भाषाएँ व राज्यों की सहेली भाषाएँ राजनीति की बलि चढ़ गईं। भारतीय भाषाओं का अपने-अपने राज्य में जो विकास होना था, वह नहीं हो पाया। उसके स्थान पर अंग्रेजी राज्य व्यवहार की भाषा बनी रही। तमिल, तेलुगु, असमिया व कन्नड़ जैसी विभिन्न राज्यों की भाषाएँ, जो कि

समृद्ध भाषाएँ हैं, संकीर्ण मानसिकता, छद्म अंग्रेजी व अंग्रेजियत के अनुराग के कारण अपने-अपने राज्य में राज-व्यवहार की भाषा नहीं बन पाईं। यही स्थिति देश की राजभाषा हिंदी की रही। महात्मा गांधी के सारे आग्रहों के बाद आज भी हिंदी वर्ष में एक बार संपन्न होनेवाले 'हिंदी सप्ताह' से बाहर नहीं निकल पाई। दुर्दैव से भारत के प्रथम प्रधानमंत्री को भारत की किसी अन्य भाषा की तुलना में अंग्रेजी भाषा ज्यादा सहजता लगती थी। उसे उन्होंने अपने प्रधानमंत्रित्व काल में पूरे समय व्यवहार में बनाए रखा। यही कारण है कि अंग्रेजी और अंग्रेजियत तब से लेकर आज तक भारतीय राजतंत्र के संवाद व व्यवहार का भाग है।

भारत में राजनीतिक स्वतंत्रता के साथ व्यवस्थात्मक स्वतंत्रता नहीं आ पाई। वैसे इस हेतु भगीरथ प्रयत्न भी नहीं हुए।

अंग्रेजों की कूटनीति, जिन्ना की हठ और भारतीय नेतृत्व द्वारा वार्त्ता की मेज पर की गई गलतियों ने भारत का विभाजन करवा दिया।

खान अब्दुल गफ्फार खान व मौलाना आजाद द्वारा भारत विभाजन का तीव्र विरोध करने के बाद भी उसे मान लिया गया। आजादी के समय देश-विभाजन ने अराजकता फैला दी।

सरदार पटेल जैसे श्रेष्ठ नायक का पूरा समय राजे-रजवाड़ों को भारत में मिलाने में चला गया। हैदराबाद और जूनागढ़ जैसे नवाबों व राजाओं की महत्त्वाकांक्षा दबाने में उनकी बहुत ऊर्जा खत्म हुई।

अराजकता व अव्यवस्था के उस काल में स्वदेशी प्रशासन तंत्र खड़ा करने का काम पिछड़ गया। इसीलिए आज तक प्रशासन, पुलिस, वित्त, न्याय, शिक्षा जैसे राज्य के विभिन्न विभाग जस-के-तस बने हुए हैं। समूचे प्रशासन तंत्र की भाषा और भाव वही रहे। न देखने की दृष्टि बदली, न दृश्य बदला। सरकारी भवनों के ऊपर लहराता झंडा जरूर बदला। लेकिन भवनों के अंदर का रंग और ढंग दोनों नहीं बदले। कक्षों

की दीवारों से महारानी के चित्र हटे और बापू व जवाहरलाल के चित्र लग गए, किंतु न अर्दली की टोपी बदली, न साहब की टाई। इसी कारण से 64 वर्षों के राज्य व्यवहारों में अंग्रेजों द्वारा छोड़ी गई विदेशी भाषा भी जस-की-तस बनी रही। आज भी तमिलनाडु के किसान की फाइल तमिल में नहीं लिखी जाती। केरल के श्रमिक का विवाद होने पर श्रम न्यायालय अपनी कार्यवाही व निर्णय मलयाली भाषा में लिखने और सुनाने में असमर्थ है। स्वतंत्रता के बाद के प्रारंभिक वर्षों में देश में उच्च पदस्थ अधिकतम 1000 अधिकारियों को भाषा-विवाद में अंग्रेजी का प्रयोग ज्यादा प्रिय लगा। उसे उन्होंने स्थापित करने में मौन भूमिका निभाई। दूसरी तरफ हिंदी को राजभाषा के रूप में स्थापित करने का कार्य कर रहे कर्णधारों ने कूटनीतिक भूलें कीं। जो संघर्ष हिंदी व उसकी सहेली भाषाओं का अंग्रेजी से होना था, वह हिंदी और भारतीय भाषाओं के बीच हो गया। अंग्रेजी के पक्षधर लोगों ने बंदरबाँट करते हुए अंग्रेजी भाषा को मध्यम मार्ग के रूप में स्वीकार करवा लिया।

शिवाजी ने स्वराज्य की स्थापना के साथ ही दुर्गों के पुराने नाम बदलकर नए संस्कृत नाम रखे; जैसे—रायरी का रायगढ़, साकण का संग्राम दुर्ग, रोहिडा का विचित्रगढ़, तोरड़ा का प्रचंडगढ़ और पट्टा का विश्रामगढ़ इत्यादि।

शिवाजी के अवसान के बाद औरंगजेब ने दक्षिण के राज्यों पर चढ़ाई की। उसने संभाजी की मृत्यु के बाद जब उसी रायगढ़ को जीता तो उसका नाम 'इस्लामगढ़' रख दिया। वैसे तोरड़ा जीतने के बाद उसका नाम 'फत्ते-उल-घैब' रखा। यह बात भिन्न है कि समाज ने उसे नहीं स्वीकारा; किंतु नाम में क्या रखा है, ऐसा सोचनेवालों को यह समझना होगा कि हर नाम का अर्थ व उसका प्रभाव होता है।

आज जब किसी स्थान, नगर का नाम बदलकर फिर से उसका पुराना गौरवपूर्ण नाम रखने की कोई पहल होती है तो उसे हेय दृष्टि से

देखने व विरोध करनेवाला एक तथाकथित समाज है। वह स्वयं को प्रगतिशील और दूसरों को जड़वादी मानता है। भारतीय भाषा-विज्ञान के अनुसार नाम शब्द है और शब्द ब्रह्म है। उसका सही प्रयोग अनिवार्य है। गुलामी या बलपूर्वक किसी स्थान का नाम गुलाम बनानेवालों ने अगर बदल दिया था तो स्वतंत्रता प्राप्त होने पर स्वाभिमानी समाज का यह दायित्व है कि वह उस पुराने गौरवशाली नाम की पुन: प्रतिष्ठा करे।

सन् 1947 की स्वतंत्रता के बाद स्वराज्य का जो स्वरूप खड़ा हुआ, उसमें स्व-भाषा का अभाव सबसे बड़ी कमजोरी बन गया। राजभाषा के रूप में हिंदी के विकास और नए सहज-सरल शब्दों की खोज एवं उनके प्रयोग के स्थान पर क्लिष्ट हिंदी शब्दों के प्रयोग से भाषा का मजाक समाज के नायकों का भाव बन गया। इस कारण हिंदी स्वीकार करने की इच्छा रखनेवालों को भी असहजता अनुभव होने लगी। हिंदी व सहेली भाषाओं के उत्थान में लगे कुछ लोग उसके विभिन्न उपक्रमों व संगठनों से इसलिए जुड़ने लगे, जिससे उन्हें ज्यादा-से-ज्यादा सुविधाएँ, पद व विदेश प्रवास प्राप्त हो सकें।

भारत के विभिन्न प्रांतों में जनमे कई भारतीय अपनी-अपनी मातृभाषा पढ़ने, लिखने, समझने व बोलने में असहजता अनुभव करते हैं, यह बात शर्म से बोलने के बजाय वे गर्व से कहते हैं।

राजभाषा व विभिन्न राज्यों की भाषाओं के विकास हेतु जितने सार्थक व गंभीर प्रयत्न ऊपर से नीचे तक होने थे, वे नहीं हुए, यह कहने के स्थान पर यह कहा जाए कि वे उतने नहीं हुए, जितने होने थे तो ज्यादा ठीक है।

स्व-भाषा व स्व-रोजगार के माध्यम से राज्य को सशक्त करने का एक सफल प्रयत्न त्रिपुरा की श्री माणिक सरकार ने किया है। सुदूर उत्तर-पूर्व में स्थित इस छोटे से राज्य की सरकार ने स्थानीय भाषा

कोक-बोरॉक (Kok-Borok) के विकास हेतु अभिनव प्रयत्न किए। शासकीय कर्मचारियों, वरिष्ठ अधिकारियों व जनप्रतिनिधियों को स्थानीय भाषा सिखाने के लिए विशेष कक्षाएँ लगाई गईं। सन् 1997-98 में वहाँ की सरकार ने गाँव, नदी, बाजार इत्यादि 95 स्थानों के पुराने स्थानीय नाम फिर से स्थापित किये और तत्संबंध में सभी आवश्यक विभागों को उसे पालन करने के निर्देश दिए। स्थानीय रोजगार बढ़ाने के लिए उन्होंने बाँस के उत्पादन व प्रयोग को विशेष प्रोत्साहन दिया। मछली का उत्पादन बढ़ाकर गरीब तबके में रोजगार के नए अवसर पैदा किए। फलों व सब्जियों के उत्पादन में तो राज्य ने नए मानक ही स्थापित कर दिए। आज वहाँ प्रति व्यक्ति प्रतिदिन 447 ग्राम फल और 404 ग्राम सब्जी पैदा होती है। त्रिपुरा विभिन्न आतंकवादी व अतिवादी गुटों के कारण अशांत रहता था। राज्य सरकार ने बड़ी स्पष्टता से कहा कि बांग्लादेश द्वारा आतंकवादियों और घुसपैठियों को जो खुला और गुप्त, दोनों प्रकार का समर्थन दिया जाना जब तक बंद नहीं होगा तब तक शांति संभव नहीं है। साथ ही उन्होंने इन शक्तियों से समाज को सुरक्षित रखने के लिए केंद्र सरकार से ज्यादा अर्द्धसैनिक बलों की माँग की। स्थानीय जन को प्रशासन में जोड़ने के पंचायती राज व्यवस्था के अतिरिक्त 'त्रिपुरा ट्रायबल एरिया ऑटोनोमस डिस्ट्रिक काउंसिल' की रचना की गई, जिसके बहुत अच्छे परिणाम आए। जहाँ एक ओर स्थानीय लोगों की भागीदारी बढ़ी, वहीं महिलाओं को विशेष प्रोत्साहन देकर उससे जोड़ा गया।[39]

स्वतंत्र भारत में राजभाषा की जो सेवा श्री सावरकर, श्री म.स. गोलवलकर, डॉ. राम मनोहर लोहिया, श्री अटल बिहारी वाजपेयी व अन्य गण्यमान्य लोगों ने की है, वह अनुकरणीय व अभिनंदनीय है। उन्होंने व्यवहार में नए शब्द दिए; पहले उन्हें स्वयं प्रयुक्त किया और बाद में आग्रह के साथ व्यवस्था में भी स्थापित किया।

सांस्कृतिक धरोहरों को सँजोने की वर्तमान पद्धति अत्यंत हास्यास्पद व अपमानजनक है। चेन्नई के प्रसिद्ध संस्थान 'कला क्षेत्र' की डायरेक्टर लीला सैमसन ने उस संस्थान के पूरे परिसर से गणपति की वे सभी कलाकृतियाँ यह कहते हुए हटवा दीं कि ये धर्म विशेष का प्रतिनिधित्व करती हैं। लीला ने ॐ का उच्चार बंद करवाया। विद्यार्थियों को श्रीश्री रविशंकर जैसे आध्यात्मिक गुरुओं के कार्यक्रम में जाने से रोका। उसने सनातन परंपरा के किसी भी कार्यक्रम में विद्यार्थियों को जाने की मनाही कर दी।[40]

इसी तरह भोपाल-दिल्ली के बीच चलनेवाली शताब्दी एक्सप्रेस से गांधी के प्रिय भजन 'वैष्णव जन तो तेने कहिए' को यह कहते हुए हटा दिया गया कि यह सांप्रदायिक है। दूरदर्शन के प्रतीक चिह्न में से 'सत्यं शिवं सुंदरम्' को भी इसी आरोप के साथ या तो पूरी तरह बंद कर दिया गया या न के बराबर रखा गया। इन सब में भी सबसे बड़ा आश्चर्य तो यह है कि संसद् के सत्र समापन पर 'वंदे मातरम्' भी पूरा नहीं गाया जाता, केवल उसकी धुन बजाई जाती है, वह भी अधूरी।

आज आवश्यकता है शिवाजी की तरह भाषा, साहित्य, संस्कृति व सांस्कृतिक मूल्यों को शासन एवं प्रशासन में स्थापित करने की, जिससे कि स्वराज्य का मंत्र सिद्ध हो सके। ■

रक्षा मंत्रालय

शिवाजी ने शून्य में से एक विराट् संसार खड़ा किया। संसार से जाते समय वे स्वराज के संरक्षण और विस्तार के लिए एक बड़ा सैन्य साम्राज्य भी छोड़ गए। स्वराज्य सेना की संख्या और गुणात्मकता उनकी असाधारण सृजन-क्षमता की प्रतीक है। शिवाजी जब संसार से गए तो उनकी सेना में 1 लाख पदाति और 1 लाख 5 हजार घुड़सवार थे। तलवारों, बंदूकों, तोपों व अन्य शस्त्र सरंजामों का तो हिसाब ही नहीं था। अनुशासन, आज्ञा-पालन, प्रशिक्षण व पराक्रम से भरी उनकी सेना समकालीन समय की, विश्व की किसी भी श्रेष्ठ सेना से कम नहीं थी। अन्य सेनाओं में सैनिक पैसे या व्यक्ति के लिए युद्ध करते थे, जबकि शिवाजी की सेना के सैनिक स्वराज्य के लिए लड़ते थे। शांतिकाल में न बिकनेवाली और युद्धक्षेत्र में न झुकनेवाली ऐसी सेना केवल पगार या प्रलोभन देकर खड़ी नहीं की जा सकती। इसके लिए नेतृत्व करनेवाले अधिकारियों और नायकों का व्यवहार व चरित्र उच्चकोटि का हो, यह आवश्यक है। नायक को शांतिकाल में कठोर अभ्यास व प्रशिक्षण में व्यस्त रहना होता है। युद्ध के समय उसे प्रथम पंक्ति में खड़े होकर असाधारण पराक्रम दिखाना होता है। महाराज ने ये सब बातें अपने अधिकारियों और सेनानायकों को स्वयं के आचरण से सिखाईं। संवादों में चरित्रवान और व्यवहार में व्यभिचारी अधिकारियों को उन्होंने कभी स्वीकार नहीं किया। इसका प्रभाव न केवल तब था बल्कि 350 साल बाद आज भी है।इस संबंध में एक रोचक उदाहरण है।

महाराष्ट्र के पुणे शहर से कुछ यात्री पाकिस्तान यात्रा पर गए। उस समय अय्यूब खान पाकिस्तान के राष्ट्रपति हुआ करते थे। भारत से जानेवाले यात्रियों ने सहज ही सोचा कि क्यों न राष्ट्रपति से मिला जाए। उन्होंने राष्ट्रपति भवन के स्वागत-कक्ष में सक्षम अधिकारी को अपनी पहचान बताते हुए भेंट की इच्छा लिखवा दी। दूसरे दिन उन लोगों के

आज्ञा-पत्र 16

राजप्रासाद के रक्षक

राजप्रासाद व राजनिवास का रात-दिन पहरा देकर सुरक्षा करनेवाले सैनिकों की निर्देशित स्थान पर उपस्थिति व व्यवहार का सदैव (प्रतिदिन) परीक्षण करते रहना चाहिए। कोई सैनिक एक बार असावधान या कर्तव्य से अनुपस्थित हो तो उसे कर्तव्यपालन की सीख देनी चाहिए। दूसरी बार वही गलती करने पर उसे कठोरतापूर्वक चेतावनी देनी चाहिए। इसके बाद भी वह उस गलती को करता है तो नियत दायित्व से उसे तत्काल हटा देना चाहिए। यदि वह सजा दी जाने योग्य गलती करता है तो उसे सजा देनी चाहिए। इस संबंध में किसी प्रकार की नरमी या अनदेखी न हो, क्योंकि राजपरिवार की सुरक्षा में तैनात टुकड़ी में अनुशासनहीनता हो तो फिर बाहर अनुशासन की अपेक्षा कैसे की जा सकती है। सुरक्षा में नियुक्त सैनिकों को जो भी वेतन निश्चित किया गया हो, वह बगैर चूक के निर्धारित समय पर दिया जाना चाहिए। इन सैनिकों का वेतन किसी के भी प्रभाव में न आनेवाले योग्य अधिकारी (सबनीस) की देखरेख में सदैव दिया जाना चाहिए।

आश्चर्य का ठिकाना न रहा, जब राष्ट्रपति भवन से उन्हें मिलने का समय प्राप्त हो गया। भेंट के समय उन यात्रियों ने राष्ट्राध्यक्ष को तत्काल समय देने के लिए धन्यवाद दिया तो अय्यूब खान ने मुसकराते हुए कहा, "नहीं, ऐसा नहीं है। मैं भी आपसे भेंट करने के लिए उत्सुक था।" उसने आगे कहा, "ब्रिटेन में सैन्य प्रशिक्षण प्राप्त करते समय हमें विश्व के श्रेष्ठ व्यूह रचनाओंवाले युद्धों को पढ़ाया जाता था। उसी में मैंने शिवाजी के प्रतापगढ़ युद्ध (अफजल खाँ-शिवाजी युद्ध) का वर्णन पढ़ा था। उसका मेरे मन पर बड़ा गहरा प्रभाव पड़ा। मैं देखना चाहता था कि उस क्षेत्र (प्रतापगढ़-जावली) में रहनेवाले लोग कैसे दिखते हैं? चूँकि आप वहीं से आए हैं, इसलिए मैंने भी जिज्ञासावश आपसे भेंट करना ठीक समझा।"

मुगल और शिवाजी की सैन्य रचनाओं को देखें तो कार्य-संस्कृति का अंतर साफ नजर आता है। औरंगजेब की सेना में 3 लाख सैनिक, 50 हजार नौटंकी वाले थे। टेंट, भोजन, साफ-सफाई इत्यादि कामों के लिए एक लाख पचास हजार नौकर मुहिम पर साथ चलते थे। मुगल सेना जहाँ भी डेरा डालती थी, वहाँ पंडालों और सुविधाओं का दूर-दूर तक फैला नगर बस जाता था। शिवाजी की सेना इससे ठीक विपरीत थी। फ्रेंच लेखक मार्टिन लिखता है—"उनकी पूरी सेना में दो ही टेंट लगते थे। एक छोटा, जिसमें स्वयं शिवाजी विश्राम करते थे और दूसरा बड़ा, जिसमें सारे प्रमुख सरदार सामूहिक रूप से विश्राम करते थे। शेष सभी सैनिक व अधिकारी आसमान के नीचे खुले में सोते थे। इस कारण उनकी सेना तत्काल सक्रिय होकर युद्ध में आगे-पीछे हो सकती थी। इस गतिशीलता का लाभ उन्हें हर समय मिला। शिवाजी की सेना में महिलाओं व नौटंकीवालों को साथ ले जाने की सख्त मनाही थी।"[41] इन सब बातों के कारण सेना में जो स्वत: आंतरिक अनुशासन खड़ा होता था, उसका प्रभाव युद्ध व उसके परिणाम पर पड़े बिना नहीं रहता था।

युद्ध के सहज प्राकृतिक नियम एवं अंतरराष्ट्रीय नियमों के पालन से किसी सेना के सैनिक व उसके अधिकारियों की सोच सार्वजनिक हो

जाती है। शिवाजी युद्ध लड़ते हैं, किंतु केवल लड़ने के लिए नहीं, जीतने के लिए। हिंसा उनकी रुचि का विषय नहीं था, वे इसे अंतिम निदान मानते थे। फिर हिंसा में सुख को पाने की इच्छा का तो उनके जीवन में कोई स्थान ही नहीं था। न तो उनके किसी विरोधी ने, न किसी भी समकालीन लेखक ने और न ही किसी विदेशी यात्री ने शिवाजी द्वारा हिंसा में मनोरंजन पाने के प्रयत्न का कोई उल्लेख कहीं भी नहीं किया है।

औरंगजेब ने धोखे में जब संभाजी को पकड़ा और बंदी बनाने के बाद उससे जो व्यवहार किया, वह मुगल प्रशासन व सैन्य मनोदशा को व्यक्त करता है। संभाजी को सभी प्रकार की यातनाएँ दी गईं। उसकी जीभ जड़-मूल से काटी गई, आँखों को निकाला गया, मारपीट के कारण घाव से उसका शरीर भर गया और अंत में दारुण कष्ट देते हुए उसकी हत्या कर दी गई। उस घटना के ठीक 310 वर्षों बाद कारगिल मोरचे पर (1999) कैप्टन सौरभ कालिया व उनके पाँच साथी सैनिक गोला-बारूद समाप्त हो जाने की दशा में पाकिस्तानी सैनिकों द्वारा घेरकर बंदी बना लिये गए। युद्धबंदी के रूप में उन्हें अपार शारीरिक यातनाएँ दी गईं। सिगरेट से शरीर को अलग-अलग स्थानों पर जलाया गया, कान के परदों को सरिए से फोड़ा गया, आँखें निकालने से पहले उसमें सलाखें घुसेड़ी गईं, मुँह के सारे दाँत तोड़ दिए गए, गुप्तांगों पर मर्मांतक प्रहार कर अंत में सभी के सिर में गोली मार दी गई।[42]

संभाजी से लेकर सौरभ कालिया तक अमानवीयता की असंख्य घटनाएँ देश के कोने-कोने में घटित हुई हैं, जहाँ अमानवीय यातनाओं से मनोरंजन प्राप्त किया गया। सारे युद्ध-नियम ताक पर रखकर मानवीयता की धज्जियाँ उड़ाई गईं। सदियों से बहनेवाली यह अमानवीय धारा न केवल सैन्य-चरित्र को बताती है, बल्कि शासकों की असली सोच को भी व्यक्त करती है, जिसे हर सैनिक अपनी सरकार व समाज से प्राप्त करता है।

शिवाजी ने अपनी सेना की सभी इकाइयाँ, जैसे—घुड़सेना, पदाति, तोपखाने व नौसेना जैसे विभागों के बीच अच्छा तालमेल बिठाया। इन शाखाओं के अधिकारी अहंकारवश एक-दूसरे के नेतृत्व को न स्वीकारें, शांतिकाल में परस्पर सहयोग न करें, युद्धकाल में हठपूर्वक अपनी भूमिका न निभाएँ, ऐसी विकृतियों पर सूक्ष्म दृष्टि रखते थे। कहीं भी कोई रुकावट जान पड़ने पर उसका तत्काल समाधान करते थे। स्वराज्य के लिए विजय-प्राप्ति में सैन्य अधिकारियों का झूठा अहंकार बाधक न बने, इस पर सदैव उनका ध्यान रहता था।

शिवाजी ने सांघिक लक्ष्य व एकीकृत संचालन व्यवस्था को आकार दिया। यही कारण है कि उनकी एक भी मुहिम में हमला करते समय या पीछे हटते समय कहीं बिखराव नजर नहीं आता। युद्ध में प्रतिपल बदलती परिस्थितियों में तत्काल क्रिया और प्रतिक्रिया के लिए आवश्यक परिवर्तन वे अल्प समय में कर लेते थे। बहलोल खान से युद्ध करते समय जब प्रतापराव गुर्जर वीरगति को प्राप्त हुए तो वापस लौटती मराठा सेना के पीछे आदिलशाह की सेना लग गई। ऐसे समय पंचहजारी सरदार हंसाजी मोहिते ने आदिलशाही सेना पर हमला कर पराजय को जय में बदल दिया। प्रतापराव की मृत्यु से दुःखी महाराज को जब इस पराक्रम की सूचना मिली तो उन्होंने हंसाजी का नाम परिवर्तित कर 'हंबीर राव मोहिते' रखा और उन्हें सर सेनापति बना दिया।

शिवाजी की व्यूह रचना हर बार नई होती थी। अचानक पैंतरा बदलकर प्रहार करने की उनमें असाधारण क्षमता थी। उनके इन गुणों पर प्रकाश डालते हुए यूरोपियन यात्री ए.बी. कैरी लिखता है—"राजकुमार शिवाजी को सारे देश से प्राप्त होनेवाली गुप्त सूचनाओं की कमी नहीं थी। उसके आधार पर वह सारी योजनाएँ और तैयारियाँ करता था। एलेक्जेंडर की तरह अपने सैनिकों से कहता था कि शत्रुओं के पास जितनी ज्यादा सुख-सुविधाएँ होंगी, भोग-विलास व शानो-शौकत के जितने ज्यादा साधन होंगे, उनमें उतना ही कम साहस होगा। वह अपने

सारे सैनिकों को लौह कवच से ढका देखना चाहता था, जो सैनिक के वास्तविक आभूषण हैं। इन सबके अतिरिक्त उसके पास और भी दाँवपेंच थे, जिससे बच निकलना दुश्मन के लिए कठिन होता था। उसकी योजनाएँ कभी किसी को मालूम नहीं होती थीं। जब यह सोचा जाता था कि वह सारी सेना के साथ खड़ा होगा, तब सबको चौंकाते हुए उसके विपरीत किसी दूसरे स्थान पर वह दिख जाता था, जिसकी अपेक्षा किसी को नहीं होती थी। वह कुछ समय तक सूरत की सीमा पर रहा, जहाँ से अधिकतम लोग आते-जाते थे। सब मानते थे कि यहाँ से वह अहमदाबाद की ओर आगे बढ़ेगा; चूँकि अहमदाबाद अमीर व शक्तिशाली मुगल शहरों में से एक था। जब उसकी सेना मुगल क्षेत्र के लिए खतरे की घंटी बनी हुई थी तब सबको चौंकाते हुए वह गोलकुंडा के द्वार पर पहुँच गया और उसने वहाँ के राजा से लड़ने या 2 लाख पगोड़े का हर्जाना देने को कहा।[43] अचानक हुए इस हमले से वहाँ का राजा इतना डर गया कि उसने तत्काल 2 लाख पगोड़े भेज दिए; चूँकि गोलकुंडा का राजा अपने शहर को बचाने की स्थिति में नहीं था व उसकी पूरी सेना फ्रांस के विरुद्ध सैन थॉम को ढूँढ़ने में लगी थी और शहर में केवल व्यापारी व अधिकारी ही मौजूद थे। अत: उसने हर्जाना देना ही ठीक समझा। संपूर्ण पूरब में यह तथ्य बहुतों को मालूम था, किंतु शिवाजी को यह सूचना फ्रांसीसियों द्वारा दी गई थी, जिनके साथ उनके मित्रवत् संबंध थे। शिवाजी ने युद्ध की तैयारी कर गोलकुंडा के राजा के यहाँ आर्थिक अभाव पैदा कर दिया व युद्ध की मूलभूत आवश्यकताओं से वंचित करके फ्रांसीसियों के विरुद्ध निरंतर युद्ध जारी रखने से रोक दिया।''

शिवाजी युद्ध के पहले व बाद में अपने सभी सैनिकों से आत्मीयतापूर्वक मिलते थे। जितने वे अनुशासन के लिए कठोर थे, उतने ही घायल सिपाही के लिए कोमल व ममतामयी भी थे। अफजल खाँ की सेना को परास्त करने के बाद सभासद ने लिखा है—''दुर्ग से नीचे

उतरकर शिवाजी अपने सारे सैनिकों से मिले। वे अफजल खाँ के आदमियों से भी मिले। अपने सिपाहियों के जो युवक सेना में लड़ने योग्य थे, उन्हें विश्वास दिलाते हुए सेवा में ले लिया। जिन वीरांगनाओं के पुत्र नहीं थे, उनके लिए मृत पति के वेतन का आधा हिस्सा उन्हें आजीवन दिलवाने का आदेश दिया। घायलों को उनके घाव के अनुसार 200, 100, 50 या 25 होन दिए गए।''[44]

शिवाजी की सैन्य व्यवस्था[45]

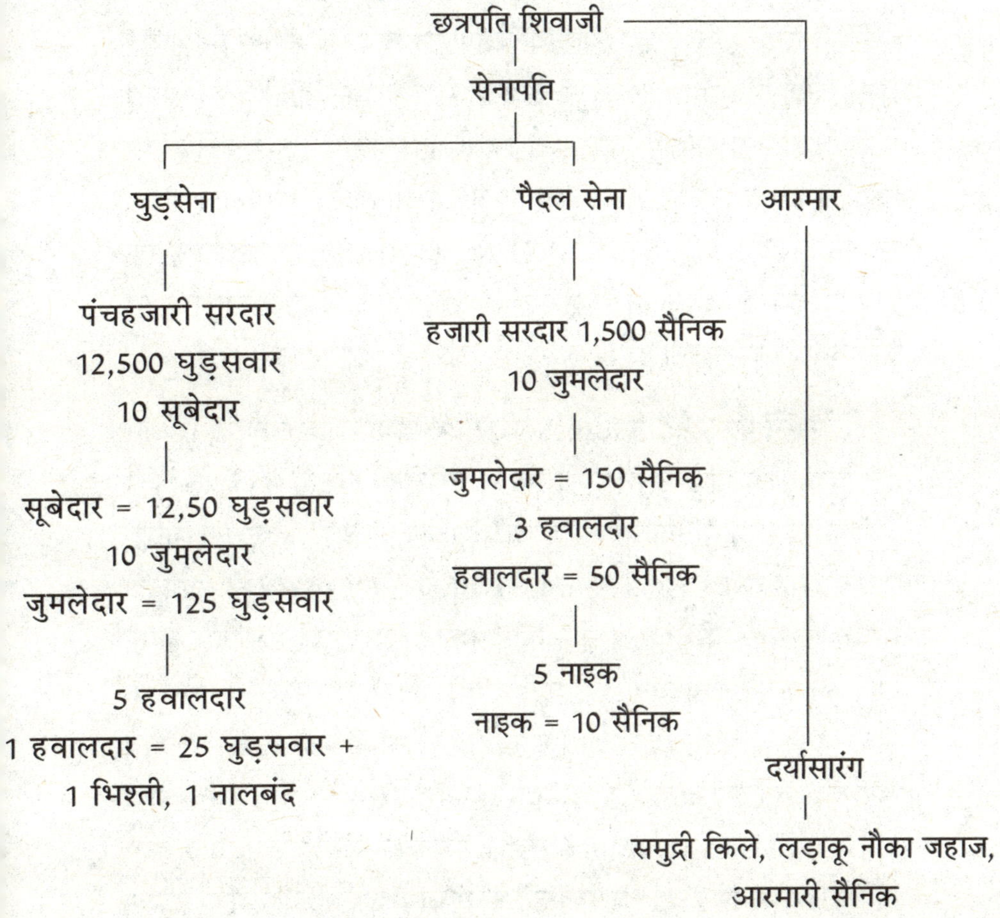

छत्रपति शिवाजी

सेनापति

घुड़सेना

पंचहजारी सरदार
12,500 घुड़सवार
10 सूबेदार

सूबेदार = 12,50 घुड़सवार
10 जुमलेदार
जुमलेदार = 125 घुड़सवार

5 हवालदार
1 हवालदार = 25 घुड़सवार +
1 भिश्ती, 1 नालबंद

पैदल सेना

हजारी सरदार 1,500 सैनिक
10 जुमलेदार

जुमलेदार = 150 सैनिक
3 हवालदार
हवालदार = 50 सैनिक

5 नाइक
नाइक = 10 सैनिक

आरमार

दर्यासारंग

समुद्री किले, लड़ाकू नौका जहाज,
आरमारी सैनिक

रक्षा मंत्रालय

वर्तमान भारत में सेना के एकीकृत कमांड की कितनी आवश्यकता है, यह विचारणीय है। समय-समय पर युद्ध विशेषज्ञ इसकी सलाह देते हैं। कारगिल युद्ध के पश्चात् गठित कमेटियों ने भी इस हेतु सुझाव दिए हैं। उसके कुछ अंश इस प्रकार हैं—

"The committee also found unified command HQs intelligence structure lacking in timely and continuous analysis and assessment of intelligence, which is critical to the success of cooperation."[46]

समुद्र से कसाब आए या कारगिल में कपड़े बदलकर पाकिस्तानी सैनिक। चीन व विश्व की शक्तियाँ व्यापार व विकास के नाम पर भारत, भूटान, नेपाल, म्याँमार, श्रीलंका के क्षेत्रों में प्रवेश करें या हिंद महासागर में लक्षद्वीप जैसे टापुओं पर अपनी आवाजाही बढ़ाएँ, इन सब बातों पर किसी भी प्रकार की गुप्तचर असफलता अस्वीकार्य है। हमला होने पर संयुक्त कमांड न होने का इससे दुःखद उदाहरण क्या हो सकता है कि 26/11 के मुंबई हमले के लिए भेजे गए कमांडो को मुंबई विमान तल पर बसों का इंतजार करना पड़ा।

सेना में शस्त्र नहीं लड़ते, उसके पीछे खड़ा व्यक्ति लड़ता है और इस व्यक्ति के पीछे उसमें बसा मन व मस्तिष्क लड़ता है। इसका यह अर्थ नहीं कि आधुनिकतम शस्त्रों का प्रशिक्षण या व्यूह-रचना का महत्त्व कम है। यह सब श्रेष्ठ-से-श्रेष्ठ होना चाहिए; किंतु इन सबकी सफलता मनुष्य के मन-मस्तिष्क व ज्ञान की क्षमताओं पर टिकी है, जिसे अपने देश, ध्वज, निशान, जन व अपनी धरती की रक्षा के कर्तव्य-बोध के अलावा अन्य किसी भी माध्यम से खड़ा नहीं किया जा सकता। भारतीय सेना की सफलता और शौर्य का यही रहस्य है। सन् 1965 व 71 के पाक युद्ध में पाकिस्तानी अत्याधुनिक सेबरजेट व पैटन टैंकों की भारत के कम आधुनिक नेट, मिग व विजयंत टैंकों ने धज्जियाँ उड़ा दीं तो उसका कारण भारतीय सैनिकों में बसी यही गुणात्मकता थी। इसे बढ़ाने का मंत्र सतत

विकसित करते रहना होगा। शिवाजी ने इस प्रेरणा को योजनाबद्ध ढंग से विकसित किया था। यही कारण है कि पुरंदर के युद्ध में मुगलों के सरदार दिलेर खान ने वीर मराठा सरदार मुरारबाजी देशपांडे के पराक्रम को देखा तो उसके मुँह से अनायास ही निकल गया—"यह कैसा सैनिक खुदा ने पैदा किया है?"

सेना और समाज तथा सेना व व्यापारियों में कैसे संबंध हों, इस संबंध में शिवाजी ने जो नीति कायम की, वह समय-समय पर उनके पत्रों से व्यक्त होती है। 9 मई, 1674 को शिवाजी के कार्यालय से एक पत्र जुमलेदार, हवालदार और कारकून प्रभारी सैन्य टुकड़ी ग्राम हलवर्ण जिला चिपलून दाभोल संभाग को संबोधित करते हुए लिखा गया[47]—

"महाराज ने घुड़सवारों की एक टुकड़ी को चिपलून में नियुक्त किया है। वहाँ से अभी उसके हटने की कोई संभावना नहीं है। सभी आवश्यक सामग्री और खाद्य पदार्थ, जो बरसात के मौसम को ध्यान में रख दाभोल संभाग में संगृहीत की गई थी, वह लगभग समाप्त हो चुकी है। इससे वहाँ की प्रजा पर सेना की जरूरतों को पूरा करने का अतिरिक्त भार पड़ रहा है। घुड़सवारों को वैशाख की गरमी में 20 दिन तक निष्क्रिय रहना होगा। उनके लिए आवश्यक मक्के की पूर्ति विभिन्न दुर्गों से की जा रही है। उपलब्ध रसद को सँभालकर उपयोग में लाना है। यदि वर्षा के दिनों में रसद खत्म होती है तो उसकी पूर्ति नहीं की जा सकेगी, जिसके कारण सैनिक भूखे रहेंगे और घोड़े मरने लगेंगे। इसका अर्थ यह होगा कि आपने स्वयं उन्हें मार डाला है।

"रसद खत्म हो जाने की स्थिति में संभव है कुछ सैनिक लोगों को लूटें। कुछ किसानों से अनाज छीनें। आपके इस व्यवहार के परिणामस्वरूप छोटे गरीब किसान पलायन करेंगे। इस प्रकार के व्यवहार की किसी सैनिक से अपेक्षा नहीं है। असंयमित व्यवहार के कारण आप मुगलों से बदतर हो जाएँगे। आपको घोड़ों व लोगों की दुर्दशा के लिए

जवाबदार माना जाएगा। इसलिए सैनिको, इन सब बातों को ध्यान में रखकर आपको व्यवहार करना है। भले ही आप घुड़सवारों के साथ-साथ या भिन्न-भिन्न गाँवों में रह रहे हैं, लेकिन आप किसी के भी साथ लूटपाट नहीं कर सकते और आप अपने क्षेत्र से बाहर भी नहीं जाएँगे। आपको राजा के द्वारा वेतन दिया जाता है। जब भी किसी को अनाज, घास, ईंधन या सब्जी की आवश्यकता हो तो वह उसे क्रय करेगा। फेरीवालों से न कोई लड़ाई करेगा और न ही उन पर अनावश्यक दबाव बनाएगा। अधिकारी रसद को इस तरह से वितरित करेंगे कि वह घुड़सवारों के लिए एक पूरे मौसम तक चल सके। प्रबंधन इस प्रकार करना होगा, जिससे आपको प्रतिदिन भोजन और घोड़ों को भी आहार प्राप्त हो सके तथा वे ताकतवर रहें। किसी भी स्थिति में, किसी भी वस्तु के लिए अधिकारियों से बहस या मन-मुटाव न किया जाए। अधिकारियों से यह कहना कि हमें यह चाहिए अथवा उस चीज की आवश्यकता है, ठीक नहीं है। सामग्री संग्रह किए हुए भवनों में जबरदस्ती घुसना या उसे खराब करने की कोशिश करना पूरी तरह प्रतिबंधित है।

''टुकड़ी बैरक में रहती है, संभव है सैनिकों द्वारा जलाए गए दीपक, मशाल या लापरवाही से फेंकी गई अग्नि के कारण अचानक दुर्घटना हो सकती है। अस्थायी सैनिक आवास (बैरक) में आग लगने से परिसर के दूसरे भाग भी जल सकते हैं। नए आवास बनाने के लिए यदि लकड़ी उपलब्ध नहीं हुई तो एक भी नए आवास का निर्माण नहीं हो सकेगा, यह सभी को ज्ञात है। अधिकारियों को निरीक्षण में यह जान लेना है कि कहीं इस प्रकार का कोई खतरा तो नहीं है। यदि रात में दीपक जलाए जाएँ तो उसे दूर सुरक्षित रखना है, जिससे चूहों की हरकतों से उसे बचाया जा सके। आग से सावधानी रखना और प्रत्येक वस्तु को सुरक्षित रखना आवश्यक है, तभी घोड़े हर स्थिति में जिंदा रह पाएँगे, अन्यथा उनकी देखरेख का कोई अर्थ नहीं होगा, क्योंकि अभाव व अव्यवस्था के कारण अंत में सब समाप्त हो जाएगा और तब आप सभी मुक्त होंगे। इन

सभी कारणों पर आपका ध्यान दिलवाने के लिए यह विस्तृत पत्र लिखा है।

"सारे जुमलेदार, हवालदार और कारकून इस आदेश को ध्यान से सुनकर हर मुश्किल परिस्थिति के लिए तैयार रहें। आपको बारंबार, दिन-प्रतिदिन अवलोकन कर सख्त निर्देश देने होंगे और जो भी असफल होगा, वह दोषी पाया जाएगा। जो मराठों के मान पर दाग लगाने की कोशिश करेगा, उसे छोड़ा नहीं जाएगा, इसलिए सचेत रहकर सभी कार्य करें।"

शिवाजी समय-समय पर स्वराज्य की सेना में ऊपर से नीचे तक मानवीय व सामाजिक संवेदना को खड़ा करने का प्रयत्न हमेशा करते थे। शिवाजी की सेना विदेशी संसाधनों का प्रयोग करते हुए भी पूर्णतः स्वराज्य की सेना थी।

आगे चलकर कभी-न-कभी हमें भारतीय अर्द्धसैनिक बल व अन्य सुरक्षा व्यवस्था में शेष रह गई ब्रिटेन की छाया को हटाना होगा, जिसमें हमारे काम करने का अपना तरीका होगा, हमारी आज्ञाएँ होंगी और हमारी अपनी व्यूह-रचना होगी। ब्रिटेन के उपनिवेश रहे देशों के अलावा विश्व का कौन ऐसा देश है, जिसकी ये सब बातें उसके अपने देश की नहीं हैं? शिवाजी की सैन्य-रचना और उसके मौलिक तत्त्वों को समझकर हमें आगे बढ़ना होगा। ■

आज्ञा-पत्र 17

सहयोगियों से व्यवहार

राजा को मसखरेबाजी, मजाक, हँसी-ठिठोली की आदत से बचना चाहिए। मित्र, सहयोगी अंततोगत्वा सेवक होते हैं। अगर उनके साथ हँसी-मजाक किया जाए तो फिर उसकी कोई सीमा नहीं रहती। परिणामस्वरूप, मित्र सीमा का अतिक्रमण कर गरिमा को ठेस पहुँचाते हैं। इसलिए उनके साथ किसी भी प्रकार का हलका व्यवहार नहीं करना चाहिए, क्योंकि संवाद के अंत में कभी-कभी ऐसे क्षण आते हैं जब संबंधों की गरिमा व व्यवहार की मर्यादा टूट जाती है, जो क्रोधवश खून-खराबे व हत्याओं के दौर में बदल सकती है। अत: राजा को उपहास व हँसी-ठट्ठों की प्रवृत्ति से बचना चाहिए। मसखरेबाजी में बोली गई बातों पर स्वयं को अक्लमंद और चातुर्यपूर्ण वक्ता नहीं मानना चाहिए। राजा के मन में इस संबंध में कोई भी झूठा हर्ष नहीं होना चाहिए।

जन-संपर्क

शिवाजी का जन-संपर्क उनके व्यक्तित्व से प्रारंभ होता था। फ्रेंच यात्री रेवरेंड जॉन ऐस्कोलिएट लिखता है—"उनकी आँखों में तेज है। उनके चेहरे पर सदैव एक मुसकान रहती है। वे संबोधन करें तो हर एक को ऐसा लगता है कि वे मुझसे ही बात कर रहे हैं और मेरी ओर ही देख रहे हैं।" मुगल सेना के राजपूत सरदारों ने लिखा है—"वह राजाओं जैसी बातें करता है।"[48]

आगरा में नजरबंद होने और प्रतिपल बढ़ते खतरे के बीच भी उन्होंने अपना जन-संपर्क जारी रखा; वहाँ पदस्थ विभिन्न अधिकारियों, राजाओं, धर्माचार्यों व सेवालयों में जाकर प्रत्यक्ष भेंट-चर्चा की। फलों की टोकरियाँ और मिठाइयाँ भिजवाकर उन्होंने सभी के मन में अपने लिए स्वीकार्यता खड़ी की। यह शिवाजी का सूचना तंत्र और जन-संपर्क का ही कौशल था, जिसने सफलतापूर्वक आगरा की नजरबंदी से निकल जाने की योजना को अंतिम रूप दिया। उस पूरे घटनाक्रम में सूचना, सहायता व सहयोग देनेवालों का कोई नाम इतिहास में दर्ज नहीं है, किंतु सफलतापूर्वक किए गए इस अभियान में उन अनाम नायकों की असाधारण भूमिका को सहज ही समझा जा सकता है।

महाराज के जन-संपर्क में उनके वाक्-चातुर्य का भी विशेष स्थान है। हैदराबाद में दक्षिण विजय के उपलक्ष्य में हाथियों की भिड़ंत का खेल आयोजित हुआ। कुतुबशाह ने अपने एक विशाल हाथी को दिखाते हुए शिवाजी से कहा, "क्या आपके राज्य में ऐसा कोई हाथी है?" शिवाजी ने येसाजी कंक की ओर देखकर कहा, "हाँ, ये है न।" मैदान में हाथी और येसाजी को उतारा गया। द्वंद्व प्रारंभ होने का संकेत हुआ। द्वंद्व प्रारंभ होते ही पहले क्षण में एक ही वार से येसाजी कंक ने हाथी की सूँड़ काट दी। कुतुबशाह ने येसाजी की भूरि-भूरि प्रशंसा की और शिवाजी से इस हाथी की माँग कर दी। महाराज ने प्रत्युत्तर में जो कहा, वह जन-संपर्क की श्रेष्ठ भाषा है। उन्होंने न 'हाँ' कहा और न 'न'। माँग का जवाब देते

हुए कुतुबशाह से कहा, "मैंने श्रेष्ठ मोतियों की माला बनाई है। आप बीच का मोती माँग रहे हैं, इसे कैसे दे दूँ?" शिवाजी ने कुतुबशाह को नाराज भी नहीं किया और साथियों को भी संदेश दे दिया कि वे उन्हें कितना स्नेह करते हैं।

आज के प्रबंधन-शास्त्र में 'न' बोलने की कला को कुशल संवाद के अध्याय में पढ़ाया जाता है। महाराज के जीवन में यही सफलतापूर्वक बोली गई 'न' और 'हाँ' अलग-अलग स्थानों पर साफ दिखाई देती है।

शिवाजी के कुशल जन-संपर्क का रहस्य उनके कुछ प्रमुख गुणों में छिपा है, जो उनके व्यक्तित्व में निहित है। उसे उनके प्रमुख सहयोगी रामचंद्र पंत ने नौ भागों में बाँटा है।

शिवाजी के गुण	आज का दृश्य
1. भगवान् पर निष्ठा	आज के कुछ नायकों में या तो भगवान् पर निष्ठा नहीं अथवा वह है भी तो अपनी कुरसी व पद के लिए पाठ, पूजा, यज्ञ, जप, गंडे, तावीज व मुरगों, बकरों की बलि देने तक सीमित है। सेवा और अध्यात्म से स्वयं का विकास और उससे जनसेवा नहीं के बराबर है।
2. प्रखर	तेज तो तप का होता है, निष्ठा का होता है, साधना का होता है। चूँकि यह सब अब प्रधान मात्रा में नहीं रहे तो प्रेस-कॉन्फ्रेंस या भाषण के पहले प्रखरता पैदा करने हेतु ब्यूटी पार्लर ही कुछ नायकों का सहारा है।
3. राजनीतिक कला का उत्तम ज्ञान	अधिकांश नायकों का स्वाध्याय करने का अभ्यास केवल समाचार-पत्रों की हेडलाइन पढ़ने तक सीमित रह गया है। नई पुरानी विषय संबंधित किताबें पढ़ने का तो सवाल ही नहीं। कट, कॉपी-

पेस्ट से लेख लिखे और भाषण दिए जाते हैं। सामान्य ज्ञान से कार्य चलाने की संस्कृति का चारों ओर बोलबाला है।

4. **दर्शनीय** — शिवाजी की दर्शनीयता चरित्र के कारण थी, जिसे उन्होंने प्रयत्नपूर्वक खड़ा किया था। आर्थिक, सामाजिक व व्यक्तिगत चरित्र पर मौन रहने वालों के लिए इस युग में आज यह शब्द शायद अप्रासंगिक हो गया है अथवा समाप्त हो गया है!

5. **रत्न परीक्षा** — इसका संबंध युग के साथ बदल गया है। रत्न परीक्षा = योग्य कार्यकर्ताओं का चयन।

6. **अश्व परीक्षा** — अश्व परीक्षा = कार्य को गति देनेवाले तंत्र का निरंतर विकास।

7. **शस्त्र परीक्षा** — शस्त्र परीक्षा = देश व प्रदेश की सुरक्षा के लिए चलनेवाले तंत्र को सशक्त व सशस्त्र करने का सतत आग्रह।

8. **रसिक संभाषण** — शिवाजी अर्थ व रसपूर्ण संवाद करते थे। उनकी विनम्रता सहज थी। उनका आत्मविश्वास दंभ नहीं था। वे विनम्र थे, लेकिन याचक नहीं। ऐसे विभिन्न गुणों से परिपूर्ण व्यक्तित्व का रसिक होना स्वाभाविक है। इस कला के विकास में उन्हें घर से प्राप्त संस्कारों की भी बड़ी भूमिका थी, जबकि आज अधिकांश घरों के सदस्यों का नए नायकों को आग्रह होता है कि वह राजनीति या सार्वजनिक जीवन में देशसेवा करने नहीं, बल्कि कॅरियर बनाने जाएँ। इसलिए कुछ भी कर आगे बढ़ो, विनम्रता का अभिनय करो। ऐसा नायक रसहीन व नाटकीय संभाषण करता है। जो भीड़ उसके चारों ओर दिखाई देती है, वह स्वार्थी व चाटुकारों की होती है।

9. आँखों में शर्म आँखों में शर्म व लज्जा कुलधर्म के संस्कारों के कारण आती है, जो केवल शिवाजी की आँख से नहीं, पूरे शरीर से झरती थी। आज जब सार्वजनिक जीवन में नए प्रवेश करनेवाले कार्यकर्ता लज्जा छोड़कर मंचों पर जा बैठे पुराने नायकों को देखता है, तब वह भी बेशर्मी से मंच पर चढ़ने तथा केंद्रीय स्थल तक पहुँचने में लग जाता है। तब लज्जा न आँखों में होती है, न शरीर में।

राजा (नायक) के हृदय की संवेदना उसे विराट् या छोटा बनाती है। यह संवेदना उसके व्यक्तित्व-विकास में महत्त्वपूर्ण भूमिका निभाती है। साथ ही यह संवेदना राजा को अपनी शक्ति-प्रयोग में उसके अनुपात का मंत्र भी सिखाती है। बिल्ली जिन दाँतों से अपने शिकार को चीर डालती है, उन्हीं दाँतों में अपने बच्चे को दबाकर दीवार कूद जाती है। दोनों कार्यों में अंतर शक्ति के अनुपात का है। नायक की यह संवेदना उसके जन-संपर्क का भी प्रमुख आधार बनती है, क्योंकि इससे ही उसके लोक-कल्याणकारी होने की छवि विस्तार पाती है।

दुर्भाग्य से वर्तमान राजनीतिक परिदृश्य में कार्यकर्ता अपने प्रधान नेता के जन्म-दिवस या स्मृति-दिवस पर अस्पतालों एवं अनाथाश्रमों में पीड़ितों को एक-एक फल बाँटकर फोटो खिंचवाते हैं। यह मानवीय संवेदना का विकृत प्रदर्शन है। जन्मदिवस मनाना—यह मित्र मंडली व परिवार का विषय है। भारतीय परंपरा में 51, 61, 75, 100 व सहस्र चंद्र दर्शन वाले जन्म वर्ष को मनाने की प्रथा है, किंतु सस्ती लोकप्रियता के लिए हर वर्ष पूरे सप्ताह जन्मदिवस मनवाना, सड़क-चौराहों पर ढेरों होर्डिंग लगवाना व्यक्तिनिष्ठ राजनीति का काला पक्ष है। राजनीति में सेवा और संवेदना आडंबर नहीं, कर्तव्य है। योग्य नायक इसे बिना किसी दिखावे के प्रामाणिकता से करता है और जीवन के अंत में यश को प्राप्त करता है।

संकेत

वन एवं पर्यावरण

शिवाजी ने शासकीय आज्ञा-पत्र जारी कर प्रजा में यह आदेश पहुँचाया था कि जहाँ तक संभव हो, सूखे और मृत हो चुके पेड़ों के ही प्रयोग से विभिन्न प्रकार के कार्य पूरे किए जाएँ। जब अत्यंत आवश्यक हो और कोई हरा पेड़ काटना ही पड़े तो उसके मालिक की स्वीकृति से ही वह पेड़ काटा जाए। पेड़ों और जंगलों के प्रति शिवाजी की यह संवेदना उनके गहरे पर्यावरण-प्रेम व पर्यावरण की समझ को बताती है।

वन व पर्यावरण की यह मौलिक समझ जो शिवाजी में थी, उसका अनुपात आज के कर्णधारों में कितना है, यह जानना रुचिकर है। गत 64 वर्षों में सघन वनों के क्षेत्र में कमी आई है। इस कमी को छुपाने के लिए उन्होंने जंगलों की कई श्रेणियाँ बना डालीं; जैसे—घास का जंगल, झाड़ियों का जंगल और बड़े पेड़ का जंगल। इन वन-ज्ञानियों को कौन बताए कि घास या झाड़ियों को जंगल नहीं कहा जाता है। इस प्रकार कटते हुए जंगल कमजोर राजनीतिक इच्छाशक्ति व समझ के परिणाम हैं।

महिला सशक्तीकरण

भारत का गत 1000-1200 वर्षों का इतिहास महिलाओं के सतत संघर्ष का इतिहास है। वह विदेशी आक्रांताओं द्वारा उन पर हुए घोर अत्याचार, बलात्कार व हत्याओं की पीड़ाओं का समय था। इस काल में महिलाओं ने खूब संघर्ष किया। चाहे अकबर का दुर्गावती से संघर्ष हो या रानी पद्मिनी का अलाउद्दीन खिलजी से। वस्तुत: स्त्री से व्यवहार करने

आज्ञा-पत्र 18

शिवाजी की पर्यावरण-दृष्टि

नौसेना के लिए जहाज निर्माण हेतु ठोस व अच्छी लकड़ी की आवश्यकता होती है। स्वराज्य के जंगलों में सागौन के जो वृक्ष हैं, उनमें से जो अनुकूल हों, वे अनुमति के साथ काटे जाएँ। ज्यादा आवश्यकता होने पर अन्य राज्य या देशों से अच्छी लकड़ी खरीदकर लाई जाए।

स्वराज्य के जंगलों में आम व कटहल के पेड़ हैं, जो जलपोत निर्माण के काम आ सकते हैं; परंतु उन्हें हाथ न लगाया जाए, क्योंकि ये ऐसे पेड़ नहीं हैं, जो साल-दो साल में बड़े हो जाएँ। जनता ने उन पेड़ों को लगाकर अपने बच्चों की तरह पाल-पोसकर बड़ा किया है। ऐसे पेड़ काटने से उनके पालकों के कष्ट की कोई सीमा नहीं रहेगी।

किसी को दुःखी कर किया जानेवाला कार्य और उसे करनेवाले थोड़े समय में ही समाप्त हो जाते हैं तथा प्रदेश के मुखिया को प्रजा-पीड़ा की हाय झेलनी पड़ती है। इन वृक्षों को काटने से हानि भी होती है। इसलिए आम व कटहल जैसे फलदार वृक्ष कभी न काटे जाएँ।

कोई एकाध पेड़, जो जीर्ण-शीर्ण व वृद्ध हो गया हो, उसे उसके मालिक की आज्ञा से ही काटा जाए। साथ ही उसके मालिक को क्षतिपूर्ति की राशि भी दी जाए। जोर-जबरदस्ती व बगैर अनुमति के कोई पेड़ न काटा जाए।

की यह एक मानसिकता है, जो तब से लेकर आज तक चली आ रही है। अभी कुछ समय पहले ही केरल के सर्वोच्च न्यायालय ने 'लव जिहाद' को संज्ञान में लेते हुए वहाँ की राज्य सरकार से स्थिति स्पष्ट करने को कहा। नारी के प्रति इस विकृत मानसिकता के दौर में शिवाजी उसका दूसरा छोर हैं। 14 वर्ष की आयु में स्त्री अपमान की घटना पर उनका निर्णय और जीवन की अंतिम दक्षिण विजय के अभियान में उनके अधिकारी द्वारा किए गए स्त्री अपमान पर उनका निर्णय, ये दोनों समान हैं। दोनों के पीछे जो वैचारिक स्पष्टता और निर्णय-पालन में बरती गई कठोरता समान है। उन्होंने अपने राज्य में स्त्री के सम्मान को प्रधानता दी और उससे दुर्व्यवहार करनेवाले को कठोर-से-कठोर दंड दिया। नारी के प्रति शिवाजी की यह दृष्टि किसी रणनीति का नहीं, बल्कि उनकी सहज नीति का परिणाम थी।

शिवाजी ने अपने राज्य में प्रत्यक्ष व अप्रत्यक्ष व्यवहार और संदेश के द्वारा महिला सशक्तीकरण के जो कदम उठाए, वे आज भी अनुकरणीय हैं। ■

अल्पसंख्यक

शिवाजी ने जीवन भर जिन शक्तियों से संघर्ष किया, उनमें से तीन बड़ी शक्तियों के कर्ता-धर्ता इसलाम के माननेवाले थे—मुगल, कुतुबशाही व आदिलशाही। उन्होंने एक अथवा दूसरे से सतत संघर्ष किया, किंतु ऐसा करते हुए भी वे मुसलिम-विरोधी नहीं थे, यह उनकी वैचारिक स्पष्टता को व्यक्त करता है। शिवाजी की सेना में महत्त्वपूर्ण सैन्य अधिकारियों के पद पर मुसलिम समाज के कई लोग कार्य करते थे। दौलत खान, नूर खान बेग, सिद्दी हिलाल और मुल्ला हैदर उनमें से कुछ प्रमुख नाम हैं।

शिवाजी के शासनकाल में कोई ऐसा उदाहरण नहीं है, जिसमें

पारदर्शिता

प्रसिद्ध इतिहासकार प्रो. सरकार ने 10 जनवरी, 1910 के 'मॉडर्न रिव्यू' में 'The Legacy of Shivaji' शीर्षक के अंतर्गत विस्तार से लिखा— "राज्य के संपूर्ण खजाने की एक-एक वस्तु का और सारी चल व अचल संपत्ति का विवरण अत्यंत व्यवस्थित ढंग से रखा गया था, जो सार्वजनिक संपत्ति को रखने का श्रेष्ठ उदाहरण है।"

किसी अल्पसंख्यक महिला को लेशमात्र भी प्रताड़ित किया गया हो। उलटा जब भी किसी युद्ध के बाद आदिलशाही, कुतुबशाही या मुगलों ने अपने ऐशो-आराम के लिए जिन महिलाओं को अपने कब्जे में कर रखा था, उन्हें शिवाजी ने ससम्मान या तो उनके घर पहुँचा दिया अथवा मुक्त कर दिया, जबकि उसी काल में 300 वर्षों तक दिल्ली में शासन करनेवाले मुगलों के दरबार में ऐसा एक भी उदाहरण नहीं मिलता। मुगल दरबार में प्रस्तुत की गई या युद्धक्षेत्र में बलात् प्राप्त की गई स्त्री को या तो उन्होंने हरम में रखा या दिखाने के लिए शादी की अथवा किसी दूसरे को भेंट कर दी; किंतु ससम्मान उस महिला को घर पहुँचाया हो, यह दूर-दूर तक कहीं नजर नहीं आता।

सूरत विजय के समय हुई घटना पर फ्रांसीसी प्रवासी फ्रांसिस बर्नियर लिखता है—"सूरत में स्थित एक डच क्रिश्चियन के घर को शिवाजी ने सुरक्षित रखा। घर का प्रमुख मर गया था, इसलिए शिवाजी ने उसकी विधवा पत्नी व परिवार की अन्य महिलाओं को संरक्षण प्रदान किया, उनकी सुरक्षा में सैनिक लगाए और उन्हें निर्भय रहने का वचन दिया।"[49]

वेनोव्ह लिखता है—"रेवरेंड फादर एंब्रोस ने शिवाजी से विनती की तो महाराज ने चर्च को पूरी तरह रहम/छूट प्रदान की।"[50]

औरंगजेब ने जब जजिया कर लगाया तो सन् 1669 में शिवाजी ने उसे एक पत्र लिखा। उसके कुछ अंश इस प्रकार हैं—"अगर आपका पवित्र ग्रंथ कुरान पर विश्वास हो तो उसमें ईश्वर का वर्णन रब-उल-आलमी अर्थात् सभी लोगों का ईश्वर—इस रूप में किया गया है। रब-उल-आलमी का मतलब केवल मुसलमानों का ईश्वर नहीं है। मसजिद या मंदिर में उसकी ही पूजा होती है। किसी के धर्म को दोष दिया तो इसका मतलब जो ईश्वर ने बताया है, उसे नकारना है। लोगों पर जुल्म हुआ तो वे दुःखी होंगे, इस दुःख से धुआँ निकलेगा, इस धुएँ से आपका

आज्ञा–पत्र 19

प्रशासन में प्रायश्चित्त

यदि दोषारोपित व्यक्ति उचित व सही जाँच के पश्चात् निर्दोष पाया जाता है तो उसे कई विधियों से संतुष्ट किया जाना चाहिए, ताकि उसके मन में पद से हटने के संबंध में कोई ऊहापोह या संशय न हो; परंतु उसे वापस उसी पद पर नहीं भेजा जाना चाहिए। उसे चार–छह माह का वेतन देकर शाही सेवा में रखा जाए। तत्पश्चात् उसे उसके लायक योग्य किसी दूसरे कार्यस्थल पर भेज देना चाहिए। इसके अतिरिक्त कोई कर्मचारी सही अथवा गलत विवादास्पद कथनों के कारण हटाया गया हो और जो बाद में जाँच व न्यायिक प्रक्रिया में निर्दोष साबित हुआ हो तो भी उसे पूर्ववर्ती स्थान पर नियुक्त नहीं करना चाहिए। कोई दोषी पाया जाए तो उसे अपराध के अनुपात में सजा दी जानी चाहिए।

शासन जितना जलेगा, उतना शायद प्रत्यक्ष आग से भी नहीं जलेगा। गरीब लोग कमजोर होते हैं। उन्हें दुःखी करने में कोई बड़प्पन नहीं है।'' अपने इस पत्र में शिवाजी ने औरंगजेब को यह याद दिलाया कि आपके पूर्वज अकबर, जहाँगीर और शाहजहाँ ने जजिया कर हटाया था। शिवाजी की इस स्पष्टवादिता का औरंगजेब पर कितना प्रभाव पड़ा, यह तो अस्पष्ट है, किंतु सच कहने का जो साहस उन्होंने दिखाया है, वह उन्हें माननेवाले प्रत्येक नायक का गुण बने, यह आवश्यक है।

अल्पसंख्यकों के प्रति शिवाजी की दृष्टि व व्यवहार में न तो अनुचित पोषण है, न शोषण। उनका संतुलित व विवेकपूर्ण शासन हिंदू पदपादशाही के मुकुट में जगमगाता ऐसा हीरा है, जिसके लिए कोई भी शासक, वंश या विचारधारा तरस सकती है। ■

भ्रष्टाचार

महाराज को राज्य-व्यवहार में भ्रष्टाचार, चाहे वह आचरण में हो या अर्थतंत्र में, बिलकुल अस्वीकार्य था। उनके सौतेले मामा मोहिते ने रिश्वत ली, यह जानकारी महाराज को मिली तो उन्होंने उसे तत्काल कारागार में डाल दिया और छूटने पर पिता शाहजी के पास भेज दिया।

वैसे ही एक दबंग ने गरीब किसान की भूमि हड़पने की कोशिश की। अपने पद व शक्ति का गलत प्रयोग करनेवाले उस बड़े किसान को शिवाजी ने न केवल प्रताड़ित किया, बल्कि गरीब की भूमि भी सुरक्षित करवा दी।

शिवाजी ने अपने अधिकारियों को जो पत्र लिखे, उनमें भी उनकी भ्रष्टाचार-विरोधी भावना को स्थान-स्थान पर व्यक्त किया। 13 मई, 1671 को लिखे एक पत्र में वे लिखते हैं—''अगर आप जनता को तकलीफ देंगे, उनकी देखभाल न करते हुए (अर्थात् कार्य संपादन हेतु

आज्ञा–पत्र 20

सेवा स्थानांतरण के नियम

वे व्यक्ति, जिन्हें किले की सुरक्षा में नियुक्त किया जाना हो, अस्थिर चित्त, चोर, हत्यारे, नशीले पदार्थों का सेवन करनेवाले हों तो उन्हें सेवा में नहीं रखना चाहिए। सेवा में केवल उन्हें ही रखना चाहिए, जो अपने अच्छे चरित्र के लिए आश्वस्ति पैदा करने में सफल हों। फिर भी, सामान्य अवस्था में दुर्ग के हवालदार को तीन वर्ष में, सरनौबत को चार वर्ष में और सबनीस या कारखानवीस को पाँच वर्षों में स्थानांतरित कर देना चाहिए। इन पदों पर समान योग्यतावाले व्यक्तियों को नियुक्त करना चाहिए।

रिश्वत माँगेंगे) तो लोगों को लगेगा कि इससे तो मुगलों का शासन ही अच्छा था और लोग परेशानी का अनुभव भी करेंगे।''[51]

शिवाजी सर्वत्यागी संन्यासी नहीं थे। वे शासक थे। उन्होंने अपने राज्य-विस्तार के लिए युद्ध लड़े, हमले किए, दुर्गों को जीता और अन्य राज्यों से संधि व वार्त्ताएँ कीं। ऐसा करते समय उन्होंने साम, दाम, दंड, भेद का भरपूर प्रयोग किया। उन्होंने विजय-प्राप्ति हेतु दुश्मनों को जहाँ आवश्यक लगा, वहाँ सभी प्रकार के प्रलोभन दिए, किंतु स्वयं को नारी व नाणे के किसी भी प्रकार के प्रलोभनों से न केवल मुक्त रखा, बल्कि अपने किसी सहयोगी को भी उसमें नहीं आने दिया।

इतिहास की शिक्षा से महाराज जानते थे कि भ्रष्टाचार का एक प्रकार विषकन्या/औरतबाजी भी है और विरोधी देश अपने हित को साधने में इस मार्ग का भरपूर प्रयोग करते हैं। राजमहल में सेंध व राज्यकर्ताओं का व्यभिचार अंत में राज्य के पराजय का कारण बनता है। अत: इस तरह के भ्रष्टाचार के प्रति उन्होंने अत्यंत कठोर व्यवहार रखा, या यूँ कहें कि 'स्वप्न में भी अस्वीकार' की नीति को अपनाया।

स्वप्रेरित राज्य रचना

शिवाजी का सन् 1680 में स्वर्गवास हो गया। दुर्दैव से सन् 1689 में उनके बड़े बेटे संभाजी राजे को भी औरंगजेब ने धोखे से मार डाला। उनका दूसरा पुत्र राजाराम 30 वर्ष की अल्प आयु में सन् 1700 में मृत्यु को प्राप्त हुआ। शिवाजी की मृत्यु का समाचार पाकर औरंगजेब अपने दल-बल सहित सन् 1681 में आगरा से दक्षिण विजय हेतु निकल पड़ा। 27 वर्षों तक वह सह्याद्रि में फैले हुए स्वराज के साम्राज्य को शिवाजी की अनुपस्थिति में भी नहीं जीत पाया और सन् 1707 में दक्षिण में ही मर गया। इसका प्रधान कारण था कि शिवाजी ने स्वराज के विचार को जन-जन का विचार बना दिया था। बार-बार बिखरती सेना, बदलता नेतृत्व

एक इतिहासकार की नजर में

Shivaji was a titanic creator in the realm of politics and nation-building. He had the vision of Mazzini, the dash of Garibaldi, the diplomacy of Cavour, and the patriotism, perseverance, and intrepidity of William of Orange. He did for Maharashtra severance what Frederick the Great achieved for Germany or Alexander the great for Macedonia. In India, later, Ranjit Singh, the Lion of the Punjab, affords a striking parallel. Still, in several respects Shivaji stands alone and unique.

–H.S. Sardesai

(in his book 'Shivaji : The Great Maratha')

और अनिश्चित भविष्य के बीच अगर स्वराज का दीप जलता रहा तो उसका भी कारण यही था कि हर सैनिक व किलेदार स्वयं किसी आदेश की प्रतीक्षा किए बिना स्वराज के लिए क्या हितकर है और शिवाजी अगर होते तो हमसे क्या अपेक्षा करते, यह विचार कर वे कार्य करते गए। उन्होंने न वेतन की चिंता की, न भविष्य की, न जय की, न पराजय की। वे रणनीति बनाते, लड़ते, हारते और जीतते रहे; लेकिन किसी भी परिस्थिति में उन्होंने स्वराज का विचार, स्वातंत्र्य की चेतना और अपने भगवा ध्वज को झुकने नहीं दिया। बीच-बीच में कुछ समय ऐसा भी लगता था, मानो संपूर्ण स्वराज नेतृत्वहीन सा हो गया हो, किंतु तब भी न प्रशासन में ढील आई, न संघर्ष थमा। स्वराज के इन सैनिकों और प्रशासनिक अधिकारियों की अदम्य जिजिविषा से लड़ते-लड़ते अंततोगत्वा एक दिन औरंगजेब हार गया। यह शिवाजी द्वारा खड़ी की गई स्व-संचालित व स्व-नियंत्रित कार्यपद्धति तथा उनके द्वारा बनाए गए कर्मचारी एवं जुझारू सैनिक ही थे, जो इस आँधी में न केवल टिके, बल्कि जीतते भी चले गए। विश्व में सुविचार ही शासन करता है और अमरता को पाता है। उसी को आधार बनाकर समाज आसुरी शक्ति से लड़ता है। पराजय के समय ये विचार व संकल्प उसके अंतिम आधार होते हैं और विजय के समय यह शक्ति उसके संतुलन का कारण बनती है।

शिवाजी और औरंगजेब की शासन व्यवस्था के बीच का यही अंतर उनका भविष्य तय करता है। शिवाजी के अवसान के बाद उनका शासन लड़ता रहा और अनुकूलता मिलने पर दिन-दुगनी रात-चौगुनी गति से बढ़ता गया। 17वीं शताब्दी के पूर्वार्द्ध से उत्तरार्द्ध तक वह अफगानिस्तान से बंगाल तक फैल गया। वहीं दूसरी ओर औरंगजेब के जाने के बाद मुगल साम्राज्य निरंतर सिकुड़ता गया।

किसी भी नायक की परीक्षा उसके न होने पर होती है। उसके

अभाव में व्यवस्था के लोग कैसा कार्य करते हैं ? कैसे निर्णय लेते हैं ? विषम परिस्थिति का सामना कैसे करते हैं ? इन सब बातों से उसका मूल्यांकन संभव है ।

विश्व के कई संगठन और बड़े आंदोलन स्वस्फुटित होकर विस्तार पाते हैं । उन्हें नेतृत्व बहुत बाद में या कभी-कभी मिलता ही नहीं है । वे अगर वटवृक्ष बन पाते हैं तो उसका प्रधान कारण भी यही होता है कि उसका हर व्यक्ति स्वयं को नायक मानकर निर्णय करता है और स्वयंसेवक के रूप में उसके क्रियान्वयन में लगा रहता है । वह फल की अपेक्षा और आदेश की प्रतीक्षा नहीं करता, किंतु यह सच है कि व्यक्ति अथवा समाज की यह अवस्था बड़ी मुश्किल से आती है अथवा यूँ कहें कि दुर्लभ है ।

भारत व चीन जैसी संस्कृतियाँ अगर सदियों से जीवित हैं और हर संघर्ष में वे स्वयं को बचा पाने में सफल हुई हैं तो इसका भी प्रधान कारण यही है । वे प्रकृति से स्वसंचालित एवं स्वनियंत्रित हैं । उनका कोई एक जन्मदाता या संचालक नहीं है । वे कई पंथों को अपने में समाए हुए भी पंथ-निरपेक्ष रहने की क्षमता रखती हैं । भारत का हर गाँव, हर परिवार और हर व्यक्ति स्वयं अपने आप में सनातन संस्कृति का कर्ता-धर्ता है । परिवेश, प्रस्तुति व पूजा-पद्धति में भिन्नता होते हुए भी उनकी दृष्टि और दर्शन में समानता है । यही उसके चिरंजीवी होने का कारण है । अन्यथा भारत ने जितने हमले देखे, जितना शोषण व धर्मांतरण देखा, उसके बाद भी अगर यह मिटा नहीं तो वह केवल अपने स्वप्रेरित, स्वसंचालित स्वभाव के कारण ।

जो यह भ्रम पालते हैं कि भारत सदियों गुलाम रहा या कभी यहाँ सदियों लंबा अंधायुग रहा, वे मानो यह स्थापित करना चाहते हैं कि एक पीलिया व अस्थमा का रोगी, जिसे दिखाई भी कम देता है तथा जिसके हाथ-पैर भी टूटे हुए हैं, वह एक ही दिन में अपने पैरों से चलकर

सगरमाथा (एवरेस्ट) की चोटी पर पहुँच गया हो। जैसे किसी काल या युग में यह संभव नहीं, वैसे ही सदियों के संघर्ष की भारतीय समाज की महागाथा पराजय व गुलामी का इतिहास नहीं, वह सफलता और संघर्ष का इतिहास है, तभी तो आज हम वहीं हैं, जहाँ हजारों साल पहले थे। इस सबका रहस्य व मर्म भारतीय समाज की स्वनियंत्रित, स्वपोषित, संवर्द्धित चेतना में छुपा है।

शिवाजी का स्वराज हो या गांधी का स्वदेशी। भारत का प्रथम स्वतंत्रता संग्राम (1857) हो या फ्रांस की क्रांति। रशिया में मिखाइल गोर्बाचोव द्वारा प्रारंभ ग्लॉसनॉट अथवा पैरस्त्राइसका का सुधार आंदोलन हो या अमेरिका का स्वतंत्रता संग्राम, ये सभी समाज में घुमड़ती 'स्व' के भाव की विभिन्न प्रकार से हुई अभिव्यक्तियाँ ही हैं। जिसका जन्म किसी नायक से या नायक के बगैर हुआ अथवा उसे नायक कभी मिला ही नहीं। कुछ चेतनाओं का जन्म नायकों से हुआ, चलते-चलते वे स्वावलंबी हो गईं और अपने नायक के संसार से जाने के बाद भी वे निरंतर बढ़ती रहीं और लक्ष्य भेदने में सफल हुईं।

शिवाजी स्वराज के जन्मदाता रहे, किंतु उनके अवसान के बाद भी सन् 1680 से लगाकर सन् 1857 तक स्वराज का विचार कम-ज्यादा मात्रा में भारत की हवा में बहता रहा। स्वराज की भावना सन् 1857 के बाद भी लुप्त नहीं हुई बल्कि अलग-अलग आंदोलनों के माध्यम से वह सन् 1947 तक व्यक्त होती रही। नेतृत्वविहीन संगठन या विचार अगर दीर्घजीवी होता है तो उसका कारण स्वयं विचार या संस्था के जन्मदाता की पवित्रता ही होती है। ■

संकेत

राज्याभिषेक के समय अष्टप्रधान

मुख्य प्रधान या प्रधानमंत्री	—	मोरोपंत पिंगले
पंत सचिव	—	अण्णाजी दत्तो
अमात्य	—	रामचंद्र नीलकंठ
मंत्री	—	दत्ताजी त्र्यंबक
सेनापति	—	हंबीरराव उर्फ हंसाजी मोहिते
सुमंत	—	रामचंद्र त्र्यंबक
न्यायाधीश	—	निराजी रावजी
पंडितराव	—	रघुनाथपंत

व्यक्तित्व

शिवाजी का व्यक्तित्व अत्यंत आकर्षक था। उनका शरीर छोटी कद-काठी का था। नाक तीखी और रंग गोरा था। वस्तुत: शिवाजी रंगीन कपड़े पहने राजप्रासाद में रहनेवाले एक कर्मयोगी थे। थैवरनॉट उनके बारे में लिखता है—"वे दिन में एक समय भोजन करते थे, वह भी सादा।" शिवाजी ने स्वयं के कार्य, परिवार व समाज के बीच में जिस प्रकार का समन्वय साधा, वह अद्‍भुत है। उनकी आँखों में गजब का आकर्षण था। वे जब किसी को देखते तो सामनेवाला उनकी ओर आकर्षित हुए बिना नहीं रह सकता था। वे सेना के एक ऐसे सेनापति थे, जिसके अंदर असाधारण पराक्रम का धनी सिपाही हमेशा रहता था। एक नायक के रूप में उन्होंने जिस कल्पनाशीलता, योजकता और संतुलन का परिचय दिया, वह विश्व के किसी भी नायक के लिए अनुकरणीय है। विकट और विपरीत परिस्थितियों में से मार्ग निकालने की उनकी क्षमता उनके व्यक्तित्व का अनूठा गुण थी। सामान्यत: जब शक्ति का उदय होता है तो व्यक्ति या तो अहंकारी हो जाता है या विलासी। ज्यादा समय तक व्यक्तित्व में बिगाड़ होने पर वह एक निरंकुश शासक बन जाता है। शिवाजी में जब शक्ति का प्रादुर्भाव हुआ, तब उनका चेहरा आत्मविश्वास से भरा था, किंतु उसमें अहंकार एवं दंभ का नामोनिशान नहीं था। उनकी कार्य-पद्धति में कहीं भी सात्त्विक, राजसी और तामसिक अहंकार की झलक तक दिखाई नहीं देती है। अत्यंत संवेदनशील हृदय के कारण वे अपने संपर्क में आनेवाले लोगों के प्रति मानवीयता से परिपूर्ण व्यवहार करते थे।[52]

स्त्रियों के प्रति उनका भाव भारतीय संस्कारों से भरा हुआ था। मुगल दरबार का इतिहास लेखक खफी खान जैसा उनका घोर विरोधी भी उनके बारे में लिखता है—"शिवाजी अपनी प्रजा में मान-मर्यादा बनाए रखने के लिए हमेशा सावधान रहे। वे दुश्मन को लूटते और उनके क्षेत्रों

में विद्रोह खड़ा करते थे, किंतु अशोभनीय कामों से वे हमेशा दूर रहते थे। जब भी कोई मुसलिम महिला या बच्चे युद्ध या मुहिम में उनके कब्जे में आते तो वे उनके सम्मान का पूरा ध्यान रखते थे। जो भी इसमें गलती करता, उसे वे आग्रहपूर्वक सजा देते थे।[53] नारी के प्रति उनकी यह दृष्टि किसी कूटनीति या रणनीति का हिस्सा नहीं थी, बल्कि वह उनके राजदर्शन का अंग थी। उन्होंने व्यभिचारी को कभी छोड़ा नहीं। प्रत्येक अपमानित व पीड़ित महिला को हमेशा उचित न्याय दिलवाया।''

अपने कार्य व व्यक्तित्व के कारण ही कार्लाइल (Carlyle) नेपोलियन के बारे में जो लिखता है, वह शिवाजी पर भी समान रूप से लागू होती है। वह कहता है—''इस व्यक्ति में कर्म और साहस देखने लायक था। वह राजा बनने के लिए ही पैदा हुआ था और सभी ने देखा कि एक दिन वह ऐसा ही बन गया।''[54]

शिवाजी के व्यक्तित्व पर प्रकाश डालते हुए कॉस्मा द गार्द लिखता है—''वह पूरी प्रामाणिकता से इतना अच्छा व्यवहार लोगों के साथ करता था कि हर व्यक्ति उसकी ओर प्रेम व विश्वास भरी दृष्टि से देखता था। उसके लोगों ने उसे अपार प्रेम दिया। किसी को पुरस्कार देना हो अथवा सजा—दोनों ही विषय में शिवाजी निष्पक्ष रहते थे। उन्होंने किसी भी व्यक्ति के साथ पक्षपात नहीं किया। उनके जीवनकाल में कोई भी योग्यता कभी अपुरस्कृत नहीं रही या कोई भी दोष बिना सजा के नहीं छूट पाया। यह सब उन्होंने बड़ी सहजता और सादगी से किया। उन्होंने अपने गवर्नरों को सूचित किया था कि वे राज्य के सैनिकों के व्यवहार की उन्हें लिखित में जानकारी देते रहें, विशेषकर अच्छा कार्य करनेवालों की जानकारी प्राप्त होने पर उन्हें वे तुरंत ही पद अथवा नकद देकर उसे पुरस्कृत करते थे। अत: यह सहज था कि साहसिक व अच्छा व्यवहार करनेवाले उनसे निश्छल प्रेम करने लगते थे।''[55]

शिवाजी की सेना में भरती होनेवालों की तुलना में नौकरी

छोड़नेवालों का प्रतिशत अत्यंत ही कम था। रूढ़ियाँ, जाति, धर्म व भाषाई भिन्नता के बाद भी उनकी सेना में जो समन्वय था, वह दूसरों के लिए आश्चर्य का विषय था। शिवाजी स्वयं सैनिकों के आवास पर नजर रखते थे; उनके बीच होनेवाले संवाद को सुनकर या जानकर वे अपने प्रशासनिक तंत्र के प्रति उनमें क्या भाव है, यह पता लगाकर आवश्यक कदम उठाते थे। उनके शासन तंत्र के हर बड़े अधिकारी को यह मालूम रहता था कि शिवाजी मेरे संबंध में संपूर्ण जानकारी रखते हैं। यहाँ तक कि असामाजिक लोग जब राजदरबार या अन्य सार्वजनिक भ्रमण के समय उनके संपर्क में आते थे तो वे उनसे भी संवाद व सहजता बनाए रखते थे। ऐसा वे इसलिए करते थे, ताकि किसी निर्णय के पूर्व सभी पक्ष समझे जा सकें। अत्यंत अनुशासनप्रिय होने के कारण वे अपनी राजाज्ञाओं के पालन के प्रति कठोर थे। अपनी प्रजा के सुख-दुःख में उनकी हरसंभव मदद करने का उन्होंने प्रयत्न किया।

राज्य की कानून व्यवस्था वे हर कीमत पर बनाए रखते थे। लूटपाट करनेवाला या अपराध करनेवाला कठोर दंड पाता था। इस कारण समाज में एक प्रकार की निर्भयता स्थापित हो गई थी। स्वराज्य की जनता को यह भरोसा रहता था कि शिवाजी हैं तो हम सुरक्षित हैं। समाज में सुरक्षा का यह बोध कोई विरला नायक ही स्थापित कर पाता है।

शिवाजी के व्यक्तित्व से प्रभावित होकर उनके संपर्क में आनेवाले विदेशी व्यक्तियों ने जो लिखा, वह अनूठा है। पुर्तगाल के वायसराय ने भारत से अपने राजा को 20 सितंबर, 1667 के पत्र में लिखा—"धूर्तता, साहस, संचालन व सैन्य सूझ-बूझ में शिवाजी की तुलना सीजर एवं एलेक्जेंडर से की जा सकती है।"[56] इसी तरह कैरी ने शिवाजी को पूर्व के महानतम व्यक्तियों में से एक कहा और यह भी कि "साहस, गति, अग्रसरता व अन्य उच्च कोटि की खूबियाँ उसमें स्वीडन के महान् राजा गुस्तावस एडॉल्फस से कहीं भी कम नहीं हैं।"[57] एक और अंग्रेजी चिट्ठी, जो 14 फरवरी, 1678 को लिखी गई, उसमें लेखक लिखता

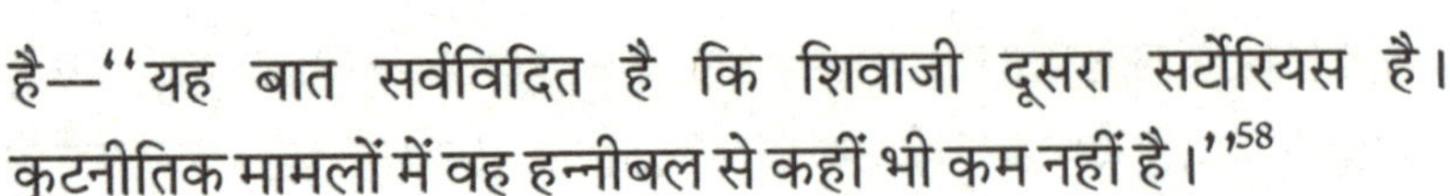

है—"यह बात सर्वविदित है कि शिवाजी दूसरा सर्टोरियस है। कूटनीतिक मामलों में वह हन्नीबल से कहीं भी कम नहीं है।"[58]

शिवाजी की सादगी उनका स्वभाव थी। न वह किसी नीति का हिस्सा थी और न ही दिखावे की। ईवरसेन, जो कि डच था, शिवाजी ने जब सूरत पर हमला किया तब वह सूरत में ही था। वह लिखता है—"शिवाजी ने अपनी सेना के साथ सूरत के बाहर पड़ाव डाला था। यह जानने के लिए कि शिवाजी वहाँ छावनी बनाना चाहते हैं या आगे बढ़ना, एक डच सिपाही फकीर के भेष में छावनी में एक ओर से घुसा और गुपचुप निरीक्षण करता हुआ दूसरी ओर से निकल गया। वह कहता है कि शिवाजी के लिए कोई तंबू नहीं लगाया गया था। धूप से बचने के लिए उनके ऊपर पेड़ से एक सादा कपड़ा टँगा था। हमले में इकट्ठा किया गया माल बैलों और घोड़ों पर लादकर उनके सामने लाया जा रहा था।"[59]

देशी-विदेशी हो या फिर मित्र अथवा दुश्मन, सभी ने शिवाजी के व्यक्तित्व पर लिखा हर वक्तव्य उनके हृदय से निकला उद्‍गार है। क्योंकि अगर वे बुद्धि से विचार करके लिखते तो निश्चित ही उसमें कूटनीति भी होती। बहुत संभव होता कि वे कुछ लिखते ही नहीं या लिखते भी तो आग्रह-दुराग्रह के साथ। मुगलों का खफी खान, यूरोपीय जर्मेन, कैरी, कॉस्मो द गार्द जैसे सभी अपनी-अपनी बात लिखने या कहने से स्वयं को नहीं रोक पाए। परवर्तीकाल में शिवाजी के आलोचकों ने भी जो कुछ लिखा है, उसको लिखने के लिए मालूम नहीं कि उन्हें अपने दिल पर कितना बड़ा पत्थर रखना पड़ा होगा। जब भी कोई किसी सत्य को नकारता है अथवा असत्य को स्थापित करने की कोशिश करता है, तब सबसे अधिक उसे अपने आपसे लड़ना पड़ता है। शिवाजी के रूप में एक सफल सुशासन सर्जक का यह व्यक्तित्व अपनी गुरुता के कारण भारतीय आकाश में हमेशा ही ध्रुवतारे की तरह चमकता रहा है और रहेगा। ■

दूरदृष्टि व राजनीतिक कदम

शिवाजी ने अपने व्यवहार से सभी को बचपन से ही असाधारण राजनीतिक सूझ-बूझ व दूरदृष्टि का परिचय दिया है। 36-37 वर्षों के कार्यकाल में उन्होंने जो-जो कदम उठाए और निर्णय लिये, उनसे इतिहास भरा पड़ा है। उनमें से कुछ घटनाएँ व दूरदृष्टि के कदम संकेत रूप में प्रस्तुत हैं—

§ उन्होंने स्वराज्य स्थापित करने के साथ-साथ दक्षिण के राज्यों का एक गठबंधन खड़ा किया। एक दृष्टि से देखा जाए तो यह भारतीय राजनीति में गठबंधन की संस्कृति (coalition culture) की शुरुआत थी। विजयनगर के शेष बचे जागीरदारों, बीजापुर की आदिलशाही और हैदराबाद की कुतुबशाही को मिलाकर उन्होंने एक नई शक्ति को जन्म देने का प्रयत्न किया। दिल्ली के सिंहासन पर कोई भारतीय ही बैठना चाहिए। मुगल विदेशी हैं, यह सोच उन्होंने दक्षिण के नए गठबंधन में खड़ी की। अपने संबोधन में उन्होंने मुगलों को हमेशा तुर्क मुसलमान और कुतुब व आदिलशाही को दक्खनी मुसलमान कहा।

§ पूना शहर मैदान में बसा है। शिवाजी ने सोचा कि मेरे जाने के बाद किसी समय मुगलों ने रायगढ़ पर पूरी ताकत से हमला किया तो विकट स्थिति पैदा हो सकती है, स्वराज्य के नायक व उत्तराधिकारी संकट में घिर सकते हैं। यह विचार कर उन्होंने चेन्नई (तब का मद्रास शहर) से 100 किलोमीटर दक्षिण में जिंजी नामक स्थान को अपनी दूसरी राजधानी बनाया। जैसा शिवाजी सोचते थे, वैसा 10 वर्षों बाद हुआ। शिवाजी के जाने के बाद सन् 1689 में संभाजी को धोखे से पकड़कर औरंगजेब ने उनकी अमानवीय ढंग से हत्या करवाई। संभाजी के स्थान पर उनका छोटा भाई राजाराम सिंहासन पर बैठा। औरंगजेब के आक्रमणों से बचने के लिए उसने सुदूर दक्षिण में अपनी दूसरी राजधानी जिंजी में जाकर

Shivaji was the first to challenge Bijapur and Delhi and thus teach his countrymen that it was possible for them to be independent leaders in war. Then, he founded a State and taught his people that they were capable of administering a kingdom in all its departments. He has proved by his example that the Hindu race can build a nation, found a State, defeat enemies; they can conduct their own defence; they can protect and promote literature and art, commerce and industry; they can maintain navies and ocean-trading fleets of their own, and conduct naval battles on equal terms with foreigners. He taught the modern Hindus to rise to the full stature of their growth.

He has proved that the Hindu race can still produce not only *jamadars* (non-commissioned officers) and *chitnises* (clerks), but also rulers of men, and even a king of kings *(Chhatrapati.)* The Emperor Jahangir cut the *Akshay Bat* tree of Allahabad down to its roots and hammered a red-hot iron cauldron on to its stump. He flattered himself that he had killed it. But lo! within a year, the tree began to grow again and pushed the heavy obstruction to its growth aside!

Shivaji has shown that the tree of Hinduism is not really dead, that it can rise from beneath the seemingly crushing load of centuries of political bondage, exclusion from the administration, and legal repression; it can put forth new leaves and branches; it can again lift its head up to the skies.

– Sir Jadunath Sarkar in his book 'Shivaji and His Times' (published in 1973) page 389

पनाह ली। शिवाजी की इस दूरदृष्टि के बारे में ईसाई मिशनरी अंद्रे फ्रेयर लिखता है, "जिंजी राज्य लेने के बाद शिवाजी ने भारत में मुसलमानों की बढ़ती ताकत को अनुभव किया। उन्होंने तत्काल अपने गढ़ व किलों के रख-रखाव शुरू कर दिए, ताकि आनेवाले समय में उनका पूरी ताकत से सामना कर सकें। जिंजी वैसे तो निस्संदेह अभेद्य है, परंतु शिवाजी ने उसके भी मुख्य किले को मजबूत किया, उसकी दीवार के कई हिस्से गिराकर फिर बनवाए। पूरा काम ऐसे करवाया, जिससे लगे कि यह भारतीयों ने नहीं बल्कि यूरोपियन लोगों ने बनाया हो। राज्य में जो किले आवश्यक नहीं थे, उन्हें तुड़वा दिया। पहाड़ियों की ऊँचाई और समतल स्थानों पर जहाँ आवश्यक था, वहाँ नए किले बनवाए। इस तरह उन्होंने अपनी रक्षा-व्यवस्था को दुश्मनों से लड़ने के लिए तैयार किया।"[60]

§ वे जानते थे कि औरंगजेब धूर्त है। बाप, भाई व पुत्र सहित 36 निजी रिश्तेदारों को सिंहासन पर बैठने या बने रहने के लिए मरवा डाला था। अपने सगे बेटे को तो उसने ग्वालियर किले के बंदीगृह में डाल रखा था। औरंगजेब ने पुत्र के रूप में अपने सामने उभरते इस विद्रोही को हर रोज थोड़ा-थोड़ा पोस्ता (अफीम से बना पेय) पिलाकर मार डाला। मिर्जा राजा जयसिंह के आगरा जाकर औरंगजेब से मिलने के प्रस्ताव को स्वीकारने से पहले औरंगजेब धोखा नहीं करेगा, ऐसा वचन उससे ले लिया था। वे जानते थे कि औरंगजेब अपनी हरकत से बाज नहीं आएगा और राजपूत अपने वचन से नहीं डिगेगा। शिवाजी के आगरा पहुँचने और भरे दरबार में औरंगजेब द्वारा जब उनका अपमान किया गया तो उन्होंने भी खुलेआम क्रोध में अपने भावों को व्यक्त किया। पूरे घटनाक्रम पर कुछ मुगल दरबारियों ने शिवाजी को तत्काल मार डालने की सलाह दे डाली। औरंगजेब की बेटी ने उसे ऐसा न करने की सलाह दी। उसने कहा—ऐसा करने से मिर्जा राजा जयसिंह नाराज हो जाएँगे और मुगल दरबार में राजपुत्र व मुसलिम सरदारों का जो संतुलन व समन्वय है, वह खराब हो जाएगा। औरंगजेब जानता था कि जयसिंह के नाराज होने पर

जावली व प्रतापगढ़

सतारा जिले के सुदूर उत्तर-पश्चिम में जावली स्थित है। समुद्र से 4,000 फीट ऊपर यह सह्याद्रि की खड़ी चढ़ाई पर स्थित आज का एक छोटा सा गाँव है। कोयना नदी के कछार में यह क्षेत्र स्थित है। इसे जावली का जवल अर्थात् जावली का जंगल भी कहा जाता है। यह आज भी घने जंगलों से घिरा है। इस क्षेत्र से प्रमुख पाँच नदियाँ निकलती हैं। उनमें से तीन कोयना, चेना व कृष्णा पूर्व में बहती हैं और दो नदियाँ गायत्री व सावित्री पश्चिम दिशा में बहकर अरब सागर में मिलती हैं। पाँच नदियों, घने जंगलों व सह्याद्रि के खड़े पहाड़ों के योग से यह क्षेत्र अत्यंत दुर्गम बन जाता है। शिवाजी ने यहीं पर कोयना के कछार में 1,000 फीट से अधिक ऊँची सह्याद्रि के एक विकट पहाड़ पर प्रतापगढ़ किले का निर्माण करवाया। ऐसी मान्यता है कि माँ भवानी ने शिवाजी को वहाँ मंदिर निर्माण का आदेश दिया था। आज प्रतापगढ़ के मंदिर में माताजी की जो मूर्ति स्थित है, वह गंडकी नदी से लाए गए काले पत्थर से तराशकर प्रतिष्ठित की गई है। 31 दिसंबर, 1653 को शिवाजी ने चंद्रराव से जावली जीतकर स्वराज्य के अधीन कर ली थी।

उसे बड़ी हानि हो सकती है। अतः विचार कर उसने मारने का निर्णय टालकर शिवाजी को नजरबंद कर लिया। महाराज ने दूरदृष्टि दिखाते हुए जो वचन राजपूत सेनापति से लिया था, वह उनके प्राण बचाने का प्रमुख कारण बना।

§ शिवाजी ने गठबंधन का पहला विस्तार नर्मदा के उत्तर में छत्रसाल के रूप में किया। छत्रसाल के शिवाजी की सेवा में सम्मिलित होने के प्रस्ताव को ठुकराकर उन्होंने उसे वापस बुंदेलखंड में जाकर अपना राज्य स्थापित करने को कहा। आगे चलकर मुगलों की राजधानी के ठीक नीचे शिवाजी ने मुगल-विरोधी एक स्वतंत्र राज्य की स्थापना करवाई, जिसने आगे चलकर मुगलों को कमजोर करने में कोई कसर नहीं छोड़ी।

§ पुर्तगाल व मस्कट के इमाम में प्रतिस्पर्धा थी। शिवाजी ने इमाम से व्यावसायिक संबंध बनाए। समय-समय पर जब पुर्तगाली किसी बात पर अड़ जाते अथवा कोई वस्तु लेने-देने में हिचकिचाहट करते तो शिवाजी मस्कट के इमाम का हवाला देकर उनसे वे वस्तुएँ प्राप्त करने की बात करते। अतः मित्र खो जाने के अदृश्य भय के कारण पुर्तगाली हमेशा शिवाजी से सहयोगात्मक व सावधानीपूर्ण व्यवहार करते रहे।

§ मिर्जा राजा जयसिंह मुगलों की बड़ी सेना लेकर जब आगरा से चला, तभी शिवाजी ने युद्ध की तैयारियाँ प्रारंभ कर दी थीं। रणनीति के अंतर्गत उन्होंने पुर्तगालियों से एक-दूसरे पर हमला न करने की संधि कर ली। दक्षिण में आते ही जयसिंह ने शिवाजी को घेरने के जो कदम उठाए, उनमें से एक पोर्तुगीज प्रस्ताव भी था। मिर्जा राजा जयसिंह ने पुर्तगाल से बातचीत में शिवाजी की नौसैना पर हमला करने का प्रस्ताव रखा। चूँकि पुर्तगाली पहले शिवाजी से समझौता कर चुके थे, अतः उन्होंने जयसिंह के हमला करने के प्रस्ताव को ठुकरा दिया।

§ शिवाजी का चचेरा भाई व्यंकोजी आदिलशाही में सरदार था। उसे

विभिन्न कारणों से राज-काज से वैराग्य होने लगा। शिवाजी व्यंकोजी की वृत्ति और उसकी वर्तमान परिस्थिति को अच्छी तरह से जानते थे। उन्होंने व्यंकोजी को पत्र लिखकर पलायन व निराशा के भाव से ऊपर उठकर स्वधर्म और स्वराज्य के लिए स्वतंत्र शासक बनने की प्रेरणा दी। यह बात भिन्न है कि वह ऐसा करने में समर्थ नहीं हुआ, अन्यथा दक्षिण गठबंधन में उनका एक और राज्य जुड़ जाता।

§ आगरा की नजरबंदी के समय तुर्क मुसलिम सरदारों, अन्य अधिकारियों और औरंगजेब के कट्टरपंथी स्वभाव के कारण राजपूत सरदारों में असंतोष पनप रहा था, उसे उन्होंने अपने व्यवहार से और बढ़ाया। अपने रोबदार आचरण व व्यवहार से उन्होंने राजपूत सरदारों में मुगल दरबारी होने के बजाय एक स्वाभिमानी व स्वतंत्र राजा होने की इच्छा को जन्म दिया। यही सुषुप्त चिनगारी आगे चलकर मुगल साम्राज्य को कमजोर करने का एक और कारण बनी।

जब औरंगजेब ने जयसिंह को दक्षिण में भेजा तो उस पर नजर रखने के लिए साथ में दिलेर खान को भी भेजा। दिलेर खान मन-ही-मन मिर्जा राजा जयसिंह से द्वेष करता था। दोनों ने पन्हालगढ़ पर घेरा डाला। एक-डेढ़ माह बीत जाने पर दिलेर खान व्यग्र हो उठा। उसने अपने सरदारों व सैनिकों के बीच चिल्लाते हुए सिर पर रखी किमोश (एक प्रकार की मुसलिम टोपी) जमीन पर फेंक दी और ऊँचे स्वर में घोषणा की, "जब तक पन्हाला नहीं जीत लूँगा तब तक किमोश नहीं पहनूँगा।" शिवाजी को इन सब बातों की जानकारी थी। परिस्थितियों को देखते हुए उन्होंने राजा जयसिंह से समझौता कर लिया और पन्हाला उन्हें सौंप दिया। इस कूटनीतिक निर्णय से जहाँ एक ओर जयसिंह को यश मिला, वहीं दूसरी ओर दिलेर खान द्वारा युद्ध करके दुर्ग जीत लेने की प्रतिज्ञा अधूरी रह गई। समकालीन इतिहास के किसी हिस्से से यह ज्ञात नहीं होता कि दिलेर खान ने किस दिन चुपचाप किमोश पहन ली या जीवनपर्यंत अपनी प्रतिज्ञा को निभाता रहा! ■

योजकता व कार्यान्वयन क्षमता

सफल नायक के अनिवार्य गुण

नेतृत्व करनेवाले हर नायक में नई योजनाएँ बनाने और उन्हें सफलतापूर्वक मैदान में उतार देने की क्षमता का होना अनिवार्य है। यही योग्यता उसे कीर्तिवान बनाती है। जहाँ गाँव का सरपंच अथवा प्रदेश व देश का मुखिया अच्छा योजनाकार होता है, वह सभी आवश्यक बातों पर बारीकी से विचार करता है। कार्य का क्रियान्वयन करनेवाली प्रमुख टोली से योजना पर पूरी चर्चा करता है। ऐसा करते समय हर एक की सामर्थ्य को भली प्रकार तौलता है। योजना व उसके क्रियान्वयन में अपनी भूमिका पहले निश्चित करता है। कार्य में लगनेवाले सभी छोटे-बड़े सदस्यों के मन में उनकी भूमिका स्पष्टता से स्थापित करता है। यही सब गुण उनकी सफलता का आधार बनते हैं। इस संबंध में एक प्रसिद्ध कहावत है—"Victory in battle is 90% preparation and 10% taking care of unanticipated emergencies."

शिवाजी व उनके सहयोगी मूर्तिमान योजनाकार थे। उनकी इसी क्षमता पर ध्यानाकर्षण हेतु यहाँ उनके कार्यकाल की एक प्रसिद्ध घटना पर सिंहदृष्टि डालने का प्रयास किया जा रहा है। यह प्रसंग विश्व के प्रतिष्ठित सैन्य प्रशिक्षण संस्थानों में आज भी पढ़ाया जाता है। यह प्रसंग प्रतापगढ़ किले के बाहर शिवाजी व अफजल खाँ की प्रसिद्ध भेंट और युद्ध का है।

भेंट पूर्व की मनोदशा

शिवाजी और अफजल खाँ द्वारा अपने-अपने स्थान से प्रस्थान करने से पूर्व उनकी मनोदशा भावी परिणामों को बताती है। यहाँ पर एबी कैरी

जावली की जमावट

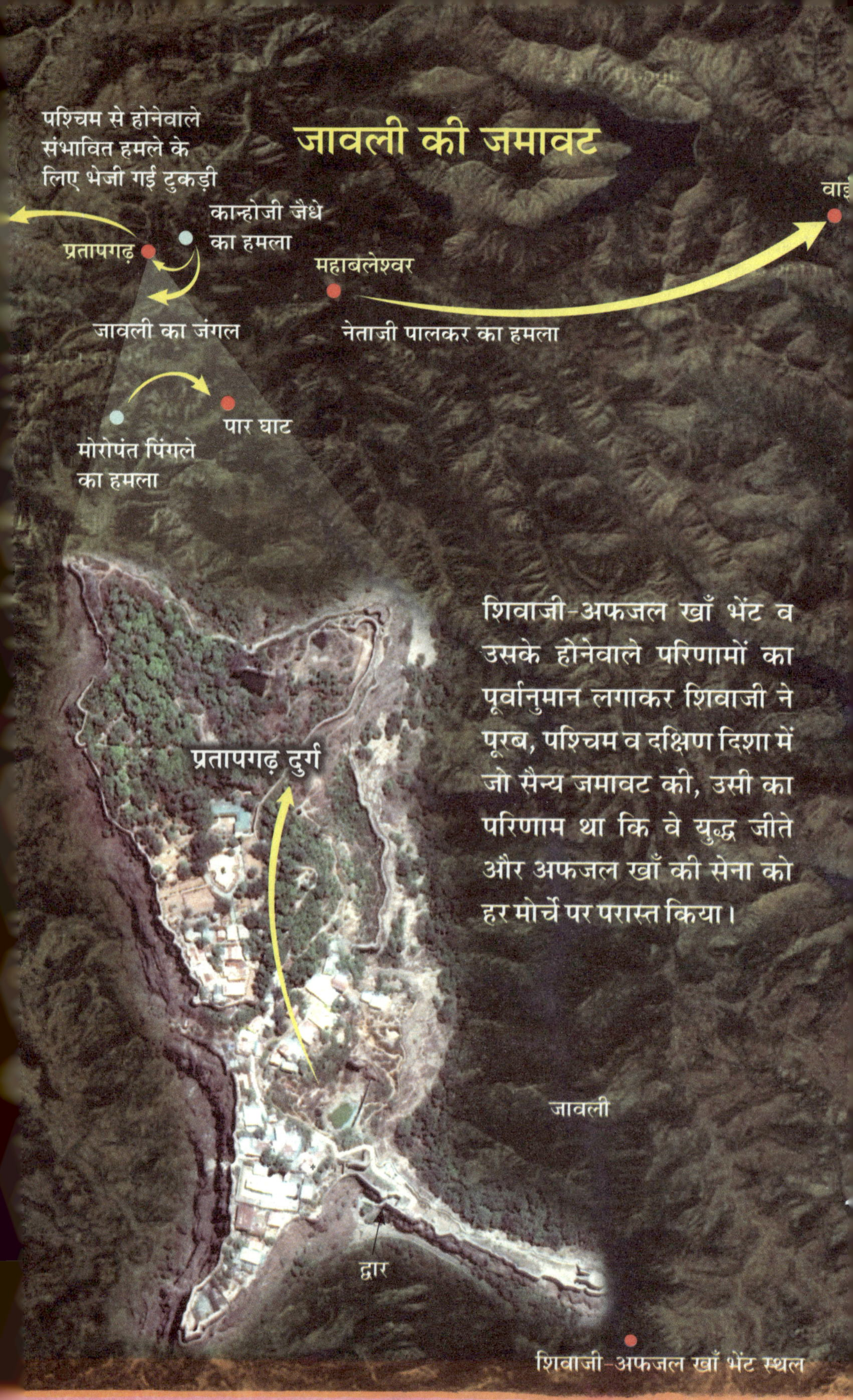

पश्चिम से होनेवाले संभावित हमले के लिए भेजी गई टुकड़ी

कान्होजी जैधे का हमला

प्रतापगढ़

महाबलेश्वर

जावली का जंगल

नेताजी पालकर का हमला

पार घाट

मोरोपंत पिंगले का हमला

शिवाजी-अफजल खाँ भेंट व उसके होनेवाले परिणामों का पूर्वानुमान लगाकर शिवाजी ने पूरब, पश्चिम व दक्षिण दिशा में जो सैन्य जमावट की, उसी का परिणाम था कि वे युद्ध जीते और अफजल खाँ की सेना को हर मोर्चे पर परास्त किया।

प्रतापगढ़ दुर्ग

जावली

द्वार

शिवाजी-अफजल खाँ भेंट स्थल

इसे बहुत अच्छे ढंग से व्यक्त करता है।[61] वह लिखता है—"अफजल खाँ बीजापुर दरबार का श्रेष्ठ नायक व असाधारण योद्धा था। वह बीजापुर के पास एक छोटे से गाँव अफजलपुर का रहनेवाला था। उसे बीजापुर राज्य की असाधारण सेवा के लिए वह गाँव दिया गया था, जहाँ वह सुख-सुविधाओं से संपन्न महल में भोग-विलासपूर्ण जीवन बिताता था। जब बीजापुर के राजा ने शिवाजी को परास्त करने के लिए रुस्तम-ए-जमा गवर्नर ओनक्वारी (हुकूरी) को भेजा तब अफजल अपने गाँव में ही था। उसे तत्काल बीजापुर बुलाया गया। 15 हजार घुड़सवारों का नेतृत्व सौंप उसे शिवाजी को परास्त करने के लिए कूच करने को कहा गया। अफजल खाँ ने भरे दरबार में शिवाजी को जिंदा पकड़ लाने या मार डालने की कसम खाई।

अफजल खाँ ने लक्ष्य पाने के लिए जिस यात्रा की शुरुआत की, वह पराजय के भय से भरी हुई थी। अन्य दरबारियों की तरह वह भी निरंतर कई महिलाओं से एक साथ घिरा रहता था। कैरी आगे लिखता है—"उसके ऐशगाह में 200 महिलाएँ थीं। मेरे मर जाने या चले जाने के बाद इन महिलाओं को किसी से संबंध नहीं रखना चाहिए, ऐसा सोचकर उसने एक वीभत्स कदम उठाया। वह तीन दिन तक अपने जनानखाने में रहा। विलासितापूर्ण समय व्यतीत करते हुए उसने विभिन्न व्यंजनों को ग्रहण किया। उसके बाद महल के बीचोबीच खुले मैदान में बड़ी अग्नि जलाई गई। सारी 200 महिलाओं की या तो हत्या की गई अथवा उन्हें उस अग्नि में डालकर जला दिया गया। जिन पात्रों से उसे सुख-भोग मिला, जिनसे भावनात्मक संबंध बने, उन सबकी उसने निर्मम हत्या कर दी।"

बीजापुर से वाई (महाबलेश्वर के पास) तक की यात्रा में उसने तुलजा भवानी का मंदिर तोड़ा। पंढरपुर में विठोबा की मूर्ति व मंदिर को ध्वस्त किया। अपनी बातचीत व पत्र-व्यवहार में विभिन्न राजदूतों से

होनेवाले संवादों में वह जिस आत्मविश्वास को बता रहा था, वस्तुतः वह भय की ही अहंकारपूर्ण अभिव्यक्ति थी।

दूसरी तरफ, अपने महल में शिवाजी शांत थे और भेंट की योजना पर बारीकी से विचार कर रहे थे। आवश्यक दिशा-निर्देश जारी कर रहे थे। भेंट की प्रातः उन्होंने सैनिकों तक यह संदेश पहुँचाया कि माँ तुलजा भवानी हमारे साथ हैं। माता को प्रणाम कर उन्होंने अपने अधिकारियों से दुर्ग पर लहराते ध्वज की ओर इशारा करते हुए कहा, "यह ध्वज रहना चाहिए, स्वराज्य रहना चाहिए। कुछ ऊँच-नीच होने पर ढाई वर्ष के संभाजी का राज्याभिषेक करना और सेनापति नेताजी पालकर के नेतृत्व में विजय अभियान जारी रखना।" उन्होंने यह भी कहा कि किसी कारण से अफजल खाँ मुझे गिरफ्तार कर ले तो उसके वापस लौटने के मार्ग को हर कीमत पर पूरी तरह रोक दो। महाराज आत्मविश्वास से भरकर गर्वीले अंदाज में प्रतापगढ़ की सीढ़ियाँ उतरकर भेंट हेतु बनाए गए पंडाल की ओर पैदल बढ़ने लगे।

कार्य के आरंभ में नायक का व्यवहार उसके लक्ष्य-प्राप्ति की सफलता को निश्चित करता है। घटना के बाद हम उसका अध्ययन व विश्लेषण करें तो यह बात साफ दिखाई देती है। सड़क पर दुर्घटना बाद में होती है, गलत निर्णय के कारण वह चालक के मस्तिष्क में पहले ही घटित हो चुकी होती है। सड़क पर तो अंदर घट चुकी दुर्घटना की कुछ क्षणों बाद हुई सार्वजनिक अभिव्यक्ति मात्र होती है।

मैदान की जमावट

10 नवंबर, 1659 को दोपहर दो-सवा दो बजे का समय शिवाजी ने अफजल खाँ से भेंट के लिए निश्चित किया था। चारों ओर के वातावरण में यह भाव था कि डरे हुए शिवाजी की यह बहादुर अफजल खाँ से भेंट है, जिसमें या तो अफजल खाँ उन्हें गिरफ्तार कर लेगा या मार डालेगा।

अत: अफजल की छावनी में सब निश्चिंत थे। अफजल खाँ की सेना भेंट के समय भोजन कर आराम कर रही थी। शिवाजी ने अपनी सेना को प्रतापगढ़ के चारों ओर जावली के जंगलों में विभिन्न मोरचों पर छुपा रखा था। सभी सैनिक अल्पाहार कर अफजल खाँ की सेना पर अपने-अपने स्थान से नजर गड़ाए हुए थे, जिसका आभास अफजल खाँ की सेना को नहीं था।

भेंट के लिए अफजल खाँ 1,500 सैनिकों के साथ पालकी में बैठ प्रतापगढ़ पर चढ़ने लगा। शिवाजी के वकील पंताजी गोपीनाथ बोकिल ने कहा, "वह शिवाजी तो आपसे पहले से ही डरा हुआ है। इतने सैनिकों को देख लेगा तो भेंट निरस्त कर देगा।" इस पर अफजल खाँ ने कटौती करते हुए मात्र 10 अंगरक्षकों के साथ चढ़ाई शुरू की। वैसी ही शर्त शिवाजी के सामने भी रखी गई, वे केवल 10 अंगरक्षकों को लेकर ही भेंट-स्थल पर आएँगे। प्रतापगढ़ के दुर्ग से थोड़ा नीचे और तराई से बहुत ऊपर एक समतल स्थान पर शानदार शामियाना लगाया गया था।

शिवाजी ने शामियाने से थोड़ी दूर एक सिंगा (दुंदुभी) बजानेवाले को नि:शस्त्र खड़ा किया। सिंगा बजानेवाले को दो स्पष्ट आदेश थे— 1. भेंट हेतु बनाए गए शामियाने में किसी प्रकार की हलचल या आवाज होने पर जोर-जोर से सिंगा बजाना प्रारंभ करो और तब तक सिंगा बजाते रहो, जब तक दुर्ग से तोप छूटने की आवाज तुम्हें सुनाई न दे। 2. तोप की आवाज सुनते ही सिंगा बजाना छोड़कर प्राण-रक्षा के लिए भागकर किसी भी सुरक्षित स्थान पर चले जाओ।

दुर्ग पर तैनात तोपचियों को तीन तोपें बारूद भरकर तैयार रखने को कहा। उन्हें आदेश था कि जैसे ही उन्हें सिंगा की आवाज सुनाई दे, वैसे ही तोप दागें। तोप तो एक ही चलनी थी, किंतु किसी कारण से अगर न चले तो सावधानीवश अतिरिक्त दो तोपों को तैयार रखा गया था।

शिवाजी-अफजल खाँ भेंट की बिसात
सैयद बंडा
कृष्णाजी भास्कर
9 + 1
अफजल खाँ
शिवाजी
गोपीनाथ
बोकिल
जीवामहाला
संभाजी काव
9 + 1
एक रोध एक प्रहार अंतिम अवसर

घटनाचक्र प्रारंभ

भेंट से पहले शिवाजी झुक-झुककर अफजल खाँ को दूर से अभिवादन करते हुए आए। महाराज सधे कदमों से आगे बढ़ रहे थे। उनकी दृष्टि अफजल खाँ की हलचलों पर थी। साथ ही उन्होंने पूरे भेंट क्षेत्र को अपने दृष्टि-क्षेत्र में बनाए रखा था। अफजल भी पूरी तरह सावधान था। दोनों जानते थे कि आज दूसरा प्रहार या प्रयत्न नाम की कोई चीज नहीं होगी। जो भी होगा, वह पहला व अंतिम कदम होगा। नजदीक पहुँचने पर जब अफजल खाँ ने शिवाजी को आलिंगन में ले, गरदन दबाते हुए कटार से पीठ पर प्रहार किया, जो कपड़ों के अंदर पहने लौह कवच से टकराकर छिटक गई। उसी समय शिवाजी ने भी अपने शस्त्र बघनखा (बिछवा) से अफजल खाँ पर प्रहार किया जो प्राणघातक सिद्ध हुआ।

शामियाने में हलचल हुई और 'दगा-दगा' की आवाज अंदर से आने लगी। सिंगा बजानेवाले ने आज्ञानुसार जोर-जोर से सिंगा बजाना प्रारंभ किया। सिंगा की आवाज सुनते ही दुर्ग पर मुस्तैद तोपचियों ने तोप दाग दी। सिंगावादक तोप की आवाज सुनते ही सिंगा छोड़कर प्राण-रक्षा हेतु दौड़ पड़ा। दो स्थानों पर घटनाचक्र घूमने लगा—एक तंबू के अंदर और दूसरा जावली के जंगल में। सुदूर जंगलों में प्रतापगढ़ के चारों ओर मोरोपंत पिंगले, नेताजी पालकर व कान्होजी जेधे जैसे सरदारों के नेतृत्व में छुपे सैन्य दलों को आदेश था कि तोप की आवाज सुनते ही वे अपने-अपने निर्धारित लक्ष्यों पर हमला प्रारंभ कर दें। घायल अफजल खाँ पीछे पलटकर पालकी की ओर भागा तो शामियाने के अंदर खड़ा उसका अंगरक्षक सैयद बंडा शिवाजी को मारने आगे बढ़ा। उसका एक प्रहार शिवाजी के टोप पर लगता हुआ निकल गया। इसी समय शिवाजी के अंगरक्षक जीवामहाला ने एक ही प्रहार में सैयद बंडा का काम तमाम कर दिया। संभाजी कावजी अपने सैनिकों के साथ पालकी की तरफ दौड़े। पालकी में जा बैठे घायल अफजल खाँ को कहार लेकर भागने लगे।

संभाजी ने एक ही हमले में सभी का काम तमाम कर दिया।

प्रतापगढ़ के सामने महाबलेश्वर पहाड़ी क्षेत्र में नेताजी पालकर के नेतृत्व में अश्व सेना तैनात थी। प्रतापगढ़ के नीचे जावली के जंगलों में व पारघाट के पास मोरोपंत पिंगले के नेतृत्व में पैदल सेना ने मोरचा सँभाल रखा था। तोप की आवाज सुनने के बाद जो युद्ध शुरू हुआ, वह करीब तीन घंटे चला। बड़ी संख्या में अफजल खाँ के सैनिक व अधिकारी मारे गए अथवा बंदी बना लिये गए। सेना के साथ अय्याशी के लिए रखी गईं महिलाओं को शिवाजी ने ससम्मान छोड़ दिया।

इस युद्ध में शिवाजी को 4,000 घोड़े, 1,200 ऊँट, 60 हाथी, 10 लाख रुपए और ढेरों कीमती जेवरात प्राप्त हुए। बहादुरी दिखानेवाले स्वराज्य के सैनिकों को भरे दरबार में पुरस्कृत किया गया।

घटना की कूटनीतिक विशेषताएँ—

1. 15 से 20 हजार की सेना लेकर चला अफजल खाँ रास्ते में अन्य छोटे-बड़े ठिकानों को अपने साथ जोड़ता हुआ जब वाई पहुँचा तो उसकी सेना 30 से 35 हजार की हो चुकी थी, किंतु जब अपने दुश्मन के सामने पहुँचा तब बिलकुल अकेला था। शिवाजी की उच्चकोटि की रणनीति का यह परिणाम था कि उन्होंने अफजल खाँ की सेना में चरणबद्ध कटौती करने के लिए उसे मजबूर कर दिया।

2. संपूर्ण घटनाक्रम में मनोविज्ञान का उत्तम प्रयोग हुआ। शिवाजी का अफजल खाँ से मिलने का डर कृत्रिम था, जो एक भ्रम खड़ा करने में सफल हुआ। अफजल खाँ पहले से ही दंभी था, इस भ्रम ने उसे अहंकार से भर दिया।

3. अफजल खाँ की सेना के मुट्ठी भर लोग ही जावली क्षेत्र के भूगोल व परिवेश से परिचित थे, जबकि शिवाजी का हर सैनिक उसके

चप्पे-चप्पे को जानता था। इस कारण हमले से पहले छुपने, फिर हमला कर पीछा करने में उन्हें इस भौगोलिक ज्ञान का बड़ा लाभ मिला। अचानक हुए हमले से अफजल खाँ की बिखरी हुई सेना को भागना किधर है, इसकी भी समझ नहीं हो पाई।

4. यह शिवाजी की कूटनीतिक विशेषता थी कि उन्होंने घटनास्थल को प्रतापगढ़ किले के ठीक नीचे अपने दृष्टि-क्षेत्र में रखा।

5. जनरल टैनोर ने लिखा है कि अफजल खाँ और शिवाजी को समान रूप से एक-दूसरे से होनेवाले खतरे की जानकारी थी। दोनों ने एक-दूसरे पर एक ही समय एक साथ प्राणघातक हमला किया। अंतर केवल इतना है कि अफजल खाँ के प्रहार की तुलना में शिवाजी का प्रहार ज्यादा सटीक व मर्मांतक था।

6. अफजल खाँ जब बड़ी-बड़ी बातें कर डींगें हाँक रहा था, स्वयं को बड़ा भारी नायक और शिवाजी को डरा हुआ बच्चा समझ रहा था, उस समय शिवाजी पूरे घटनाक्रम पर विचार कर तैयारी कर रहे थे। उन्होंने छोटी-छोटी बातों पर गहन विचार किया। दोनों के बीच अवस्था का यह अंतर परिणाम के अंतर में बदल गया।

7. अफजल खाँ के संपूर्ण व्यवहार, कार्य के लिए व्यक्ति-चयन और निर्णय-प्रक्रिया में 'मैं देख लूँगा' और 'मैं हूँ ना, डरो मत। उसकी गरदन पल में मसल दूँगा' जैसी आत्मकेंद्रित सोच थी। जबकि शिवाजी के व्यवहार में 'मैं' कहीं नहीं था। उन्होंने उलटे कहा कि रात को स्वप्न में आकर भवानी माता ने कहा है कि तुझे यश मिलेगा अर्थात् हमारे कार्य में भवानी का आशीर्वाद है।

8. अफजल खाँ की सेना में अफजल से लगाकर छोटे-से-छोटे सिपाही तक सूचना और संचार पहुँचाने की कोई व्यवस्था नहीं थी, जबकि शिवाजी ने सूचना व संकेत प्रसारण की स्पष्ट रूपरेखा बनाई। जो

आज के इलेक्ट्रॉनिक युग से भी तेज गति से प्रसारित हुई। वह भी तीन भिन्न तरंगों के माध्यम को पारकर—1. शब्द संकेत, 2. वाद्य संकेत, 3. गर्जन संकेत अर्थात् तंबू में हलचल→सिंगा का बजना→तोप का चलना→ हमला प्रारंभ।

विश्व के श्रेष्ठ रणनीतिकारों के निर्धारित सिद्धांतों की कसौटी पर शिवाजी के अभियानों को परखें तो उसमें हमें सफलता के अतिरिक्त अचूक लक्ष्य-सिद्धि व कार्य में स्पष्ट दृष्टि सभी हिस्सों में दिखाई देती है। चीनी सेनापति सन झू लिखित पुस्तक 'दि आर्ट ऑफ वार' शिवाजी और उनकी रणनीति को अच्छे से वर्णित करती है।[62] जैसे—

- युद्ध में जीतने व वैश्विक मान्यता प्राप्त करने के लिए 'विशेषज्ञ' होना कौशलता का चरम बिंदु नहीं है।
- वह (योग्य नायक) गलती किए बगैर जीतता है अर्थात् गलती किए बगैर वह जो कुछ करता है, उससे जीत निश्चित होती है।
- क्योंकि सौ लड़ाइयों में सौ जंग जितना कुशलता का चरम बिंदु नहीं है। कुशलता तो इसमें है कि युद्ध के पहले ही शत्रु को अपने वश में कर लिया जाए।
- सबसे महत्त्वपूर्ण बात है, शत्रु की रणनीति पर सीधा हमला करना।
- युद्धकला में माहिर योग्य नायक अपने शत्रु को बिना लड़ाई के ही हरा देता है।

ब्रिटेन के युद्ध रणनीति विशेषज्ञ सर बेसिल एच. लिड्डल हार्ट रणनीति की परिभाषा लिखते हुए कहते हैं—''एक कला, जिसमें अपने युद्ध संबंधी संसाधनों का वितरण योग्य नीति से किया जाए। लड़ाई की

संपूर्ण रूपरेखा बनाना और उसके अलग-अलग मोरचों व अभिमानों की योजनाओं का मानचित्र पर सूक्ष्म निर्माण, आगे चलकर ये सब एक बड़े सफल युद्ध का हिस्सा बनते हैं।''[63]

यह सच है कि दुश्मन की सशस्त्र सेना को पूरी तरह नष्ट करना जरूरी भी नहीं है और हमेशा संभव भी नहीं। रणनीति का एक प्रकार है—दुश्मन का सर्वस्व नष्ट कर देना और दूसरा प्रकार है—दुश्मन को आवश्यक हानि अथवा क्षति पहुँचाकर परास्त करना। पहली का उद्‍देश्य है, शत्रु का सर्वनाश और दूसरी का उद्‍देश्य है, उसे थकाकर अपने वश में कर लेना। इन दोनों में से कौन सी रणनीति अपनानी है, यह निर्भर करता है कि आपका गंतव्य क्या है ? और आपके पास संसाधन कितने हैं ?

युद्ध में जो भी रणनीति अपनाई जाए, उसकी पहली आवश्यकता है कि दुश्मन की ओर से होनेवाले किसी भी प्रतिरोध की संभावना को समाप्त करना। आवश्यकता पड़े तो लड़ाई तभी और वहीं करना, जहाँ परिस्थितियाँ पूर्णतः अपने अनुकूल हों।

शिवाजी को अपनी सैन्य संख्या व बल का ठीक अनुमान था। वे जानते थे कि दुश्मन को पूरी तरह साफ नहीं किया जा सकता। धन का अभाव व शस्त्र, सरंजामों की कमी को ध्यान में रखते हुए उन्होंने जो रणनीति अपनाई, वह विश्व के किसी भी युद्ध विशेषज्ञ को चौंकाने की क्षमता रखती है। उनकी रणनीति में त्वरा अर्थात् गति और तीखे प्रहार का विशेष स्थान है। संपूर्ण घटनाक्रम में से कुशलतापूर्वक साथियों सहित वापस लौटना, फिर तैयारी कर दूसरे स्थान पर चौंकाते हुए आक्रमण करना। बार-बार पुनः संगठित होकर दुश्मन के अलग-अलग भागों पर हमला करने की क्षमता शिवाजी की समग्र सोच का परिणाम है। वे हर योजना पर इतना सूक्ष्म, गहरा और व्यापक विचार करते थे कि जयमाला खुद दौड़कर उनके गले में आ जाने को अपना सौभाग्य मानती थी। ■

आज्ञा–पत्र 21

मंत्रियों से व्यवहार

प्रत्येक मंत्री स्तर के व्यक्ति को अपने आत्मसम्मान का सदैव ध्यान रखना चाहिए, तभी वे राज्य का भार वहन कर सकते हैं। मन और बुद्धि को प्रसन्न रखते हुए आशा से पूर्ण होकर वे जो प्रयत्न करेंगे, उससे ज्यादा अच्छे परिणाम प्राप्त हो सकेंगे। मंत्रियों को ऐसे कार्यकर्ता दिए जाएँ, जिनमें उपर्युक्त गुण हों—वे मालिक के प्रति वफादार हों तथा सौंपे गए कार्यों को पूरी शक्ति से संपादित करने के लिए सदैव तैयार रहते हों। मंत्री की सलाह पर नियुक्त किसी योग्य कार्यकर्ता के गुण-दोषों के आधार पर राजा को उससे कार्य करवाना चाहिए। उन कार्यकर्ताओं को वह कार्य नहीं दिया जाना चाहिए, जिसके लिए उनकी अनुशंसा की गई हो।

मंत्रिमंडल (अष्टप्रधान)

स्वराज्य के प्रारंभिक काल में शिवाजी के राज्य-संचालन की टोली छोटी थी। उसमें पेशवा, द्रविड़, सबनीस और मजूमदार पदों पर कार्य करनेवाले शिवाजी के सहायक थे। सन् 1674 तक आते-आते इसका विधिवत् पूर्ण विस्तार हुआ। मंत्रिमंडल के अंदर पदों, उनके अधिकार व कर्तव्य की स्पष्ट रूपरेखा खींची गई। यह स्वराज्य के निर्माताओं की लक्ष्य के प्रति पवित्रता ही थी कि उन पदों पर काम करनेवाले उन्हें एक-से-एक श्रेष्ठ व्यक्तित्व मिले। शिवाजी के राज्य-संचालन के दो भाग हैं—एक सामान्य प्रशासन व दूसरा सैन्य-शक्ति। शिवाजी ने कभी भी सैन्य-शक्ति को लोक शासन व प्रशासन के ऊपर नहीं, बल्कि उसके अधीन ही रखा। इससे शक्ति को सदैव सद्गति प्राप्त होती रही। उसे अपार यश और कीर्ति मिलती रही। दूसरी तरफ दूर-दराज के गाँवों से लगाकर रायगढ़ तक का प्रशासन भी अच्छा चलता रहा।

शिवाजी ने शासन-प्रशासन हेतु कर्मचारी या सेना में भरती करते समय योग्यता व विश्वसनीयता को ही प्रधानता दी। इस कारण उन्हें एक-से-एक नायक कार्य संपादन के लिए मिले। सेना के लिए जहाँ उन्हें तानाजी, बाजी प्रभु देशपांडे, प्रतापराव गुर्जर, नेताजी पालकर जैसे असाधारण पराक्रमी मिले। समय आने पर ये वीर स्वराज्य के लिए अपने प्राणों का उत्सर्ग कर शिवाजी के ध्येय में विलीन हो गए। इसमें वे अनगिनत सैनिक भी शामिल हैं, जो हिंदू पदपादशाही के इतिहास में सदैव अज्ञात रहेंगे, किंतु उनके जाने का मार्ग भी वही था। वे भी अपने नायकों के पीछे चले और विराट् ध्येय में समा गए।

इसी तरह स्वराज्य के प्रशासन के विभिन्न स्तरों पर लोगों ने एकनिष्ठता से जीवन भर कार्य किया। स्वराज्य के अच्छे व बुरे दिनों में,

आज्ञा-पत्र 22

कार्य-विभाजन

यदि राजा राज्य का सारा भार अपने कंधों पर ले ले और समकक्ष व्यक्तियों को काम-काज से अलग रखे तो जो भी कार्य किया जाएगा, वह सफल नहीं होगा; क्योंकि करनेवाले व्यक्ति में उत्तरदायित्व के बोध का न होना लापरवाही पैदा करता है, फलस्वरूप प्रशासन को हानि पहुँचती है। अतः बुद्धिमान राजा को इस तरह के आदेश नहीं देने चाहिए, जिसमें उत्तरदायित्व स्पष्ट न हो।

जय और पराजय में, तनाव व आनंद में वे अविचल कार्य करते रहे। राज्य-शक्ति के प्रभाव और प्रलोभनों से उन्होंने स्वयं को मुक्त रखा। प्रशासन के विभिन्न पदों पर कार्य करते असंख्य लोक-सेवक रात-दिन तिल-तिल जलते रहे। किसी भी सफल राज्य व्यवस्था के लिए ये जीतने और जलनेवाले दो तत्त्व उसके अनिवार्य घटक हैं।

छत्रपति शिवाजी ने राज्य की संपूर्ण व्यवस्था संचालन के लिए जिन विभागों की रचना की तथा उसमें योग्य लोगों की नियुक्ति की, वह रचना 'अष्टप्रधान' नाम से प्रचलित हुई, जो उनके संसार से जाने के बाद भी लंबे समय तक चलती रही। शिवाजी ने अपने सहयोगियों पर भरोसा किया, उन पर कार्य की कसावट भी रखी और उन्हें विभिन्न प्रकार के काम सौंपकर उनकी योग्यता का स्वराज्य के लिए भरपूर उपयोग भी किया। अष्टप्रधान रचना की कुछ विशेषताएँ[64] इस प्रकार हैं—

1. प्रधानमंत्री या पेशवा

अष्टप्रधान मंडल में यह सबसे ऊपर का पद था। इसका दायित्व हर प्रकार से राज्य व्यवस्था को देखना तथा पूरे काम-काज को सुनिश्चित कर उसे व्यवस्थित रूप से चलाना होता था। मुगलों के शासन में इसका समकक्ष पद वजीरे आजम था। 'पेशवा' फारसी शब्द था, जिसे शिवाजी ने बदलकर 'मुख्य प्रधान' या 'प्रधानमंत्री' नाम दिया। इस पद पर नियुक्ति शिवाजी स्वयं करते थे। राज्य-स्थापना के समय शामराजपंत नीलकंठ रांजेकर को प्रधानमंत्री नियुक्त किया गया। बाद में इस पद पर मोरोपंत पिंगले ने लंबे समय तक कार्य किया। राज्याभिषेक के समय मोरोपंत ही प्रधानमंत्री थे। पेशवा की नियुक्ति गुणों के आधार पर होती थी। प्रधानमंत्री का वेतन 15,000 होन (56,000 रुपए) वार्षिक था। राज्य व्यवस्था संचालन के अतिरिक्त प्रधानमंत्री समय-समय पर युद्ध का नेतृत्व करते थे। अन्य मंत्रियों से संवाद की भी आंशिक जवाबदेही इन्हीं पर होती थी।

2. अमात्य/मजूमदार/वित्त मंत्री

'मजूमदार' फारसी शब्द है, जिसका अर्थ राज्य में करों को इकट्ठा करना और उसका हिसाब रखना होता था। राज्याभिषेक के समय शिवाजी ने इस पद को संस्कृतनिष्ठ 'अमात्य' नाम दिया। राज्याभिषेक के समय रामचंद्र नीलकंठ मजूमदार को अमात्य पद पर नियुक्ति मिली, जो वर्ष 1677 तक इस पद पर कार्य करते रहे। बाद में शिवाजी ने रघुनाथपंत हणमंते को अमात्य बनाया। अमात्य की प्रमुख जवाबदारी, हिसाब की देख-रेख के लिए मुंशी, मुनीम आदि कर्मचारियों की नियुक्ति करना, कर संग्रह तंत्र व उसके आय-व्यय का हिसाब रखना, इस विभाग से संबंधित कागजों पर राज्य की मुहर लगाना, वित्तीय स्वीकृति व अधिकार-पत्रों का अनुमोदन करना जैसे कार्य रहते थे। समय आने पर अमात्य युद्धक्षेत्र में प्रत्यक्ष भाग लेते थे। अमात्य का वार्षिक वेतन 10,000 होन हुआ करता था।

3. पंत सचिव/सुरनविस

'सुरनविस' फारसी शब्द है। इसका कार्य शिवाजी द्वारा निर्देशित सभी प्रकार के पत्र-व्यवहार, अधिकार-पत्र व स्वीकृति पत्रों पर मुहर लगाकर उसका लेखा-जोखा रखना होता था। सन् 1665 में शिवाजी ने नीलकंठ सोनदेव को सचिव नियुक्त किया। राज्याभिषेक के समय शिवाजी ने पद का नाम बदलकर 'पंत सचिव' कर दिया और इस पद पर अण्णाजी दत्तो की नियुक्ति की। पत्र-व्यवहार के तंत्र की देख-रेख करना, शिवाजी की अनुमति से अन्य राज्यों व देशों से पत्र-व्यवहार करना, आवक-जावक के पत्रों को निराकरण हेतु योग्य व्यक्तियों तक पहुँचाना, आवक में प्राप्त महत्त्वपूर्ण पत्रों व संदेशों से शिवाजी को सदैव अवगत रखना, जावक के लिए तैयार होने पर पत्र के पृष्ठ भाग में 'बार' शब्द लिखने का सचिव को अधिकार था। इसका अर्थ होता था कि अब यह पत्र भेजे जाने के योग्य है। पंत सचिव का वेतन 10,000 होन वार्षिक था।

4. मंत्री

इस पद का पूर्व नाम 'वाकनिस' था। राज्याभिषेक के समय महाराज ने इसे 'मंत्री' शब्द दिया। मंत्री का प्रमुख कार्य विभिन्न प्रकार की जानकारियाँ एवं गुप्त सूचनाओं का सत्यापन करना, राज्य में होनेवाली प्रमुख घटनाओं व गतिविधियों पर नजर रख उससे शिवाजी को अवगत रखना, मुख्य रूप से मंत्री का कार्य समाचारों को संकलित कर उस पर शिवाजी का ध्यान आकर्षित करवाना होता था। सबसे पहले शिवाजी ने गंगाजी पंत को सचिव पद पर नियुक्त किया था। राज्याभिषेक के समय यह पद दत्ताजी त्र्यंबक को दिया गया।

5. सेनापति

प्रारंभिक काल में यह पद 'सरनौबत' नाम से जाना जाता था। इसकी जवाबदारी संपूर्ण सेना की देखरेख करना था, प्रमुख रूप से जिसके दो भाग थे—एक पैदल सेना और दूसरी अश्व सेना। राज्याभिषेक के समय शिवाजी ने सरनौबत का नामकरण 'सेनापति' के रूप में किया। सेना में भरती, प्रशिक्षण, पदोन्नति, मानदेय, शस्त्र सरंजामों की व्यवस्था और रसद की आपूर्ति जैसे विभिन्न विभागों पर प्रशासनिक नियंत्रण करना। अपनी सेना की स्थिति व अन्य राजाओं की सैन्य हलचलों से शिवाजी को सतत अवगत कराते रहना उसके प्रमुख कार्य थे। राज्य के प्रारंभिक काल में महाराज ने प्रथम सरनौबत नूर खान बेग को बनाया था, बाद में इस पद पर येसाजी कंक की नियुक्ति हुई। नेताजी पालकर जब मुगलों से जा मिले तो शिवाजी ने इस पद पर प्रतापराव गुर्जर को नियुक्त किया। राज्याभिषेक से थोड़ा पहले ही बहलोल खाँ से हुए युद्ध में प्रतापराव शहीद हुए तो शिवाजी ने वीर हंसाजी मोहिते को सरनौबत बनाया। राज्याभिषेक के समय इस पद व उस पर नियुक्त वीर सरदार का नया नामकरण सेनापति हंसाजी हंबीर राव मोहिते किया गया। यह पद इतना

प्रतिष्ठित हुआ कि शिवाजी के जाने के बाद पराक्रमी सेनापति संताजी घोरपड़े, धनाजी जाधव जैसे नायकों ने वर्षों तक औरंगजेब से मराठा राज्य की सुरक्षा की।

6. सुमंत

सुमंत पद पूर्व में 'डबीर' नाम से जाना जाता था। सुमंत की मुख्य जवाबदारी अन्य राज्यों से आनेवाले राजनीतिक प्रतिनिधियों से वार्त्तालाप करना, उनका स्वागत-सत्कार करना, विदेश से आनेवाले संदेश-वाहकों की यथायोग्य व्यवस्था करना, उनसे आवश्यक वार्त्तालाप करना था। आवश्यक होने पर अन्य राज्यों में जाकर शिवाजी के प्रतिनिधि के रूप में वह वार्त्तालाप भी करते थे। विदेश से आनेवाले प्रतिनिधियों तथा स्वयं के प्रवास में अन्य राज्यों से हुए वार्त्तालाप से शिवाजी को निरंतर अवगत रखने का काम सुमंत सतत करते थे। इस पद पर कार्यरत व्यक्ति का मृदुभाषी, मिलनसार, वाक्पटु, व्यवहार-चतुर व कूटनीतिज्ञ होना आवश्यक होता था। सन् 1641 में शिवाजी ने सर्वप्रथम मुत्सद्दी सोनोपंत को इस पद पर नियुक्त किया था। राज्याभिषेक के समय रामचंद्र त्र्यंबक को सुमंत नियुक्त किया गया।

7. पंडितराव/धर्मस्व

इस पद का निर्माण महाराज ने स्वयं किया था। अत: इसका कोई अन्य भाषा का नाम प्रचलन में नहीं था। धर्म-आधारित राज्य व्यवस्था पर बल देने के कारण विभिन्न विषयों में हिंदू धर्म के मत की आवश्यकता रहती थी। पंडितराव का प्रमुख दायित्व धार्मिक विषयों में शास्त्रसम्मत मत देना, समाज में अच्छी पाठशालाओं को प्रोत्साहित करना, राज्य के होनेवाले विभिन्न कार्यक्रमों में संस्कार पक्ष को सुनिश्चित करना व इस कार्य को करनेवाले आचार्यों को राज्याश्रय प्रदान करना प्रमुख था। राज्याभिषेक के समय पंडितराव पद पर रघुनाथ पंत

की नियुक्ति की गई। धर्मस्व पद पर नियुक्त व्यक्ति को शिवाजी ने युद्ध व मुहिम से मुक्त रखा था।

8. न्यायाधीश

शिवाजी ने न्याय व्यवस्था को प्रशासनिक स्वरूप प्रदान किया। स्वराज्य की जनता को सही व त्वरित न्याय प्राप्त हो, इस हेतु उन्होंने यह रचना खड़ी की। मुसलिम शासकों में यही पद काजी-उल-कुरान नाम से जाना जाता था। राज्याभिषेक के समय इसे 'न्यायाधीश' नाम दिया गया। निराजी रावजी की इस पद पर नियुक्ति की गई। न्यायाधीश को भी युद्धों में भाग लेने की मनाही थी। उद्देश्य था—धर्म और न्याय स्वराज्य की जनता को हमेशा उपलब्ध रहें।

शिवाजी के निजी सचिव के रूप में बालाजी आवजी चित्रे (प्रभु) कार्य देखते थे।

स्वराज में अष्टप्रधानों के सर्वसाधारण कार्य व कर्तव्यों को निम्नानुसार वर्णित किया था—

- राज्य में दुर्ग, सेना आदि के लिए नियम बनाना।
- प्रजा का रक्षण करना।
- समयानुसार दान देना।
- सेवकों को दिए जानेवाले वेतनों पर ध्यान रखना।
- प्रजा की राजा के प्रति अपेक्षा को सदैव जानना।
- प्राप्त की गई संपत्ति का योग्य संग्रह करना।
- समय-समय पर राज्य के खर्च का हिसाब रखना।

- स्थूल, सूक्ष्म तथा अनागत कार्य पर ध्यान देकर उन कार्यों के अनुरूप पहले से योजना बनाना।
- सभी मामलों में न्याय-अन्याय का पूरा ध्यान रख शास्त्रों के नियमानुसार निर्णय करना।
- आक्रमणकारियों से संकट का निवारण करना।
- विशेष परिस्थितियों में विवेकपूर्ण निर्णय लेकर शत्रु से मुकाबला करना।
- राज्य का संरक्षण कर अन्य राज्य प्राप्त करने हेतु योजना तैयार करना।
- कमजोर वर्ग का समाज में मान बढ़ाना।
- अधर्म की प्रवृत्ति को मिटाना।
- लोकाश्रय के माध्यम से उचित धर्म का विस्तार करना जैसे कार्य वास्तव में राजा के ही हैं; किंतु कार्यों का योग्य निर्वहन करने हेतु प्रधानों की नियुक्ति की जाती थी।

कीर्तिशेष

संसार में हर व्यक्ति, चाहे वह नायक हो या महानायक, वनवासी हो या वैज्ञानिक, उसके जीवन में एक शाम ऐसी आती है, जब सुबह नहीं आती अथवा एक सुबह ऐसी आती है, जब शाम नहीं आती। वह उस व्यक्ति की अंतिम सुबह या अंतिम शाम होती है। आस-पास रहनेवाले लोग धर्म, रीति, परंपरा के अनुसार उसकी अंतिम क्रिया करते हैं अर्थात् उसके शरीर का विसर्जन करते हैं।

रंगमंच का एक पात्र अपनी भूमिका का अंतिम संवाद बोल हमेशा के लिए नेपथ्य में चला जाता है। अगर कुछ शेष रह जाता है तो बस 'कीर्ति'। सभ्य समाज के स्वाभिमानी लोग जीवन भर इसी कीर्ति के लिए कष्ट सहते हैं, परिश्रम व पुरुषार्थ करते हैं। अपनी ऊँचाई के अनुपात में जन की स्मृतियों में कीर्ति उतने लंबे समय जीवित रहती है। श्रीराम हजारों वर्ष बाद आज भी अगर जनमानस में ऐसे रह रहे हैं, मानो कल की ही बात हो तो उसका कारण उनके जीवनकाल में उनके द्वारा किए गए कार्य ही हैं। श्रीकृष्ण की हलचल तथा उनके होने की आहट ब्रज से ब्रह्मांड तक अगर संत और भक्तजन को आज भी दिखाई व सुनाई देती है तो इसका कारण भी उनके द्वारा अपने जीवनकाल में किए गए परिश्रम व पराक्रम के प्रसंग ही हैं। ऐसे ही हर नायक संसार से जाने के बाद अपने कार्यों से उपजे फलों के कारण लोक-स्मृति में स्थान पाता है।

आश्चर्यजनक, किंतु सत्य यह है कि विश्व का सभ्य समाज नकारात्मक कार्य करनेवालों को जल्दी-से-जल्दी भूल जाता है। ऐसा नहीं है कि विश्व के किसी कोने में पहले लादेन, सद्दाम या मार्कोस नहीं हुए। ऐसा भी नहीं है कि किसी युग व काल में हिटलर या मुसोलिनी नहीं

अमर ज्योति
यहाँ विराट् अनंत में विलीन हुआ
तिथि : 3 अप्रैल, 1680 हनुमान जयंती
समय : दोपहर
स्थान : रायगढ़ दुर्ग

थे। वे एक नहीं, अनेक हुए होंगे, किंतु जन की स्मृति ने उन्हें अपने में धारण करना उचित नहीं समझा और जल्दी-से-जल्दी उन्हें भुला दिया।

सार्वजनिक जीवन के हर क्षेत्र में नेतृत्व करनेवाले छोटे-बड़े नायक को एक दिन स्मृतिशेष होना है। बात बस इतनी सी है कि उसके मोहल्ले, गाँव, नगर, प्रांत, देश या दुनिया में उस नायक की याद आने पर या उसके वंशजों को देखने पर लोग क्या कहते हैं ?

शिवाजी आज स्मृतिशेष हैं। 350 वर्ष बाद आज भी ऐसा लगता है कि वे यहीं हैं अथवा मुहिम पर गए हैं। प्रयत्न करने पर उनसे मार्गदर्शन प्राप्त किया जा सकता है, ऐसा भाव अगर पैदा होता है तो उसका कारण भी उनके द्वारा किए गए कार्य व पराक्रम हैं। शिवाजी में ढेरों गुण थे। अगर उनमें से एक को याद करना चाहें तो वह इस प्रकार है—शिवाजी अपने संपूर्ण जीवनकाल में किसी व्यक्ति, संस्था या व्यवस्था से इस प्रकार प्रभावित नहीं हुए कि वह उनके कार्य, निर्णय या व्यक्तित्व को अभिभूत कर सके (अपने प्रेरणास्रोतों को छोड़कर)। जब भी किसी पास या दूर के व्यक्ति ने अथवा देशी-विदेशी शक्ति ने उन्हें अपने प्रभाव-क्षेत्र में लाकर उनकी चिंतनधारा या निर्णय को बदलने की कोशिश की तो उन्होंने युक्तिपूर्वक उसमें से मार्ग निकाला और आगे बढ़ गए।

अपने प्रेरणास्रोतों द्वारा एक बार तैयार किए जाने पर उन्होंने जो यात्रा प्रारंभ की, वह स्व-संचालित, स्व-प्रेरित, स्वावलंबी, स्वयंसेवी, स्वांत: सुखाय, स्वदेश, स्वधर्म व स्वराज्य के मूल मंत्रों से युक्त थी। इतना 'स्व' पूर्ण होते हुए भी वे स्व-केंद्रित नहीं थे। तो इसका कारण था कि जैसे वृक्ष की जड़ें मिट्टी के हर कण से संवाद रखती हैं, वैसे ही वे समाज के हर हिस्से से संवाद रखते थे। वृक्ष की जड़ें मिट्टी से लेकर जैसे शिखर तक धरा रस पहुँचाती हैं, वैसे ही शिवाजी समाज के विभिन्न तबकों से विचार, सुझाव व निवेदन रूपी विचार रस को अपने विवेक से तराशकर

शासन-प्रशासन के सर्वोच्च स्तर पर पहुँचाते थे। एक तरफ वे समर्थ गुरु रामदास से विचार-विनिमय करते थे तो दूसरी तरफ रायगढ़ किले के नीचे पाचाड़ गाँव में जीजा माता के राजप्रासाद में स्थित कुओं पर पनिहारिनों से उनका कुशल-क्षेम पूछते और साथ ही सरकार व समाज के विभिन्न विषयों पर उनका क्या मत है, यह जानने की कोशिश करते। संवाद की शैली पर विचार व्यक्त करते हुए उनके घोर विरोधी मुगल इतिहास लेखक खाति खान अपने वर्णन में लिखता है—''शिवाजी कुएँ पर पानी भरने आई महिलाओं से वैसे ही बात करता था, जैसे हम अपने घरों में अपनी माता-बहनों से बात करते हैं।''

संवाद का यह सर्वस्तरीय स्वरूप उन्हें अपने राज्य के शासन-प्रशासन के संबंध में प्रथम द्रष्टा (first hand) जानकारी देता था। चाणक्य ने अपने 'अर्थशास्त्र' में राजा को भेष बदलकर समाज के सभी वर्गों में जाकर राज्य तथा राजा के संबंध में होनेवाली चर्चाओं को स्वयं सुनने व जानने का सुझाव दिया है। शिवाजी को भेष बदलने की आवश्यकता नहीं पड़ी, क्योंकि उनका भेष था उनका शिशु जैसा निश्छल, उदात्त चरित्र, सर्वजन हिताय व सर्वजन सुखाय के लिए निरंतर तिल-तिलकर जलता उनका जीवन।

शिवाजी ने भारतीय परंपराओं और मूल्यों की पुनर्स्थापना करने के लिए हर क्षण भगीरथ प्रयत्न किए। उन्होंने जनता के सामने एक राष्ट्रीय दृष्टिकोण रखा। स्वराज्य के माध्यम से भारत के कोने-कोने में रहनेवाले हर भारतीय को राष्ट्रीयता का अर्थ समझाया। जयपुर के मिर्जा राजा जयसिंह प्रतिदिन कोटि-कोटि एकलिंगजी की पूजा करते थे, किंतु औरंगजेब को काशी विश्वनाथ के समकक्ष समझते थे। यह नादानी थी या अज्ञान, कहना कठिन है; किंतु इतना सही है कि महाराणा प्रताप की स्वतंत्रता व स्वाभिमान के भाव से वह कोसों दूर थे। शिवाजी ने 36 गाँव से बने छोटे मावड़ को एक विशाल राज्य में बदल दिया, जबकि जयसिंह

ने स्थापित विशाल राज्य को औरंगजेब के दरबार में मिर्जा बनकर स्वयं के माध्यम से उपस्थित कर दिया। यही कारण है कि सरायघाटी के युद्ध में जयसिंह के बेटे रामसिंह को असम के महानायक सेनापति लच्छिद बड़फुकन ने जब परास्त कर दिया तो उसने व अहोम राजाओं ने कहा कि हमारी प्रेरणा का केंद्र शिवाजी हैं। जयसिंह का सगा बेटा शिवाजी के मानस उत्तराधिकारी से हार गया।

श्रेष्ठ नायक व्यवस्था का निर्माण करता है। वह केंद्रीय पुरुष होते हुए भी राज्य अथवा संस्था का केंद्र-व्यवस्था को बनाने का निरंतर प्रयत्न करता है। अपने पास आनेवाले व्यक्ति व संसाधनों को वह व्यवस्था का हिस्सा बनाता चलता है। उसके कार्य की असली परीक्षा तो उसके जाने के बाद होती है। शिवाजी की मृत्यु के बाद औरंगजेब ने दक्षिण विजय के उद्देश्य से बड़े लाव-लश्कर के साथ सन् 1681 में आगरा से कूच किया। आदिलशाही व कुतुबशाही को वह पहले ही समाप्त कर देना चाहता था। पिछले 35 वर्षों में शिवाजी एक नई शक्ति के रूप में उभर आए थे। इस शक्ति को समाप्त करने के लिए उसने अपने जीवन के शेष 27 साल दक्षिण में लगा दिए। सन् 1681 में उसने नर्मदा पार की, किंतु वापस वह उसे जीवित पार नहीं कर सका। 1707 में अहमदनगर (महाराष्ट्र) के पास भिंगार नामक गाँव में उसकी मृत्यु हुई। उसकी इच्छानुसार औरंगाबाद के पास खुल्दाबाद में उसे सुपुर्दे-खाक (जमीन में गाड़ना) किया गया। स्वराज्य को जीत लेने की इच्छा लिये अतृप्त ही वह दुनिया से इसलिए चला गया, क्योंकि सारी ताकत लगाने के बाद भी वह शिवाजी द्वारा खड़ी की गई राज्य-व्यवस्था को परास्त नहीं कर पाया। जीवन भर औरंगजेब मराठों को 'मरहट्टे' शब्द से संबोधित करता रहा। इसका अर्थ है, जो मरते हैं, पर हटते नहीं। शिवाजी द्वारा सैनिकों में स्वराज्य के लिए कूट-कूटकर भरी गई यह अदम्य जिजीविषा ही औरंगजेब के अतृप्त मरने का प्रधान कारण थी।

27 साल में औरंगजेब केवल एक किला प्रचंडगढ़ (तोरणा) ही लड़कर जीत पाया। बाकी सारे दुर्गों को वह प्रलोभन (धन) देकर प्राप्त करता रहा। एक-दो माह बाद मराठा सेना उस पर फिर से कब्जा कर लेती। औरंगजेब का पैसा भी जाता और किला भी। लंबे समय तक वह मराठों की इस रणनीति को नहीं समझ पाया। पराजय की इसी खीज के कारण वह बौखला गया। उसने संभाजी की जिस वीभत्स ढंग से हत्या करवाई, वह उसके कुत्सित मन को व्यक्त करती है। सन् 1707 में औरंगजेब की मृत्यु के बाद शिवाजी द्वारा खड़ी की गई व्यवस्था फिर से नए आयामों को छूने लगी। स्वराज की सेना ने दिल्ली पर हमला कर मुगलों के तख्त को ध्वस्त कर दिया और वहाँ की प्राचीर पर अपना ध्वज फहराया।

राज्य-संचालन में शिवाजी ने जिस सादगी का उदाहरण प्रस्तुत किया, वह आज भी स्मरण करने योग्य है। नासिक से लेकर जिंजी (चेन्नई के पास) तक आठ परगनों में उनका साम्राज्य फैला हुआ था। उसका संपूर्ण सैन्य और प्रशासनिक संचालन रायगढ़ दुर्ग से होता था। इस कार्य हेतु दुर्ग की कुछ हजार वर्ग फीट भूमि पर बने भवनों का प्रयोग किया जाता था, जो आकार-प्रकार में आज महाराष्ट्र के पुणे जिला कार्यालय के 1/5 भाग से छोटा था। सचिवालय का सुनियोजन, निर्णय व कार्यालयीन कागजों का सुगमतापूर्वक आवागमन, योग्य दस्तावेजीकरण और इन सबको करनेवाले क्षमता में ज्यादा और संख्या में कम (हलका), ऐसे स्वराज्य के प्रशासनिक दल द्वारा प्रस्तुत उदाहरण आज के सभी प्रकार शासन-प्रशासन व सामाजिक संगठनों के नायकों के लिए एक अनुकरणीय पाठ है।

हर नायक को स्मृतिशेष होने से पहले उसे अपने जीवन में हजारों निर्णय लेने होते हैं। कई बार निर्णय लेने से पहले असामंजस्य होता है। लगता है कि सही क्या है और गलत क्या? क्या करना चाहिए और क्या

नहीं करना चाहिए? संशय मनुष्य-स्वभाव का सहज भाग है। ऐसा जब-जब हो तब-तब श्री समर्थ द्वारा शिवाजी के लिए कही गई बात को याद रखना फलदायक रहता है। उन्होंने कहा कि 'सोचो, इन परिस्थितियों में शिवाजी होते तो क्या निर्णय लेते? उनके कार्य, व्यवहार व स्वरूप का स्मरण करो; मार्ग स्वतः प्रशस्त होगा।'

शिवाजी एक विचार है, एक कार्यशैली है। वे इस देश की उस सनातन संस्कृति के उद्घोषक हैं, जो देश के विभिन्न कोनों में अलग-अलग शताब्दियों में हुए अन्य राष्ट्र नायकों की तरह सदैव प्रेरणा देते हैं।

शिवाजी आज भी स्वराज्य को शक्ति प्रदान करते हैं। स्वराज्य की जो स्थापना उन्होंने की, वह हिंद महासागर से हिंदुकुश की पर्वत-शृंखला तक और कच्छ के रण से लगाकर सघन वनों से आच्छादित भारत की म्याँमार सीमा तक विस्तारित हो चुकी है। जो नायक इसे पुष्ट करना चाहते हैं, उन्हें स्वयं में शिवाजी के मनोभावों व अवधारणाओं का विकास करना होगा। एक बार मन का धरातल स्वराज्य के सैनिक का बना तो फिर कोई भी उस पर खड़े होकर अपना कार्य उनकी भावना अनुसार संपादित कर सकता है।

शिवाजी और अन्य महापुरुषों के चित्रों, मूर्तियों, नारों व उनके नामों से राजनीति करनेवाले स्वार्थी राजनेताओं के भाषणों में महापुरुष कितने बसते हैं, यह तो वे ही बता सकते हैं। हाँ, किंतु इतना निश्चित है कि शिवाजी की अविनाशी चेतना आज भी चलती-फिरती है, योग्य पात्रों में आशा का संचार करती है। उससे मार्ग पूछो तो वह स्वराज्य के जन-कल्याण का मार्ग बताती है। समस्याओं से घिर जाने पर समाधान पूछो तो वह भी बताती है—आवश्यकता है छत्रपति शिवाजी महाराज के प्रति प्रामाणिक होने की। ■

श्रीसमर्थ द्वारा
शिवाजी पर अलंकार वर्षा

वरदवंत
भाग्यवंत
जयवंत
सत्यवंत
सुकृतिवंत
रूपवंत
गुणवंत
आचारवंत
कलावंत
विद्यावंत
क्रियावंत
विचारवंत
लक्षणवंत
कुलवंत
लक्ष्मीवंत
कीर्तिवंत
युक्तिवंत
सामर्थ्यवंत
धैर्यवंत
बुद्धिवंत
शक्तिवंत
यशवंत
वीर्यवंत

अच्छे व कमजोर शासन तथा शासक के लक्षण

समकालीन या पूर्ववर्ती शासन को संचालित करनेवाले शासक अच्छे थे या कमजोर, यह कुछ कसौटियों पर कसकर पहचाना जा सकता है। सामान्यत: हर शासक को स्वयं का शासन अच्छा ही लगता है। उसके अनुयायी व समर्थक उस शासन व्यवस्था की निरंतर प्रशंसा करते हैं, किंतु अच्छे शासन का स्वरूप क्या है? उसके लक्षण क्या हैं? वह कैसा होता है? इसको परखने के कुछ मानक हैं। विश्व के किसी भी कोने में मानवजाति के किसी भी रूप, रंग, भाषा या संस्कृति को मानने वाले लोग जिस किसी शासन व्यवस्था में रह रहे हों, वह सुशासन है अथवा नहीं—इसकी दो कसौटियाँ नहीं हो सकतीं। सभ्य समाज के मानक सदैव ही समान होते हैं। अंतर केवल विधान का हो सकता है, किंतु भावना, तत्त्व व उद्देश्य एक जैसे ही होते हैं। साथ ही वह सभी कालों में युगानुकूल परिवर्तन के साथ मान्य होता है। अच्छे व कमजोर शासन की नौ कसौटियाँ एवं लक्षण इस प्रकार हैं—

अच्छे शासन व शासक के लक्षण

1. कार्य में आवाज नहीं—यह शासन एक अच्छे रख-रखाववाली मशीन की तरह कार्य करता है। तंत्र में किसी भी प्रकार की आवाज खराबी का लक्षण है। जहाँ एक विभाग दूसरे से समन्वय बिठाते समय आवाज न करे, सभी प्रकार के विभागीय व शासकीय कार्य अबाध गति से अपने लक्ष्य तक पहुँचते हों। आपातकालीन व अनुकूल, दोनों परिस्थितियों में कार्य तो संपादित होते हों, किंतु वहाँ किसी प्रकार का मानवीय ध्वनि प्रदूषण न हो, यह अच्छी व्यवस्था का विशेष लक्षण है।

2. तंत्र में हलका, मंत्र में भारी—प्रशासन तंत्र का भार कर्मचारी संख्या, खर्च इत्यादि के संदर्भ में हलका होना चाहिए। यह एक ऐसे पिरामिड के रूप में होता है, जिसका आधार सबसे लंबा तथा शिखर सबसे छोटा होता है। इस लक्षण के गणपति सबसे श्रेष्ठ उदाहरण हैं। उनका शरीर दिखने में भारी है, उदर (कोष) बड़ा है, फिर भी उनका वजन (प्रशासनिक ढाँचा) इतना हलका है कि एक चूहा (करदाता) भी उनका वाहन बन सकता है। तात्पर्य यह है कि शासन व प्रशासन का भार उसे वहन करनेवाली प्रजा पर कम-से-कम पड़ना चाहिए। साथ ही उसकी गुरुता व प्रभाव ज्यादा-से-ज्यादा होना चाहिए। शहरों के नगरीय प्रशासन की कई नगरपालिकाएँ व नगर निगम अपने कुल बजट की 70 से 80 प्रतिशत आय वेतन व सुविधाओं पर खर्च कर देते हैं, जो कि अपेक्षित नहीं है। समाज से करों द्वारा प्राप्त धन विकास, सुरक्षा व समाज कल्याण के लिए आरक्षित है, अतः हर अच्छा शासन-तंत्र गणपति तत्त्व से पूर्ण होता है।

3. शक्ति व समृद्धि का योग—अच्छा शासन शक्ति-संपन्न होता है। शक्ति ही जीवन है, दुर्बलता मृत्यु। यहाँ शक्ति से तात्पर्य केवल सैन्य या आंतरिक सुरक्षा तक सीमित नहीं है। यह व्यापक होते हुए धर्म और सत्य की शक्ति तक जाती है। इतिहास में विश्व के कई शासकों का शासन अपार सैन्यशक्ति से भरा था, किंतु उनमें सत्य, धर्म और विचार की शक्ति उतनी नहीं थी, जितनी संस्कृति या शासन को लंबे समय तक बचाए रखने के लिए आवश्यक होती है। इस कारण वे हमेशा के लिए समाप्त हो गए। प्रत्येक अच्छा शासक और उसका राजगुरु इस धर्म-शक्ति के लिए हमेशा प्रयत्नशील रहता है। ऐसे राज्य में सरहद व सड़कों पर सैन्य व अर्द्धसैनिक बल, उनकी गुप्तचर शाखाएँ राजनीतिक दबाव से ऊपर उठकर अपना कर्तव्यपालन करती हैं। धर्म और सत्य की शक्ति समाज व परिवार को सशक्त बनाए रखती है, जिसे अच्छे तंत्र में हमेशा

देखा जा सकता है। समाज उन्नत होने पर उसमें उद्यमिता आती है। वह साहस के साथ उद्योग, व्यापार, व्यवसाय व कृषि करता है। इस प्रकार का समाज बचत व मितव्ययता का आग्रही होता है। अतः उसकी अर्थ-शक्ति सदैव ही बढ़ती रहती है। समृद्धि से शक्ति और शक्ति से समृद्धि द्वारा एक-दूसरे का विस्तार व निरंतर पोषण करने के कारण राज्य का विकास हर पल होता रहता है।

4. जन व तंत्र में पारदर्शिता—अपारदर्शिता हमेशा ही शंका और षड्यंत्र को जन्म देती है। शासन में अपारदर्शिता होने का सबसे बड़ा नुकसान यह है कि शासकीय कर्मचारी, राजनेता व समाज के बीच हमेशा अविश्वास का कुहरा छाया रहता है। योग्य शासन व उसका नायक इस पारदर्शिता को ज्यादा-से-ज्यादा अपने तंत्र में खड़ा करने का प्रयत्न करता रहता है। कहावत भी है कि दिखने से धारणा बनती है। चाणक्य का राजप्रासाद छोड़ रात्रि में गंगातट पर निवास करना, शासकीय व निजी कार्यों में अलग-अलग दीपों का प्रयोग इसी पारदर्शिता को व्यक्त करने का एक आचार्य प्रयत्न है। लाल बहादुर शास्त्री का एक रेल दुर्घटना होने पर रेल मंत्री के पद से त्यागपत्र और पूर्व राष्ट्रपति ए.पी.जे. अब्दुल कलाम का राष्ट्रपति भवन के कुछ कमरों से अपना कार्य संपादित करने की कोशिश भी इसी पारदर्शिता का हिस्सा है। राष्ट्रीय सुरक्षा के महत्त्वपूर्ण विषय, वित्त व विज्ञान की देशहित में लगती जानकारियाँ छोड़कर शेष सभी सामान्य बातों में 100 प्रतिशत पारदर्शिता अच्छे शासन का प्रतीक है।

5. धार्मिक, किंतु सांप्रदायिक नहीं—धर्म का सही अर्थ न समझकर उसके विरुद्ध दुष्प्रचार करनेवालों ने मानवजाति का बहुत नुकसान किया है। धर्म वह नीति-नियम या सिद्धांत है, जिसे विश्व के किसी भी कोने में रहनेवाला कोई भी सभ्य समाज सहर्ष स्वीकार करने को तैयार रहता है। जैसे—1. अहिंसा धर्म है, 2. सत्य धर्म है,

3. सहिष्णुता धर्म है, 4. चोरी न करना धर्म है, 5. पेड़-पौधों व जीवों को कष्ट न पहुँचाना इत्यादि धर्म है। वे सब बातें जो धारण करने योग्य हैं, वे धर्म हैं। अच्छा शासन इन्हीं सब धार्मिक सिद्धांतों पर टिका रहता है। जबकि संप्रदाय ईश्वर की आराधना करने का एक विशेष तरीका है। इसमें पूजा-पद्धति, कर्मकांड, रीतियाँ व विभिन्न करणीय व अकरणीय कार्य हो सकते हैं। सामान्यत: इस प्रकार के संप्रदाय किसी एक व्यक्ति, सिद्धांत, विचार या पुस्तक द्वारा प्रारंभ होते हैं और उसी का सहारा लेकर वे जीवित रहते हैं। किसी भी राज्य में सारे लोग कभी भी एक संप्रदाय के नहीं हो सकते। अल्प संख्या में ही सही, किंतु दूसरे पंथ और संप्रदाय को माननेवाले वहाँ जरूर होते हैं। रावण के राज में विभीषण रहता ही आया है और अयोध्या में मंथरा का आवास होता ही है। जो भी राजा किसी एक संप्रदाय से प्रभावित होकर अपनी राजसत्ता के माध्यम से राज्य में निवास करनेवाले सुसभ्य, शांत, संस्कारित और विकास-प्रेमी, अल्पसंख्यक समाज को मिटाने की कोशिश करता है, तब वह अपने समाप्त होने की ओर ही आगे बढ़ता है। अच्छे शासन में धर्म सम्मानित होता है। सभी संप्रदाय अपने-अपने मार्ग में चलने को स्वतंत्र होते हैं। बलात् या प्रलोभनपूर्वक किसी संप्रदाय के अनुयायी दूसरे संप्रदाय को मानने वालों को अपने में मिलाने की कोशिश नहीं करते। इतिहास साक्षी है कि जिस राज्य का कोई एक सरकारी संप्रदाय हुआ है, वह कालांतर में शासन व संप्रदाय दोनों को ही कमजोर करता है।

6. परायों से प्रसिद्धि—अच्छा नायक व उसका शासन विरोधियों, प्रतिस्पर्धियों व तटस्थ लोगों से हमेशा प्रशंसा पाता है। यहाँ तक कि उसके घोर शत्रु भी उसकी प्रशंसा से स्वयं को नहीं रोक पाते। जबकि अयोग्य नायक के लक्षण इसके विपरीत होते हैं। पराए या दुश्मन तो उसकी प्रशंसा कभी नहीं करते, केवल उससे आसक्त व प्रलोभित व्यक्ति चाटुकार के रूप में उसकी प्रशंसा करते रहते हैं। दुर्योधन की प्रशंसा धृतराष्ट्र से ज्यादा

किसी ने नहीं की। दूसरा नंबर उसके आस-पास के अति निकट के लोगों का है। शेष सभी या तो उसकी आलोचना करते हैं अथवा बलात् मौन रहते हैं। वैसे ही रावण का यशोगान उसकी बहन, भाई व मंत्रिपरिषद् के लोग ही करते हैं। इसके ठीक विपरीत, कन्हैया के गुणों की प्रशंसा शायद ही कभी नंद बाबा अथवा यशोदा ने की होगी। लेकिन पहले पूरा ब्रज और बाद में पूरा संसार हजारों साल बाद भी रोज उसका गुणगान करता है। जिसकी प्रशंसा पराए करें, उसे आँख मूँदकर अच्छा शासक, नायक या प्रशासक घोषित किया जा सकता है। ये देव-दुर्लभ गुण नायक में कभी-कभी ही देखने में आते हैं।

7. प्रामाणिक—शासन-प्रशासन में प्रामाणिकता का अर्थ केवल आर्थिक क्षेत्र तक सीमित नहीं है। इसकी परिधि में सुबह से शाम तक कार्यक्षेत्र में किए गए बरताव, लिये गए निर्णय और व्यवहार तो आते ही हैं, साथ ही शाम को काम समाप्ति के बाद से दूसरे दिन कार्य प्रारंभ होने तक की गतिविधियाँ भी इसी श्रेणी में आती हैं। अच्छा शासक सुवाक्यों, जयघोषों या लुभावने भाषणों से नहीं बनता, वह प्रामाणिक निर्णय व कार्य-पद्धति का योग है। कभी-कभी मोह व आसक्तिवश कोई नायक गंदगी को ढक देता है, किंतु यहाँ यह समझ लेना आवश्यक है कि इस प्रकार के छिपाव से मल चंदन नहीं बन जाता। अप्रामाणिकता को अगर स्वयं ईश्वर भी पृथ्वी पर आकर यह कहे कि यह सत्य है, ऐसा स्थापित करने का प्रयत्न करेंगे तो वे भी सफल नहीं होंगे, फिर किसी मनुष्य की तो बिसात ही क्या है। राग, द्वेष, प्रलोभन व दबाव से ऊपर उठकर तटस्थ होकर न्याय सुनाने की जो क्षमता शिवाजी के अंदर थी, उसका दशांश भी किसी नायक में हुआ तो वह निश्चित ही यश और कीर्ति को प्राप्त करेगा।

8. व्यक्ति नहीं, व्यवस्था प्रधान—अच्छा शासन-तंत्र प्रधान होता है। योग्य नायक अपने संपर्क में आनेवाले व्यक्तियों व संसाधनों को सदैव व्यवस्था का हिस्सा बनाता रहता है। शासन को अच्छा शासक

मिलने पर वह गति और शोभा दोनों पाता है। कमजोर नायक मिलने पर तंत्र प्रधान शासन नायक की कमजोरियों को एक तरफ रखते हुए अपनी अंतर्निहित तंत्र की ऊर्जा और मंत्र की शक्ति से स्व-संचालित होकर कार्य करता रहता है। कभी-कभी नायक-विहीन व्यवस्था भी चमत्कार करती है। शिवाजी के जाने के बाद संभाजी कम समय तक जीवित रह पाए। राजाराम ने अपनी राजधानी जिंजी बना ली। औरंगजेब 27 वर्षों तक नर्मदा के दक्षिण में दक्कन के विभिन्न सूबों की खाक छानता रहा, युद्ध और संघर्ष करता रहा; किंतु विजय प्राप्त नहीं कर पाया। क्योंकि शिवाजी का बनाया शासन तंत्र व खड़ी की गई व्यवस्था निरंतर अंतर्निहित ऊर्जा के कारण मुगलों से लड़ती रही। एक दिन दुनिया ने देखा कि औरंगजेब इस सशक्त तंत्र से टकरा-टकराकर थक गया और अंत में इस संसार से कूच कर गया।

9. स्वयं पूर्ण होता है—अच्छी शासन व्यवस्था स्वयं में पूर्ण होती है। वह अपने अंदर के किसी भी अभाव अथवा दोष को पूर्व में रखे गए आठ गुणों से स्वयं को पूर्ण कर स्वयं पूर्ण होने का प्रयत्न करती है। जैसे अधूरी मूर्ति पूजी नहीं जाती, अधूरी पेंटिंग का प्रदर्शन नहीं होता, वैसे ही अधूरी व्यवस्था लक्ष्य को नहीं बेध सकती। अधकचरा शासन लोक-कल्याण के दावे तो कर सकता है, किंतु लोक-कल्याण नहीं कर सकता। लोक-कल्याण के लिए शासन व प्रशासन का स्वयं पूर्ण होना आवश्यक है। स्वयं पूर्णता से यहाँ आशय है—वह राज्य व्यवस्था, जिसमें वित्त, प्रशासन, न्याय, रक्षा व विकास के अन्य विभिन्न आयाम स्व-पोषित हों, उनमें निरंतर विकास की प्रक्रिया चलती रहती हो। सभी अंग अपने अंतर्निहित स्रोतों से ऊर्जा ग्रहण करते हों। जैसे पेड़ अपनी जड़ों को जल व धरातत्त्व की ओर फैलाकर रस ग्रहण करते हैं, वैसे ही अच्छे शासक समाज के अंदर व बाहर विभिन्न स्थानों पर उपलब्ध संसाधनों का प्रयोग राज्य के लिए करते हैं।

कमजोर शासन तथा शासक के लक्षण

1. वहाँ केवल कोलाहल होता है—कमजोर शासन के सभी विभागों व विभिन्न स्तरों पर कार्यरत व्यवस्थाओं में आवश्यकता से ज्यादा ध्वनि प्रदूषण होता है। प्रबंधन के लिए चलनेवाली बैठकों में सभी लोग एक साथ बोलते हैं। कोई किसी की सुनता नहीं, सब अपनी बात कहने पर आमादा होते हैं। जिसे बोलने का अधिकार है; वह अतिक्रमण कर अनियंत्रित और विषयों से परे बातें करता है। वहाँ के अधिकारी ऊँची-ऊँची आवाज में धमकी और ललकार भरी भाषा में गाहे-बगाहे अधीनस्थ सहयोगियों से बात करते हैं। चतुर्थ श्रेणी कर्मचारी, कारकून, बाबू, बड़े बाबू व निर्धारित जन-प्रतिनिधियों के बीच कार्य, निर्णय व क्रियान्वयन के लिए तरसते हुए चमगादड़ की तरह फाइलों में लटके रहते हैं। सब एक-दूसरे पर कार्य की असफलता के आरोप-प्रत्यारोप लगाते हुए भीषण कोलाहल निर्माण करते रहते हैं।

2. व्यवस्था दिखती है, होती नहीं—इस शासन में चारों ओर व्यवस्था दिखती है, किंतु होती नहीं। महत्त्वपूर्ण व्यक्तियों की सुरक्षा में ढेरों सुरक्षाकर्मी यहाँ-वहाँ दिखते हैं, किंतु आतंकवादी और असामाजिक तत्त्व अपना लक्ष्य पाने में सफल होते हैं। अच्छी व्यवस्था आतंकवादी को उसके योजना बनाने के स्तर पर ही समाप्त कर देती है और कमजोर व्यवस्था हमलावर के हमले के बाद उसे मिटाने का प्रयत्न करती है। कमजोर शासन में आम आदमी के कार्य व विकास के विभिन्न आयामों को छूने के लिए हजारों और लाखों कर्मचारी सेवारत होते हैं, किंतु वहाँ न आम आदमी को संतुष्टि होती है और न ही विकास की बयार चारों ओर बहती नजर आती है। ऐसी व्यवस्था में सामान्यत: आमजन असंतुष्ट और मुट्ठी भर लोग संतुष्ट होते हैं।

3. आत्मप्रशंसा में व्यस्त—कमजोर शासन का नायक स्वयं तथा

स्वयं द्वारा संचालित शासन व्यवस्था की निरंतर स्वयं ही प्रशंसा करता रहता है। आत्मप्रशंसा करते हुए न उसे झिझक होती है, न लज्जा आती है। उदाहरण के लिए, '70 के दशक में फ्रांस एयरवेज के बंधकों के सामने युगांडा का तत्कालीन तानाशाह राष्ट्रपति इदी अमीन अपनी प्रशंसा के जो संवाद बोलता है और दुनिया के सामने शांतिदूत होने का जो दंभ अपने भाषण में व्यक्त करता है, वह इसी श्रेणी का है। एक हिंसक तानाशाह की अहिंसक बातें सत्य से परे होते हुए भी ऐसे बोली गईं जैसे वे सत्य के साथ हों। सामान्यतः इस प्रकार की आत्मप्रशंसा को सुननेवाला समाज उसकी सहमति में न अपनी गरदन हिलाता है, न शाब्दिक सहमति देता है।

4. जड़ बनाता है—अयोग्य शासन के कारण जनता का एक भाग निरंतर अकर्मण्य व जड़ हो जाता है। चूँकि शासक प्रलोभन व सुविधाएँ देकर अपने लिए समर्थन प्राप्त करता रहता है। कमजोर वर्गों के उत्थान के लिए पुरुषार्थ व योग्यता बढ़ाने की योजनाओं को रखने के बजाय कमजोर शासन आलस्य व प्रमाद बढ़ानेवाली योजनाएँ प्रस्तुत करता है। कमजोर शासन जनता को निःशुल्क शिक्षा, स्वास्थ्य व प्रगति हेतु आवश्यक प्रशिक्षण की सुविधाएँ उपलब्ध करवाने के स्थान पर फिल्म देखने में कंसेशन, शराब पीने के लिए नए-नए परिसर तथा जुए से धन कमाने के लिए कैसिनो और लॉटरी जैसे कार्य करता है। इन सबके कारण जनता में जड़ता आने लगती है, जिस कारण से कालांतर में वह क्षेत्र विकास की प्रतिस्पर्द्धा में पिछड़ने लगता है। आगे चलकर इस कमजोर व्यवस्था में लोग छुट्टी को उत्सव मानने लगते हैं। कर्तव्यपालन की बात या अनुशासन की चर्चा होने पर अधिकारों के नारे बुलंद होते हैं। धीरे-धीरे जड़ होता हुआ समाज हर बात में अवकाश माँगने लगता है। जन्म की छुट्टी, मरने पर छुट्टी, बीमारी में छुट्टी, शादी में छुट्टी, श्मशान जाने के लिए छुट्टी जैसे कारणों को ढूँढ़कर अकर्मण्यवादिता

का उद्योग जोर-शोर से चलने लगता है। अंत में ऐसा देश अन्य देशों से होने वाली विकास की प्रतिस्पर्द्धा में पिछड़ जाता है।

5. दास या तानाशाह भाव की प्रधानता—कमजोर शासन में कर्मचारी व उसके विभिन्न आयामों में कार्य करनेवाले नायक दो ही भाव में रहते हैं। वे दास्य भाव से उन लोगों से व्यवहार करते हैं, जो उनका कुछ बना या बिगाड़ सकते हैं। वे सदैव 'यस सर', 'जी' और 'आदेश' जैसे शब्दों के अतिरिक्त कुछ नहीं बोलते। अपने समानांतर व सहयोगी लोगों से उनका व्यवहार तानाशाहीपूर्ण होता है। कार्य के प्रारंभ में विनम्रता ओढ़ा हुआ यह व्यवहार शक्ति प्राप्त करने पर निरंकुशता की कँटीली झाड़ियों के जंगल में बदल जाता है, जिससे आम जनता को बच के चलना होता है। जहाँ जन के पैरों में काँटे चुभने एवं बदन पर काँटों से चिराटे पड़वाने के अलावा और कोई मार्ग नहीं होता।

6. सभी असुरक्षा व अभाव में रहते हैं—सामान्यत: कमजोर शासन में काम करनेवाले, करवानेवाले व जनता असुरक्षा के भाव से ग्रस्त रहती है। किसी को पद चले जाने का भय होता है तो किसी को स्थानांतरण का। आम जनता बगैर कारण प्रताड़ित होने या उसका नुकसान हो जाने के भय से पीड़ित रहती है। कमजोर तंत्र से अव्यवस्था फैलती है, जो अज्ञात भय को जन्म देती है। एक राज्य के भूतपूर्व मुख्यमंत्री के घर विवाह प्रसंग उपस्थित होने पर स्वागत-सत्कार के लिए कारों की आवश्यकता पड़ी। माननीय महोदय के परिजन व उनकी पार्टी के कार्यकर्ता शहर के विभिन्न कंपनियों के कार शोरूमों में गए और वहाँ खड़ी गाड़ियों को यह कहते हुए उठा लाए कि शादी के बाद वापस पहुँचा देंगे। इसी तरह भू-माफिया बेखौफ आम लोगों के मकान, जमीन व कार्यालयों के भवनों पर बलात् कब्जा कर लेते हैं और कोई उन्हें कुछ भी नहीं कहता। ऐसे राज्य में युवतियाँ रात में तो क्या, दिन में भी अकेले निकलने से डरती हैं। ऐसे शासन के नायक मसखरेबाजी कर हँसी-

ठट्ठा तो कर सकते हैं, किंतु जन व तंत्र में सुरक्षा-भावना खड़ी नहीं कर सकते। कमजोर व्यवस्था के कारण सभी क्षेत्रों में सभी चीजों का अभाव रहता है। विकास कार्यों के लिए धन का अभाव, शिक्षा के लिए पुस्तक व भवनों का अभाव, अस्पताल में दवाइयों का अभाव सर्वत्र एक ही चीज अभाव-अभाव-अभाव ही नजर आता है।

7. प्रकृति और पर्यावरण के प्रति हिंसक—कमजोर शासन में भू-माफिया, अवैध जंगल कटाई व अवैध खनन जैसे कार्य करनेवाले लोगों को संरक्षण प्राप्त होता है। वे बेखौफ होकर जो अवैध कार्य करते हैं, उससे पर्यावरण की अपार हानि होती है। वैधानिक रूप से बने बाँध के डूब क्षेत्र में आए जंगल को फिर से उगाने की योजना कागजों तक ही सीमित रहती है। इस प्रकार के प्रयत्न जैव विविधता व पर्यावरण का नुकसान करते हैं। शराब, चमड़ा व रासायनिक द्रव्य बनानेवाली कंपनियाँ अपने प्रदूषित जल का निस्तार पास की भूमि, जलाशयों या नदियों में करती हैं। चूँकि शासन कमजोर होता है, इसलिए उस पर निरीक्षण रखने वाले विभाग भी अनियंत्रित हो जाते हैं। प्रदूषण फैलानेवाले उद्योग पहचान, रिश्वत या भय दिखाकर अपना कार्य बेरोक-टोक चालू रखते हैं। एक समय कुछ ग्रामीण लोगों ने शिकायत की कि शराब फैक्टरी से होनेवाले निस्तार के कारण कुओं व नलकूपों का पानी पीने योग्य नहीं रहा है। उन्होंने यह भी बताया कि वर्षाकाल में जब तेज वर्षा होती है, तब संगृहीत प्रदूषित गाद व जल पड़ोस की छोटी नदी में बहा दिया जाता है। मैंने पत्र को आगे बढ़ाते हुए प्रदूषण मंडल से जाँच करने का निवेदन किया। कुछ समय बाद जाँच के परिणाम आए। उसमें किसी प्रकार का प्रदूषित जल निस्तारित नहीं किया गया है, ऐसा निष्कर्ष निकाला गया। जाँच से असंतुष्ट होने पर जाँच प्रक्रिया का विश्लेषण किया गया तो रिपोर्ट का रहस्य समझ में आया। वस्तुतः पानी का सैंपल लेने गए दल ने बोतल धोने की मशीन से निकलनेवाले पानी

को जाँच के लिए लिया था और उसी की प्रयोगशाला में परीक्षण कर प्रतिवेदन बना दिया था। कमजोर शासन तंत्र के कारण जंगल, वायु, जमीन, जलस्रोत और इसमें निवास करनेवाले छोटे-बड़े प्राणियों को जो नुकसान होता है, उसकी भरपाई सदियों तक नहीं हो सकती।

8. धर्म में पाखंड व संप्रदाय में सच्चा—कमजोर शासन व शासक धर्म की असत्य परिभाषा या अपने अनुकूल अर्थ निकालकर स्वयं को नैतिक बंधनों से मुक्त कर लेता है। वे उन मूल्यों और मान्यताओं पर चर्चा ही नहीं करते, जिस पर धर्म टिका होता है। धर्म की गलत व्याख्या करनेवाले इन हिंसक व अहिंसक तानाशाहों ने बड़ी निर्ममता से इतिहास में मानव जाति का रक्त बहाया है और आज भी बहा रहे हैं। कमजोर शासन अपने लिए समर्थन-सहयोग या मत प्राप्त करने के लिए छोटे-छोटे संप्रदायों का पोषण करता है, जो बड़े संप्रदाय बलात् धर्मांतरण या मतांतरण करने के कार्यों में लगे रहते हैं, उन्हें संरक्षण प्रदान करता है। साथ ही नीति-नियम का लाभ और व्यवस्था का उपयोग वे खुलकर कर सकें, इस हेतु सहयोग प्रदान करता है।

9. अर्द्ध सत्य में जीता है, पूर्ण असत्य में मर जाता है—कमजोर शासन अर्द्ध सत्य में जीता है। उसके कर्ता जिन कारणों के आधार पर कार्ययोजना बनाते हैं, वह सत्य से कोसों दूर होती है। वह तंत्र भ्रम में जीता है, अधूरे तथ्यों के आधार पर बड़ी-बड़ी योजनाएँ बनाता है। ढाँचागत संरचना के विकास में फर्जी सर्वे से प्राप्त निष्कर्ष व निश्चित लोगों को लाभ पहुँचाने के उद्‌देश्य की प्रधानता रहती है। तात्कालिक लाभ के लिए तंत्र के ढाँचे में स्थायी नुकसान को भी स्वीकार कर लिया जाता है। कुछ वर्षों पहले एक पूर्व रेलमंत्री ने मालगाड़ी के डिब्बों में ज्यादा भार ढोने और सीमा से ज्यादा रेलों को चलाने का आदेश दिया। दो-तीन वर्ष बाद हुए अध्ययन से पता चला कि इस कारण रेल पटरियों व उसके स्लिपरों को स्थायी नुकसान पहुँचा है। अव्यवस्था और

अराजकता के कारण अर्द्ध सत्य में चलनेवाले शासन व जीनेवाले वे शासक एक दिन पूर्ण असत्य की अँधेरी गलियों में खो जाते हैं।

अच्छे व कमजोर शासन की इन कसौटियों को आधार बनाकर शिवाजी के शासन को समझने की कोशिश की जाए तो एक अच्छे, आदर्श व योग्य शासन के सभी गुण दिखाई देते हैं। साथ ही कमजोर शासन का एक भी दोष दूर-दूर तक नहीं दिखाई देता। जब-जब भी कहीं सुशासन दिखता है तो उसमें सामान्यत: ये गुण हमेशा दिखेंगे ही। जिन लोगों ने द्वेष और दुराग्रह का कॉण्टेक्ट लैंस लगा रखा है, उनकी बात और है। अन्यथा सच को सच, सफेद को सफेद व सूर्य को सूर्य न कहनेवाले को क्या सभ्य समाज द्वारा गंभीरता से कभी सुनना या देखना चाहिए? यह एक ऐसा प्रश्न है, जिसका उत्तर हर सुसंस्कृत व विवेकी व्यक्ति को मालूम ही होता है।

जाणता राजा संवाद

औरंगजेब :

(प्रवेश) यह सब फजूल है शहजादे! तैमूर और चंगेज के खून ने कभी शिकस्त नहीं देखी, लेकिन आज? कंधार से तंजौर तक सारे हिंदोस्ताँ को मुगलिया सल्तनत में शामिल करने का ख्वाब देखने वाले माबदौलत क्या देख रहे हैं आज?

हमारी आँखों के सामने शिवाजी अपनी सल्तनत की तामीर कर चुका है। हमारी लाखों की फौज के सूबेदारों को शिकस्त देकर खदेड़ दिया है उसने। कहाँ गई है हमारी दियानतदारी, कहाँ गई है हमारी वफादारी? ये हैं हमारे मामूजान! मिर्जा अमीरुल उमरा नबावे आजम शाइस्ताखाँ साहब! सत्तर हजार घुड़सवार, पचास हजार पैदल, पचास तोपें और एक हजार बख्तरबंद हाथी इनकी पूना छावनी में तैनात थे। सबसे शर्मनाक बात तो यह है शहजादे कि शिवाजी ने इनके लालमहल पर छापा मारकर इनके छक्के छुड़ा दिए! ये तो तकदीर के सिकंदर थे कि जान बच गई, सिर्फ तीन उँगलियाँ ही खोनी पड़ीं! ये हैं हमारे सिपहसालार जसवंत सिंह; ये हैं सूरत के खूबसूरत सूबेदार इनायत खाँ बहादुर! शिवाजी सूरत आए तो ये सूरत से दुम दबाके भाग गए। ये हैं हबशी फौलाद खाँ, इनकी हथेली पर मिठाई धर के शिवाजी आगरा के कैदखाने से फरार हो गया। हमारे सारे मनसूबों को खाक में मिला दिया फौलाद खाँ ने! जरार लश्कर होते हुए भी मैदान छोड़कर बेतहाशा भागनेवाले ये हैं हमारे कार्तलब खाँ, ये रसूलबेग रोजभानी, ये मीरे आतीश तर्बिसत खाँ, ये खानजहाँबहादुर, बहादुर खाँ कोकलताश, ये भावसिंह हाडा, ये रणमस्त खाँ, ये केसरीसिंह, ये सय्यद मुनव्वर खाँ बारहा—तमाम पठान, मुगल, तुर्क, इराणी, बगदादी, हबशी, अरबी, कजाकी, उजबेगी और फिरंगी फौलबंद सरदार, जिन्हें शिवाजी ने शिकस्त दी। सालहेर के जंग में हमारी

एक लाख फौज को मैदान छोड़कर भागना पड़ा! शहजादे, सारी इज्जत मिट्टी में मिला दी! हाय, तोबा-तोबा! क्यों? क्यों शिवाजी को यह फतह आखिर क्यों हासिल हुई शहजादे? हमारी तरह इतनी फौज, गोला-बारूद, तोपखाना, खजाना, हाथी-घोड़े शिवाजी के पास नहीं हैं! फिर भी समझ न पाओगे! औरत, शराब, नाच, गाने, शिकार, मौजमस्ती और इश्को-मुहब्बत में गिरफ्तार तुम्हारे जैसे बहादुर शिवाजी को कभी समझ नहीं पाएँगे, कभी समझ नहीं पाएँगे! इस शिवाजी ने मजबूत किले बनाए। अपनी फौज और असला बढ़ाए। नए जंगी बेहरी कलाम की तामीर की है उसने। लेकिन उससे भी कहीं ज्यादा न जीते जानेवाले मजबूत जमीर के लोग तैयार किए हैं उसने, हमने शिवाजी के सरदारों को लाखों की जागीर का लालच दिया, लेकिन उन जाँबाज मराठों ने हमारी जागीर पर थूक दिया! आज तक हम दुनिया की हर चीज खरीद सकते थे, लेकिन शिवाजी के उन खुद्दार खादिमों ने खुद को बिकने नहीं दिया! वे झुकते नहीं, रुकते नहीं, थकते नहीं और बिकते भी नहीं! शिवाजी घाघ है, चालाक है, दगाबाज है, नामाकूल है, मगरूर है, बदकार है, लेकिन उसका चालचलन दूध की तरह साफ और सूरज की तरह चमकदार है। शहजादे, दुश्मन के मजहब, मसजिद, औरत, मजहबी कलाम और फकीरों की इज्जत करता है वह! तभी तो उसकी इज्जत और शोहरत बुलंद मीनार की तरह सर उठाए आसमान को छू रही है। इसमें कोई शक नहीं, हम खुशनसीब हैं। हमें दुश्मन भी मिला तो शिवा जैसा! शहजादे हुकूमत करनी है तो शिवाजी का चलन सीखो! कुछ भी हो, मगर है तो वह हमारा दुश्मन! हमें उसे नेस्तनाबूद करना है। अपनी पूरी ताकत लगाकर, उससे जूझना है, यही खुदा का हुक्म है! ■

(जाणता राजा महानाट्य का यह संवाद औरंगजेब द्वारा मुगल दरबार के दृश्य में बोला गया है। यहाँ नाट्य लेखक थोड़ी सी पंक्तियों के माध्यम से शिवाजी का संपूर्ण चरित्र प्रभावी ढंग से बता देते हैं।)

संदर्भिका

1. राजा शिवछत्रपति, बाबासाहेब पुरंदरे
2. Shivaji and His Life and Times, Gajanan Bhaskar Mehendale
3. शिवशाहीचा शोध, वसंत कानेटकर
4. शिवकल्याण राजा, बाल सामंत
5. Administrative System of the Marathas, Surendra Nath Sen
6. Military System of Marathas, Surendra Nath Sen
7. Foreign Biography of Shivaji, Surendra Nath Sen
8. वेघ महामानवाचा, डॉ. श्रीनिवास सामंत
9. अशी होती शिवशाही, अ.रा. कुलकर्णी
10. Storia Do Mogor (Mogul India 1653-1708), Niccolao Manucci
11. शिवकालीन महाराष्ट्र, अ.रा. कुलकर्णी
12. Shivaji and His Times, Jadunath Sarkar
13. Shivaji the Great, Dr. Balkrishna
14. शिवकालीन पत्र-सार-संग्रह (1), सं. न.चि. केळकर, द.वि. आपटे
15. शिवकालीन पत्र-सार-संग्रह (2)
16. श्री छत्रपति शिवाजी महाराज यांचे विचिकित्सक चरित्र (2 खंड), वा.सी. बेंद्रे
17. किल्ले पुरंदर, राव. गं.के. देशपांडे
18. पाश्चात्यांच्या दृष्टिकोनातून शिवाजी महाराज
19. मोगलकालीन महसूल पद्धती, एन.ए. सिद्दिकी
20. शिवशाहीचा लेखनालंकार (खंड 15)
21. Maharaj, Baba Saheb Purandare
22. English Factory Records
23. श्री शिवछत्रपति : संकल्पित शिवचरित्राची प्रस्तावना, त्र्यं.शं. शेजवलकर
24. शिवभारत, सं. दिवेकर, द.वि. आपटे (कवींद्र परमानंद)

25. मराठे आणि महाराष्ट्र, अ.रा. कुलकर्णी

26. Shivaji : The Great Maratha, H.S. Sardesai

27. रियासती—मुसलमानी व मराठी, गो.स. सरदेसाई

28. The India They Saw, Edited Meenakshi Jain

29. The Heritage Sites of Maritime Maharashtra, Dr. M.S. Naravane

30. स्वराज्याचे छत्रपति आणि अष्टप्रधान, अविनाश सोवनी

31. आज्ञापत्रे, सं. अ.रा. कुलकर्णी

32. राजकोष, अ.द. मराठे

संदर्भ स्थान

1. T.S. Shejvalkar, *Shivcharitrachi Prastavana*, (Marathi)

2. Mahesh Tendulkar, *Asari Moglai*, (Marathi)

3. Portuguese Daftar Khand 3, Translated by S. R. Desai, Maharashtra Rajya ani Sanskrutik Mandal

4. Grant Duff, History of the Marathas

5, 8, 43. Foreign Biographies of Shivaji

6. Secretariat, Government of Gujarat

7. Military Secretary Philip, Armies in India

9. Jeffrey A. Krames, Inside Drucker's Brain, Page 102

10. Sudha Ramachandran, India can lower the border barrier with China; Asian Times Online, August 12, 2003

    http://www.atimes.com/atimes/South_Asia/EH12Df01.html

    Dr. Abanti Bhattacharya, India Should Revisit its Tibet Policy; IDSA Comment, April 04, 2008

    http://idsa.in/idsastrategiccomments/IndiaShouldRevisititsTibetPolicy_ABhattacharya_040408

11. Secretariat, Government of Assam

12. Kautilya Adhikaran 13, Chapter 141

13. Niccolao Manucci, Storia Do Mogor; Translated by William Irvine, Mogul India (1653-1708), Low Price Publications, Delhi, 2010

14. Rajasthan Records on Shivaji

15. Secretariat, Government of Madhya Pradesh

16. Report No. 1, Union Government (Civil), Accounts of the Union Governments, Chapter 2 (Para 2.13.1 & 2.13.2)

    http://www.cag.gov.in/

17. Report of the Comptroller and Auditor General of India, Union Government (Railways), Report No. 34 of 2010-11, page 88, 200

18, 29, 41, 44, 47, 51, 52, 53, 54, 55, 56, 57, 58, 59, 60, 62, 63. Gajanan Bhaskar Mehendale, Shivaji : His Life and Times, 2011

19. Report of the Comptroller and Auditor General of India, Union Government (Defence Services), Air Force and Navy, Report no. 20 of 2011-12, page 18-19

20. Report of the Comptroller and Auditor General of India, Union Government (Railways), Railways Finances, Report No. 33 of 2010-11, page 59

21. Report of the Comptroller and Auditor General of India, Union Government (Railways), Report No. 34 of 2010-11, page 88, 89, 215-218

22. Sabhasad Bakhar, (Marathi)

23. Secretariat, Government of Chhattisgarh

24. Ground Water Scenario of India 2010-11; Central Ground Water Board, Ministry of Water Resources, Faridabad, December 2011; Annexure XV

http://www.cgwb.gov.in/documents/Ground%20Water%20Year%20Book-2010-11.pdf

25, 36, 37. Bibek Debroy, Dismantling the Steel Frame, Seminar 594, February 2009

http://www.india-seminar.com/2009/594/594_bibek_debroy.htm

26. Accidental & Suicidal Deaths in India 2009; National Crime Record Bureau, Ministry of Home Affairs; page 201, 242

http://ncrb.nic.in/CD-ADSI2009/table-2.11.pdf

Centre for Human Rights & Global Justice, Every Thirty Minutes: Farmer Suicide, Human Rights and the Agrarian Crisis in India, New York: NYU School of Law, 2011

http://www.chrgj.org/publications/docs/every30min.pdf

27. Report of Comptroller and Auditor General of India, Union Government (Civil), Report no. 8 of 2011-12 (Performance Audit), page 11

28. Secretariat, Government of Karnataka

30. Pakistan Occupied Kashmir, IDSA POK Project Report May 2009; page 47

http://www.idsa.in/system/files/book_PakistanOccupiedKashmir.pdf

31. Towards Cleaner Air, A Case Study of Delhi; page 9

    http://dpcc.delhigovt.nic.in/pdf/cleanerair.pdf

32. Alternate Fuel to Control Pollution: Compressed Natural Gas (CNG) : http://www.delhi.gov.in/wps/wcm/connect/doit_transport/Transport/Home/Pollution+Control/Alternate+Fuel+to+Control+the+pollution

33, 35. Dr. A.R. Kulkarni, *Shivakaalin Maharashtra*, (Marathi)

34. Vijay Deshmukh, *Shakakarte Shivraay*, (Marathi)

38. A. D. Marathe, *Chatrapatinchya Prerane ni Jhalela Raajkosh*, (Marathi), 2008

39. Secretariat, Government of Tripura

40. Rajiv Malhotra and Aravind Neelakandan, Breaking India : Western Interventions in Dravidian and Dalit Faultlines, 2011, Amaryllis, New Delhi; page 120-123

42. http://www.tehelka.com/story_main10.asp?filename=Cr021205History.asp

    Dilip D'Souza, Mumbai, Notes on Patriotism, History in golden letters?

    Archives, Tehelka Vol-2, Issue 6, February 2005

    http://specials.rediff.com/news/2004/jun/07kalia.htm

    Archana Masih, Lest We Forget, Kargil's First Hero, 2004

    http://www.hindu.com/2009/07/06/stories/2009070655650700.htm

    Saurabh Kalia's parents waging a lone battle to highlight war crimes, The Hindu Online Edition, Monday, Jul 06, 2009

45, 64. Avinash Sovani, *Swarajyache Chhatrapati ani Ashtpradhan*, (Marathi), Purva Prakashan, Pune

46. Kargil Review Committee Report

    http://nuclearweaponarchive.org/India/KargilRCB.html

48, 49, 50, 61. Meenakshi Jain, The India They Saw, Foreign Accounts : 16th - 17th Centuries, Ocean Books (P) Ltd., New Delhi, 2011